柯鲁克自传

从汉普斯特德荒野到十里店

[英]柯鲁克☆著
王 烁☆译

[英]柯 鲁 柯马凯 柯鸿冈☆校

生活·讀書·新知 三联书店

Simplified Chinese Copyright © 2022 by SDX Joint Publishing Company.
All Rights Reserved.
本作品简体中文版权由生活 · 读书 · 新知三联书店所有。
未经许可，不得翻印。

图书在版编目（CIP）数据

柯鲁克自传：从汉普斯特德荒野到十里店 /（英）柯鲁克著；王烁译. —北京：生活 · 读书 · 新知三联书店，2022.12
ISBN 978-7-108-07498-0

Ⅰ. ①柯… Ⅱ. ①柯… ②王… Ⅲ. ①柯鲁克-自传 Ⅳ. ① K835.615.4

中国版本图书馆 CIP 数据核字（2022）第 178440 号

责任编辑　曾　诚
装帧设计　范晔文
责任校对　常高峰
责任印制　卢　岳
出版发行　生活·讀書·新知 三联书店
（北京市东城区美术馆东街 22 号 100010）
网　　址　www.sdxjpc.com
经　　销　新华书店
制　　作　北京金舵手世纪图文设计有限公司
印　　刷　北京隆昌伟业印刷有限公司
版　　次　2022 年 12 月北京第 1 版
2022 年 12 月北京第 1 次印刷
开　　本　635 毫米 × 965 毫米　1/16　印张 20.5
字　　数　265 千字　图 106 幅
印　　数　0,001 – 6,000 册
定　　价　59.00 元
（印装查询：01064002715；邮购查询：01084010542）

目　录

序　“尤其要紧的，你必须对自己忠实”______ *伊莎白*　*1*

代序　一些想法______ *伊莎白　柯鲁　柯马凯　柯鸿冈*　*3*

第一章　一个犹太人的中产阶级化（1910—1929）______ *1*

在一个鄙视书虫、推崇运动员的封闭社会里，犹太人使自己勉强被接受的唯一途径就是在体育上出色。

第二章　没有金砖铺路的纽约（1929—1936）______ *23*

我节衣缩食，终于从微薄的薪水里挤出了一张回英格兰的票。此时我在这机会之乡已度过了七载时光，1929 年启程来此淘金时我曾幻想这里有金砖铺路，现在我的行李里连一块金砖的影子都没有。

第三章　那条叫哈拉玛的西班牙河谷（1936—1938）______ *49*

子弹哀鸣着嗖嗖飞过。“不用在意它们，”老兵们说，“那些你听不见的才会打中你。”我从没想过自己会被打死或受伤——直到那天快结束的时候。

第四章　西班牙到中国——特工到教师（1938—1941）______ *77*

我读过埃德加·斯诺的《红星照耀中国》，很少有书比它更吸引我。我当然愿去到那片神奇的土地。

第五章 回英国，入空军（1941—1942）______ 134

在古宅楼上一间改作教室的卧室里，我们很快投入了勤奋的工作。班里的学员是数学家、考古学家、历史学家、语言学家和其他多多少少受过教育的人的大杂烩，还有一位偶尔缺课去上议院开会的世袭贵族。

第六章 印度之旅（1942）______ 162

我们确实工作，轮班地、不眠不休地，在夜里汗流浃背地和蚊子做斗争，在清早等待凉风到来。清晨的凉风从未爽约，定时把我们的机密文件吹得四散飘零。

第七章 “远东评论”（1943—1946）______ 185

我的远东三年或许看上去更像一次旅游，而非在一场血淋淋的反法西斯战争中做到尽忠职守。“战争即地狱。”对大多数人而言，这永远是真理，而我只不过“实事求是”地讲了我自己的战争故事。

第八章 从布鲁姆斯伯里广场到太行山（1946—1947）______ 205

我们于 1947 年 11 月底到达十里店，骡车颠簸进了下街别致的南门。优雅的拱门上方用白色大字写着旧时流行歌曲里填的新词“毛泽东是中国人民大救星”。

第九章 农村生活的智慧（1947—1948）______ 221

就在这种贫穷落后、艰辛压抑的环境中，农民们依然保有令人肃然起敬的自尊自重、幽默感、妙语连珠的口才，和我无法比肩的足智多谋。

第十章　从乡村学校到学术界（1949—1966）______ *247*

对于文学作品的教授，我怀有复杂的情感。一方面我爱莎士比亚和简·奥斯汀——但那是对我自己而言，我不认为他们是我们的学生所需要的，更不用提贝奥武甫和乔叟了。

第十一章　西游记·东游记（1957—1958）______ *282*

我开始意识到，尽管如此深爱英国，如今回中国方是归家。

尾声 ______ *306*

柯鲁克年表 ______ *308*

译后记 ______ 王烁　*310*

序 “尤其要紧的，你必须对自己忠实”

伊莎白

大卫在20世纪80年代退休告别了教学工作，开始写他的自传，当时他七十多岁。

一段时间后，他给我看了讲述50年代“大跃进”的段落。我由此回忆起一些被他遗漏的细节，建议他也放进去。大卫的回答是：“那些是你记忆里的事，但这是我的自传，而我记得是这样的！”

他写完以后，曾让不同的出版商看过手稿。有的说，“把它再充实一下”，也有的说，“需要缩短一点”（一家出版商说他们只出版200页长的书！）。他做了一些努力来遵循他认为好的建议，但不愿意把书削减太多。这时有位朋友热心表示愿意帮助大卫把书改写一遍，为此投入了大量时间，做了艰苦的研究。然而，朋友的工作完成后，我们读到的书稿里大卫被刻画成了一个幻灭的共产主义者！这是他完全不能接受的，于是撤回了授权。

最后，他与家人磋商，我们建议在这个时代，没有必要以书籍的形式出版：它可以通过互联网提供给所有人。一位英国朋友的儿子主动帮忙，建立了 davidcrook.net，这个网站现已经存在多年，在那里可以阅读或下载这本书，上面也有些精选的照片。而正如这些篇幅所显示的，大卫是个深思熟虑的、诚实的、善于反思的人。

近年来，我和儿子们以及家人、朋友会定期相聚在北京外国语大学东校区主楼后的大卫塑像旁。这是应他1949届学生建议修建的。在那里，每逢他的生日、忌日等，我们都会去喝一点他最喜欢的张裕白兰地。每次看到基石上刻着他自己提议所写的“英国人、犹太人、共产主义者、中国人民的朋友”，我都感到：多么真实！多么贴切的自我描绘！

几年前，我的年轻朋友王烁和她的丈夫高初与我合作，编辑出版了《大卫·柯鲁克镜头里的中国：1938—1948》，而后王烁提议由她把大卫的自传翻译成中文，我对此十分欣慰。我认为她翻得非常好！

代序　一些想法

伊莎白　柯　鲁　柯马凯　柯鸿冈

伊莎白：我的丈夫柯鲁克（David Crook）生前写的这部自传内容充实、文笔风趣，但是完稿之后，送交一些国外的出版社寻求出版的时候，有的要求补充细节，有的要求删略琐碎，有的要求补充评论，有的要求纯粹讲故事，删去许多评论分析。但是柯鲁克不想做修改，终于决定不再寻求出版社出版，接受家人的建议，把原稿原封不动放在网上与公众分享。因此找了一位英国朋友的孩子，放在网上了。二十多年过去了，我们很满意。下面我的三个儿子分享一些他们的看法。

柯鲁：父亲开始写自传的时候，正赶上改革开放初年，人心思变，异想天开。他坚持共产党人的信念，但同时也在反思自己一生中的历程。我记得 80 年代初，我在美国首次阅读了奥威尔的书信集，感觉很像鲁迅杂文。回北京探亲时，我就向父亲表扬了一番奥威尔。父亲沉默了一会儿，说："我在西班牙认识奥威尔，但我们不能算朋友。我参加了共产国际对奥威尔的监视和迫害。现在回想起来，我有几分遗憾，不再认为是光荣。"父亲热衷写自传的一个原因，也就是为了回顾、反思，为自己生命历程中的选择做了最终的诚实的解释。

柯鸿冈：虽然奥威尔的故事他后来才讲出来，但父母从小就喜欢给我和哥哥们讲自己的生活，无论是他们小时候的记忆还是后来人生中的精彩环节，尤其是我们出生之前那些年代的事儿。我当时以为家家都这样，后来发现不少朋友，不论是中国人还是西方人，家里都避而不谈自家的往事。我想，父亲在讲述这些事的过程中时时温习，后来记忆的也就比较清晰。

柯马凯：父亲着手写自传的时候已经七十多岁，但是身心状态都挺好。不过历时十余年，身体、精神都有一些衰退。由于已经退出教学，而且父亲人缘好，有许多朋友关心他、支持他、鼓励他写自传。父亲时不时把写好的手稿交给亲友们看，请他们提意见和建议，但是他不一定接受。有一次母亲读完一段之后反馈道："你漏写了 XXXX，是不是应该讲讲 YYYY。"父亲的回答是："这是我的自传，你可以写你的……"

柯鸿冈：其他的意见他倒是听得进去。我记得有一次去北京的时候他告诉我，一个美国朋友看了他的初稿后对他说，不要光注重严肃的事情，生活的色调也应该写得详尽一点，把当时的颜色、味道多写进去。他觉得这是个好主意，就在这方面下功夫。

柯鲁：父亲一直很重视锻炼身体。除了骑自行车和登山，还有洗冷水澡的习惯。60 年代我们卫生间里有个澡盆，但每周只有一次供热水。一年四季父亲经常在早晨进行全浸冷水浴，也就是头部也要入水。我十五六岁时见了都觉得难受。但这种锻炼为他三次掉进昆明湖的冰窟窿做了良好的准备。第一次是故意掉进去的。大概是 1964 年我们一家去颐和园玩，当时湖面已经结冰，和我们一块儿去的朋友苏三跑到冰上离岸不远就一脚踩破冰面落入水中，还好没有全身入水，她慢慢爬到冰窟窿边上就不敢再动了，哀声求救。顿时围观者众多，出谋划策该如何脱险。这时一个不起眼的弱小中年奋勇上冰，匍匐前进去营救小姑娘，但没前进多远就全身落入冰水中。爬出冰窟窿是很不容易的事儿，不久他就开始呻吟。这时我父亲耐不住了，脱了外衣就踏上冰面，没几步就彻底入水了。凭借他时常自嘲的体重，像破冰船一样，他向落水者开凿了一条水路，把他拖回岸上。这时园林工作人员终于找来一架梯子，放在冰面推行前进，把小姑娘也救了上来。想起这件事我总有点儿惭愧，我和小姑娘他哥当时也有十五岁了，却让五十多岁的老爹去冒险。我父亲回顾这件事儿时，总念念不忘从冰水中出来时有一位苏联游客拿出半瓶伏特加请他喝了暖身。

柯马凯：我也曾几次向他建议，可以把“组织性、纪律性”暂时放在一边，尽量写得详实，不要设禁区，不要怕点名道姓，不要自我审查，将来要出版的时候再做必要的删节调整。可是有时他的“组织性、纪律性”还是占了上风，有一些地方故意隐瞒了真名实姓。

柯鸿冈：90年代有一次父母来英国探亲访友，打听到他们40年代上过的英国党校辅导员的遗孀住在乡间，让我送他们去看望。Paddy Garman本人也是英共建党元勋，后来去莫斯科见过列宁，20年代被共产国际派到武汉。她和父亲谈起在中国的工作时津津有味，但我提议改日带录音设备去采访时，她却坚决不肯，说那会违背党的纪律。我说那都是半个多世纪以前的事了，怕什么，但她依然拒绝。父亲帮我劝了几句她也无动于衷。相比之下我倒觉得父亲还是相当开诚布公的。

柯鲁：我记得劝父亲，不要下太大功夫去研究考察自传的历史背景。最重要的不是细节的准确性，而是他印象感觉的真实。但是他还是花了不少时间去寻找历史资料。在当时条件下实在不容易。

柯马凯：如上所述，父亲着手写自传的时候已经年迈，回忆事情的时候，可能“先进后出”——早年、前半生的记忆比较充实，而依据的文字材料、记录较少，所以类似口述史，而后半生的事情则参考了书信、笔记，因此或许更可靠。

柯鸿冈：这后边的内容也包括他对身边事物的观察和对过去理念的反思。

柯马凯：有时我会回想起父亲曾经向我讲述过的经历，翻阅《自传》求证或寻求更多信息，却扑个空——很多他跟我讲过的事情根本没有写！比如，我从80年代末就接触、后来参加了工会组织，所以对工会运动发生了浓厚的兴趣，也对工合先驱路易·艾黎有了浓厚的兴趣。我记得父亲说，1938年他到了上海，想了解和报道有关那里工人的劳动、生活状况。经打听，听说有一位新西兰人路易·艾黎很了解工人的状况，便找到了艾黎。艾黎很热心，给他介绍了一位年轻人当向导，带他去看了一些工厂。[可惜父亲的上海照片里面没有见到工厂里面的情景。也许厂方不让拍摄？但是有不少照片收录在《大卫·柯鲁克镜头里的中国：1938—1948》里面。]

后来在北京，我们还不时见到艾黎和其他外国友人，当工合国际恢复活动时，我父亲应邀加入了委员会。我对这些感兴趣是因为我深入参与到工合国际的运动中。不过当我翻阅父亲的自传想查找相关细节时，却发现自传里对这些事情不着一字。艾黎在全书中只在“二战”时期与皇家空军相关的章节里被提到一次——既不是在新中国成立前和上海相关的那一章，也不是在新中国成立后的各章里。书中关于工合国际的记载也很少。我谈到这些，是因为对一些抱有特别兴趣的读者而言，作者的写作有相当多的省略。

柯鲁：《自传》中父亲把他的犹太出身和文化放在了显要位置，甚至可以说这是让他走上革命道路的一个重要动力。这反映了他晚年的一个思想转变。自从30年代他接受了共产主义思想之后，就一直把民族意识和共产主义放在比较对立的位置上，这也是当时“流散异乡”的犹太左派分子的立场。直到80年代，长期旅居中国的英美犹太左派分子很少显露犹太文化生活。我们小时候家里没有纪念过犹太节日，父亲很少谈及犹太文化在他成长中的重要地位。我记得70年代末我在美国上大学时首次与犹太同学参加了“逾越节”，父亲得知后非常惋惜他没有亲自教过我这个犹太传统。此后，他多次参加了在北京举行的“逾越节”，并把它解释为追求解放的节日。晚年他津津乐道儿时带有犹太家庭色彩的生活，其中也不乏自我嘲讽的故事。最终在他自草的“墓志铭”中，“犹太人”与英国人、共产主义者被他一同列为重要的身份认同。若按中国文化解释，也可说是叶落归根。

柯马凯：父亲享年九十，这里出版的是他的前半生。新中国成立后，一直到改革开放的后半生部分以简要的年表形式附录在后。等不及后半生部分的出版，急着要看的，可以在网上看英文原文（参见 www.davidcrook.net；但是请注意，著作原文以及翻译权受版权保护）。

第一章　一个犹太人的中产阶级化（1910—1929）

作为一个人丁兴旺、到处扎根的犹太家族中排行不高的后代，我的父亲出生于伦敦东区。19世纪中期时，我的爷爷为了逃避被征入一支吃猪肉的军队，从沙皇俄国来到了英国，英国当年是自由主义的避风港。家族里的一位叔叔移民澳大利亚，一位姑姑则去了南非；住在阿伯丁的亲戚，说英语时带着苏格兰口音，而在梅瑟蒂菲尔德的亲戚则带威尔士口音；还有定居于法国和德国的。不过，作为孩子，我从没听大人们说起与故国的任何联系。这或许是因为爸爸作为移民英国的第二代，在犹太教允许的范围内，希望自己越英国越好。带着善意的轻蔑，他称那些后来从欧洲来的、说英语带口音的人为“雏儿”。

爸爸曾就读于位于皮蒂考特巷尽头的犹太免费学校。[1] 14岁那年他离开学校，在主要由犹太人掌控的皮毛行业开始了学徒生涯，很快他成为了一名熟练的剪工和缝纫工，18岁时拥有了自己的生意，到25岁时一年能挣1000英镑。在1英镑还是真金白银而非找回来的零钱的年代，那可是一笔可观的收入。他和伦敦最大的百货公司之一德本汉姆每年有价值一万英镑的交易，还拿到了为“一战”期

---

〔1〕 皮蒂考特巷，即Petticoat Lane，又称衬裙巷，衬裙巷市场历史悠久，出售价格较为便宜的服装。——译者注

间在俄国前线的英国士兵提供羊皮大衣的政府合同。然而，1921 年的经济萧条使他破产了。在一个主要以财富论英雄的社会里，经济上的失败让他的自尊心受挫，也破坏了他和我母亲的关系。

1907 年，当我父母结婚时，爸爸相当迷人。他时年二十九，事业上升，仪表堂堂，充满活力，而且和我妈妈一样，有副好嗓子。同时，他还颇具幽默感——虽然带点粗俗的色彩，这让我妈妈后来经常说："亲爱的，别当着孩子们的面儿！"那时候，我既不懂他那些低俗的歌舞厅歌曲，也不懂他在犹太教堂饱含热情唱颂的赞美诗。在一个更高雅的层面上，他业余表演吉尔伯特和苏利文的歌剧，喜欢以他最爱的"少将之中属我摩登而又倜傥，动物、植物、矿物全都了如指掌"（"I am the very model of modern Major-General, I've information animal and vegetable and mineral"）来娱乐全家。爸爸对这类绕口令的喜爱，就一个穷移民的儿子而言，是件了不起的事。他从中得到的愉悦必然部分来源于以此证明自己是个英国人，虽然他并不费心将自己包装成富家子弟。从爸爸对他一个姐姐的态度可以看出来他对势利的厌恶。我的这位姑姑嫁得好，向上走，变得姿态矫揉造作，说话腔调刻意雕琢。爸爸给她取了个外号"女公爵"。我很小的时候，有时星期天他会带我去皮蒂考特巷市场，伦敦东区的推销员们在那里兜售着便宜货，而我俩都以他们那迷人的油嘴滑舌为乐。之后我们在巴奈特犹太洁食肉铺那儿以咸牛肉三明治为午饭，散步经过巷子尽头父亲的母校——犹太免费学校——作为一天的结束，走向普马街（Puma Court）。这条有着老式路灯柱和破旧石板的小巷，简直就像狄更斯小说里的布景。路过一家乳品店时，爸爸指着二层昏暗的一扇窗户，用糅合了骄傲和怀旧的口气告诉我："那是我出生的屋子——"意味深长地停顿后，带着得意的微笑说："也是'女公爵'出生的屋子。"

我的母亲生于 1885 年。她是个美人，黑色的卷发点缀着红褐色的发丝，拥有在当年时髦的圆润曲线。1907 年，她 22 岁时结婚，不过这并没有阻止那些风度翩翩的“仰慕者”潮水一般涌来寻求她的陪伴，直到她 56 岁时早逝为止。她生了三个孩子，不过有仆人和保姆照顾我们，她将生命中的大量精力用在了解决别人的烦恼上。

我的妈妈心肠火热，行事冲动，精力无限。她爱操心家族里的事，为她的弟弟和姐妹们张罗婚姻。她还投身于慈善活动，特别是 1914 年第一次世界大战爆发后。每到星期天，我们家位于伦敦北区斯坦福德山上的三层楼就被身穿蓝色制服的犹太伤兵挤得满满当当，有的用悬带吊着胳膊，有的腋下拄着拐杖。（带着孩子气的好奇，我有时会不得体地问：“你的另一只腿呢？”）平时安静的街道停着一连串的汽车——在马车还未绝迹的时代这很少见——等着带那些士兵去当年还没有被破坏的乡村兜兜风。然后，他们会回来喝很棒的傍晚茶。

除了美丽动人与精力充沛之外，妈妈还雄心勃勃。第一次世界大战结束后，她将精力集中于建立起自己的服装和皮毛零售生意上。她的第一家店面位于斯坦福德山，很快就乔迁到了伦敦西区的牛津街，从那里一步步入驻邦德街——当时的时尚巅峰。她的客户里有一位或好几位威尔士亲王的情人。不过，妈妈是一位个人魅力十足的推销员，而非头脑精明的商人。在 1929 年的大萧条中，她也破产了。

然而，当她有钱时，她很享受花钱。她学习高尔夫——当时的上流社会运动，在海德公园的罗敦路（骑马道）上骑马，甚至还买了辆两座轿车来开——在当时（约 1918 年），这对一个女性而言是非常大胆的举动。妈妈天生是易胖体质，享受生活中的种种愉悦使她发福，因此她热衷于土耳其浴、按摩和节食。这是一场失败的战役，随着年岁流转，她的曲线愈发圆润。然而妈妈从未丧失自己的美貌或精气神儿。她上歌唱课，又是个贪婪的阅读者，时时渴望拓展她于 14 岁时中断的教育。破产后，她通过了一门关于饮食学、按摩、健康治疗的课程，经一位仰慕者的帮助，在约克郡建起了一家“饮食改习家庭旅馆”，为那些体重超标的妇女提供生胡萝卜和坚果炸饼。而她自己总的来说将这种斯巴达式的饮食坚持了下来，和她从小吃的重口味高油脂的犹太烹饪天差地远。不过她曾向我坦白，她实在需要偶尔悄悄溜出去吃牛排和薯条，都快去快回。

我的童年一开始在我们位于伦敦外围的三层楼里愉快地度过，房子的前墙笼罩在淡蓝色的晨雾里。我家所在的社区——斯坦福德山——是像我父母一样的犹太移民后代在社会进阶上的第一步，他们以离开伦敦东区展示向上流动的能力。

在母亲的雄心勃勃、活力十足与父亲的和蔼亲切、事事好说话（除了与宗教相关）之间，姐姐薇拉、弟弟莫里斯和我成长在亲密友爱、互相帮助的家庭氛围里。我们吃符合犹太教教规的食物，学习希伯来语，每周六去犹太教教堂。每周三，家里的丹麦保姆带我们去当地影院看查理·卓别林和玛丽·璧克馥出演的默片。我们每周一次拜访外婆，都在周日，她是祖父母辈四人里唯一一位足够长寿、让我们能有机会了解的。外婆是一个说多种语言的人，但我怀疑，她没有一种语言能说得正确。她会波兰语、意第绪语、一些德语和英语。但当我和弟弟长到足够大能打趣她那糟透了的英语语法和发音时，她愤愤不平地为自己辩解：“Vell, vodya expec’。[1]我才来音（英）国四十年。”外婆相信，就像外婆们通常那样，她的任务不是管教而是宠爱我们，主要就是将她那美味但令人发胖的犹太饭菜塞进我们的肚子。外婆 1880 年从波兰东南部加利西亚某地——或许是个乡村小镇——来到英国，因为她能在伦敦北区斯托克纽因顿的后院里把鸡养得很好。

---

〔1〕　这个是典型东欧犹太移民的发音，把 W 读成 V，而且发不出 T 的尾音。

幼年的柯鲁克（左）与外婆、姐姐、弟弟合影 约1914年

1916年前后，当我6岁时，我在城市里的童年生活被打断，去萨里的可爱乡村过了两年。伦敦上空的空袭警报逐渐成了一种威胁，我们搬到了伦敦西南20英里处的杜金，一个当时尚未遭到破坏的乡下镇子。一到那儿，妈妈便决定（她总是做决定的那个，而爸爸总是不情愿地同意的那个），我们姐弟三人应该进寄宿学校（还有比这更英国的吗？）。因为空袭，斯坦福德山学校已经转移到了斯托克，就在吉尔福德镇外面。在一个据说有250年历史的蔓延开阔的教区里，学校方圆有几英亩。正是在萨里，在风铃草和七叶树当中，蜻蜓轻掠过池塘的水面，而我开始了对英国乡村的终生热爱。

战争结束不久，我们搬到了汉普斯特德，要不是有太多与我们

幼年的柯鲁克（右一）与母亲（右二）、姐姐、弟弟（左一）、丹麦保姆（左后站者）合影

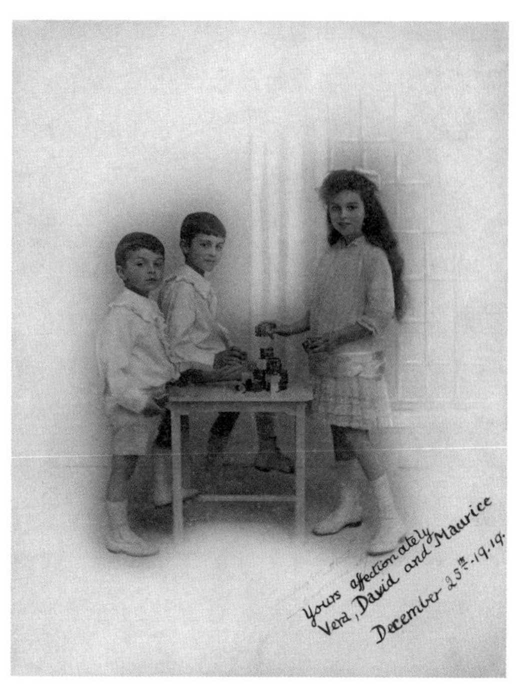

1919 年 12 月 25 日，柯鲁克（中）和姐姐薇拉（右）、弟弟莫里斯（左）合影

背景相似的人搬进来，这地方早就成为更时髦的社区了。不过，它仍然是通向社会更高层级的台阶，我们家离伦敦东区的发源地又远了一步。在这里，每四条街围成的公共花园里甚至有网球场。莫里斯和我不知疲倦地打网球，从 10 岁开始，网球成了我生命中重要的一部分。孩子们通过打网球结识邻居（虽然我们的父母之间甚少交往）。社区里有商人和专业人士、犹太人和非犹太人，孩子们因网球场上的同志情谊相处愉快。不过有一个例外，离我家几幢房子之外住着帕梅拉，一个肤如凝脂、金发碧眼的英国美人儿，十八九岁，曾经荣授王宫召见礼。这给我们这些小不点儿以深刻印象。不过帕梅拉对我们没什么好印象，她对那些非犹太孩子说："别和他们玩，他们是犹太人。"但那些孩子并没有听她的。

妈妈的生日恰巧在圣诞节，这促进了我家借以融入异教节日的喜庆——给了我们一个好借口得以参与欢乐的交换礼物、挂起圣诞袜、在槲寄生下亲吻以及享用暗藏有六便士的布丁。爸爸对这些异教徒的活动有所保留，但当布丁端进来时，他忍不住关掉灯，将布丁浸上威士忌，并用火点燃，再引燃蘸有威士忌的手指，让它闪动着酒精的蓝火苗。他将这样的异教信仰与光明节相抵，光明节是犹太教关于光明的冬至庆典，与马加比家族反抗叙利亚统治有关。在圣诞节前后点亮八天为一轮的光明节蜡烛，爸爸必然认为这能起到驱逐异教神灵的作用。

在20世纪20年代早期那段富足的日子里，我们有一位家庭女教师和两三位仆人，通常是爱尔兰女孩。莫里斯和我模仿她们的土腔，但其实很喜欢她们。妈妈还大办派对，特别是当薇拉进入对异性感兴趣也被异性关注的年纪以后。妈妈自己喜欢跳舞，坚持要为起居室铺上镶木地板，爸爸认为这是她的又一件奢侈品。不过，类似这样的花销直到他破产后才真正令他发愁。

八岁时，我进了在汉普斯特德的第一家学校，霍利山大学学院预备小学，坐落在汉普斯特德靠近荒野的一片可爱的古老地区，卡尔·马克思曾带家人在此散步和野餐度周末。爸爸也带我们向着荒野的方向散步。在银行的休息日，我们去那里的露天游乐场玩海盗船、旋转木马和打椰子，爸爸是个打椰子的高手。但他从未提起马克思。我的父母将犹太楷模树立为我们的榜样，这些人里只有一位与金钱有关——罗斯柴尔德。一次，爸爸用赞许的口气告诉我，这个银行家家族的一位成员曾被问到是否喜欢音乐，他叮叮当当地晃动裤兜里的金币，说："这就是我最喜欢的音乐。"这个故事明目张胆得不真实，但它意在激起我的野心。父母对其他伟大犹太人物的赞扬也有同样的意图，从斯宾诺莎、迪斯雷利（这两位在不同程度上都背弃了犹太教），到鲁弗斯·艾萨克斯，他作为雷丁爵士升任首席大法官，后成为印度总督。耶稣和卡尔·马克思不在名单上，但许多因学识、财富、慈善或头衔而著名的犹太人被树立为我的标杆。

乔汀汉：1920—1925

我的父母在他们十四岁的时候离开了位于伦敦东区的犹太免费学校。他们希望自己的三个孩子能接受比自己更好的教育，不过对如何达到这一目标却意见不一。我还不满十岁时，妈妈甚至已经在热切地谈论某天我进牛津的种种；而爸爸，带着他对势利的理所当然的蔑视，将这当成是妈妈的又一件奢侈品，特别是这意味着莫里斯和我首先得进预备小学，然后是公学（英国称私立学校为“公学”）。最终他顺从了妈妈的愿望，只不过有一个条件：不管我们进哪所公学，它必须提供犹太饮食，并遵守犹太教的其他规矩。

英国只有两所公学为学生提供这样的条件，其中之一是乔汀汉学院。年纪小的学生在附近的格伦缪尔预备小学为进入公学做准备。格伦缪尔为约占学生总数十分之一的犹太学生提供犹太饮食。妈妈和爸爸对此都很满意，于是在 1920 年，我十岁、莫里斯八岁时，我们被送往了乔汀汉。

乔汀汉是英格兰西部的矿泉疗养地，是全国最保守的地方之一，也是嗜辛辣的印度上校们钟爱的退休之地，他们在自己绚丽的郁金香花园里疗愈痛风。格伦缪尔预备小学那蔓延开阔的老建筑坐落在一大片运动绿地旁边，在那片运动场上我们踢足球、打曲棍球和板球。体育是课程的重要组成部分，实际上，当一个书呆子相当被鄙视。学校的管理方式无意中大大减少了我们成为被鄙视对象的可能：强迫我们一起上一堆无聊、极其过时的课。法语和拉丁语不是被当作一种交流或曾经的交流手段来讲授，而是被当成例句、词性、时态、不规则动词和演讲片段的混合物，用来死记硬背。地理课主要由记忆郡名、郡首府名、流经它们的河流名构成，当然，仅限于英格兰的范围。课上确实蜻蜓点水地提到过（大不列颠）联合王国的其他部分，比如苏格兰和威尔士，但并不在它们身上多费神。至于世界的其他地方，我们的主要任务是研究世界地图上有多少地方被标红——这当然不是标记共产主义，而是奇怪地指向比现在版图大得多的大英帝国。诗歌仅仅关乎格律和押韵体系，只有形式，不论内容。

我们的性教育同样含糊婉转。十二三岁时，我们分批被叫到校长办公室，每次一两个学生，顺序大概按照舍监眼中每个学生距离青春期的远近而定。当这种神秘的时刻临近，周围充满了兴奋的低语，但接下来却令人大失所望：一堆鸟类、蜜蜂、花的资料，和人类毫无关系。倒是早熟的男孩子们传出的有关梦遗的故事更有趣，那些男孩说梦遗与尿床完全不同，事实上它相当令人愉悦。传言说，公学里的大男孩用枕头促使梦遗的发生，最后弄得脏兮兮。当我进入公学后，一天晚上偷看附近房子里的女孩脱衣服后，有了第一次梦遗。很快，舍监把我们几个叫去聆听他抨击“下流的自虐习惯”的长篇演说。他说，这会糟蹋我们的健康，或许还会使我们丧失心智；我们应该多参加体育运动，多洗冷水澡。

毫无悬念地，在格伦缪尔我养成了一些自律的习惯，甚至包括如厕训练！早饭和上午第一节课之间是活动时间，冬天里这段时间格外令人高兴。校长会在路上泼几桶水，经过一夜，水结成冰，变成玻璃似的斜坡，我们跑几步积蓄动力，然后在上面飕飕地滑来滑去。不过在出去玩之前必须经过站在门口的值日生，他会问：“你上了（厕所）吗？”“上了。”“今天吗？”“是，今天。”（“Yes, today”）或者从发音和拼写都无法分辨的“昨天”（“Yesterday”）。英国人从小就被灌输形成对俏皮话的偏好，即使是和排泄相关的事情也不放过。至于其他更正规的运动，我并非一个杰出的运动员，但也还说得过去，在离校前被授予了板球奖。体育训练包括技巧、意志锻炼和能够承受失败的品质。当我在学校拳击锦标赛上输给一个比我高得多的大孩子后，校长认为我勇敢顽强的表现值得在年终报告中写一笔。

尽管学习优秀而体育平平，我在格伦缪尔还是度过了一段快乐的时光，虽然一所英国寄宿学校斯巴达式的管理与一个犹太家庭对孩子（特别是对长子）的宠爱大相径庭。学校里的其他犹太男孩是一个特殊群体，他们大多家庭富裕，来自中东、南非或大英帝国的其他地方。我们的宗教信仰迫使我们成为一个集体。在单独的餐桌上，我们吃犹太洁食的肉，至今我还记得第一次从别的桌上看见、闻见培根的情景。当时，它给我一种令人厌恶的感觉。星期天我们当然不去教堂；那是一周一次写家信的日子。不过是周六将我们真正变成一个宗族。在这一天，还有在其他犹太教的重要节日，乔汀汉学院犹太宿舍楼的楼长会出现，主持宗教仪式，介绍犹太人的历史。我记得在格伦缪尔，有一次校长公开发表了反犹太主义言论，校长把所有犹太孩子召集起来训话，在非公开的场合称我们为"你们这些人"，意为"你们这些讨厌的或令人作呕的人"，但我并不知道咒骂因何而起。尽管没有受到公开迫害，当时在英国公学里当个犹太人就像乔治·奥威尔在他的《英国的反犹太主义》一文里所写，是"一种天生的缺陷，就像生来结巴或一块胎记"。

每周一次给家里写信并未在莫里斯或我身上唤起乡愁。当妈妈在期中假期来学校时我们都很高兴，只不过对她当着别的孩子面亲吻我们心生恐惧。这种亲吻恐惧症从开学时在伦敦帕丁顿火车站的送行就开始了，犹太妈妈们貌似比别的妈妈情感更加外露。而学期结束时回家的旅行则是另一番景象，它给了我们展示男子气概的机会。根据校规要求，这一路要戴又高又硬的伊顿领，我们会私藏可拆卸的软领，待火车刚一开出乔汀汉车站就换掉。不过到了十二三岁，这对于那些"硬汉"来说就不够了。只要手里有烟他们就抽烟，没有的话就把报纸卷成粗大的、空心的"香烟"。我试着抽过一次，从那时起就对抽烟没什么兴趣。

离开格伦缪尔前不久，我迎来了自己年轻生命中的里程碑：13岁的受诫礼，或者说是犹太人的成年礼。一连几个月我都在学习如何用变声期的嗓子吟诵《摩西五经》里的章节，我必须衣着齐整、头戴常礼帽在犹太教教堂的讲台上表演。我的希伯来语老师是一位极其虔诚、至少极其固守规矩的亲戚，在安息日连带块手帕都不能容忍，而要把手帕当成一件衣服系在手腕上[1]。在一整天诵经和常礼帽的折磨后，爸妈举办了一个招待会。整个房子里挤满了亲朋好友，小桌上堆放着点心、熏三文鱼、切块鲱鱼三明治，漂着黄瓜皮的波尔多红酒杯放在大银盆里。餐厅里的红木大桌支起了所有的活动面板，放着送给“受诫的男孩”的礼物。妈妈作为一个写信高手，坚持要求我给每一位送礼者写感谢信。至少有一百人。这项工作让我怀疑我是不是真的需要那么多副在剧院里用的小型望远镜（我悄悄用它们来偷窥街对面的女孩脱衣服），是不是真的需要那么多本梅特林克的《蜜蜂的生活》和马修·阿诺德的诗集。我当时认为，更有意义的是那些加起来超过100几尼的支票[2]。后来我懊恼不已地发现，当爸妈不再那么富裕的时候，这些钱被他们用于无聊的家庭支出了。

我们在格伦缪尔所受教育的终极目标是通过统一入学考试进入公学，对我而言，就是进入乔汀汉学院。1923年我13岁进入这所学院时，它的毕业生里有相当高比例的人去了精英军事学校伍尔维奇和桑赫斯特。对于都出身于伦敦东区的俄国－波兰－犹太移民家庭的我父母而言，这是远离他们愿望的目标。我父母将鲁弗斯·丹尼

〔1〕　犹太教要求人们在安息日不能做任何劳动或有任何形式的“负担”，文中的这位亲戚认为带一块手帕都是额外的“负担”而不被允许。——译者注

〔2〕　几尼，英国旧金币，1几尼等于1英镑1先令。——译者注

尔·艾萨克斯（犹太人）树立为我的楷模，恰恰是我在乔汀汉期间，这位曾经的水手升任印度总督。尽管有激动人心的榜样，我和许多孩子一样，发现从预备小学到学院的转换很困难。这种情况在第一学期期末变得更糟：我是为数不多没有“升级”的男孩中的一员。这件事的荒唐结果是，下一学期我一跃成为班上的佼佼者并得到了一个奖励。得奖的人被允许从长长的书单里选出自己想要的书，我的选择反映了我青春期的精神世界：一本关于法国大革命的伤感小说，有着鲜明地拥护帝制、反对革命的立场。

我在学业上的努力受到了比在格伦缪尔好得多的老师们的鼓励。拉丁语和法语老师为我在语言学习上打下了基础，后来我对此感激不尽。还有一位叫帕特森的苏格兰人教莎士比亚，他聪明地选择先教一部戏剧《亨利四世》，来让我们这些十几岁的男孩开心。他用浓重的苏格兰口音朗诵他所赞赏的英语，并使我爱上了他的课。渐渐地，认真的课外阅读补充了我的校内课程。在妈妈的鼓励下，我将假期和空闲时间花在了细细品味易卜生、萧伯纳、吉卜林和陀思妥耶夫斯基上。

而其他一些老师则使我厌恶他们的课程。在格伦缪尔时我的数学还说得过去，但乔汀汉的老师每当我们给出错误答案时就把粉笔扔到我们身上，用这种方式将数学的大门彻底向我关上。所有老师里最糟糕的是教绘画的梅杰·西顿，直到现在我的绘画能力还低于正常水平。某天的课堂任务是画立方体，一个立方体放在一群孩子中间，老师转着圈，走到我身边时看到了我惨兮兮的成果，于是一把抓起我浓密的黑色卷发，大喊：“你这个毛脑袋黑鬼！”——他知道我是犹太人。

在乔汀汉学院的两年里，反犹太主义阴云不散，犹太宿舍楼亦寿终正寝。学校里共有六幢宿舍楼，每幢楼里住五六十个学生。关于犹太楼的消亡，谣传是因为楼长丹尼尔·利普森以低投入高回报的方式经营这幢楼而发了财，给自己买了辆炫耀嚣张的车——戴姆勒。不论真相如何，董事会放出信号：尽管他们有钱，犹太人不再被欢迎，犹太宿舍楼必须被废除。不过，像我一样已经入学的学生在特殊管理下可以继续留校，这种特殊管理名义上是走读生，其实是家庭寄宿或住进由非犹太人掌管的私人宿舍，每间宿舍里面住四五个男孩。因此，在学院的两年，我换过三个地方。

在一个鄙视书虫、推崇运动员的封闭社会里，犹太人使自己勉强被接受的唯一途径就是在体育上出色。然而，犹太孩子都来自于视学习为成功通衢的家庭环境中，不论在野蛮的橄榄球还是文雅的、身穿白色法兰绒服装的板球运动中，我们都不优秀。格伦缪尔时期，在这些运动上我处于让自己满意的中上等水平，而现在彻底掉到下面去了。唯一能与人一较高下的项目是跑步，特别在 20 世纪 20 年代早期，我们有位世界闻名的跑步运动员亚伯拉罕（犹太人），他的光辉历史后来被拍成了电影《烈火战车》。在乔汀汉，长跑和令人精疲力竭的六英里半越野跑冠军是南非犹太人辛格，于是犹太男孩们在辛格这一完美榜样的激励下，通过跑步来获得自己的社交救赎。

每天早晨，在那段长长的活动时间里，所有男孩按宿舍楼列队，然后绕着大大的运动场编队跑步，长度超过 1 英里。辛格定了难以跟上的步伐，而所有男孩，不论大小，必须跟上。这其中有强烈的民族自豪感的因素，试图展示犹太楼作为一个整体，而不仅仅是几个冠军，至少能在这个领域里抬起头。不过这对我们这些年龄较小的男孩而言是个艰难的任务，我们气喘吁吁，肋骨疼痛，头要爆炸，心脏狂跳，但依然紧跟着队伍的步伐。我们不得不。回想当年，我认为跑步，或者说至少是蕴含其中的意志力锻炼，是我在乔汀汉的主要收获之一。

尽管每天早晨身处跑步的队列中，但至少在当时的环境下，我多少不愿意承认这是我所归属的群体。有一次当妈妈在运动会那天来到学校时，我担心她那丰满的曲线和点缀着红褐色发丝的黑色卷发是否会被认作犹太人特有的外貌，但学校里的男生们向身穿带花雪纺绸裙的姐姐薇拉投以钦慕的目光，他们的目光扫除了我的忧虑。

总的来说，我在乔汀汉学院的日子远不如在格伦缪尔快乐。我的不安只能部分归咎于甚嚣尘上的反犹太主义，我意识到不论我多么热爱英国，并非所有英国人都爱我。而另一部分苦恼生发于我日益成熟的智识——我的独立阅读比学院里的课程对此贡献更大。对这个世界知道得越多，就对自己所在的地方越不满。当我在乔汀汉学院的学业因父母经济上的窘境而突然提前终止时，我丝毫不感到悲伤。

伦敦、巴黎和莱比锡（1925—1928）

爸爸从未从他的破产中真正地东山再起，他以某种方式过渡了一下，在汉普斯特德房子的地下室里开了个工作坊。在那里，他开始从事在伦敦东区学徒时代就掌握的手艺：裁切和抻展兽皮。或许当个手艺人比当商人更让他快乐。妈妈的时装生意尚可，但她是个风度优雅的推销员而非生意人，她的财务状况一直一塌糊涂，无法继续负担高昂的学费。妈妈雄心勃勃地要把我塑造成一个先进入“一流”公学再进入牛津的“真正英国绅士”，这对于她的雄心必然是个沉重打击。毫无疑问，爸爸一直以来都认为让我做生意是更符合实际的计划，不论如何，他觉得，现在必须这么做了。因此他让我从乔汀汉退学，在一个富裕亲戚那里为我安排了一份工作，这位亲戚叫菲尔·弥尔顿，原名摩西，“女公爵”的丈夫。

爸爸曾经帮助过菲尔姑父，这位姑父年轻时很穷，骑着一辆前轮大后轮小的自行车追求“女公爵”。如今爸爸破产而菲尔富裕了，在城里经营着一份欣欣向荣的产业，从北卡罗来纳进口袜子。他将自己的发迹归功于我爸爸，同意在办公室里给我安排一份工作。体型魁梧、直来直去的菲尔和“重感情”一点儿也不沾边儿，但他成了我家的救星，刚开始时每周付我 30 先令。

这份工作本身相当无聊，主要内容是根据尺寸和颜色将一盒又一盒女袜分类，这些袜子带有充满异域风情的名字：桃红、肉色、裸色、杏色。但菲尔姑父认为我或许能承担更复杂的任务，于是出钱让我学习打字，并为了让我安心这样对我说：“我不会让你做个打字员的。有一天你甚至能成为一名推销员。”

在午休时间，我接受着另一种形式的教育。我买了本破破烂烂的《贝德克伦敦旅行指南》，探索着周围古老的街道。尽管英国公学里弥漫着反智主义风气和对书虫的鄙视——我也曾经短暂地当过被鄙视的对象，我还是希望自己成为一个博览群书的人。每个星期，我用 30 先令薪水中的 2 先令买一本萧伯纳的简装书。几年前我曾不求甚解地享用过他的《愉快戏剧集》，现在我费力地读完了《人与超人》和《长生》，从前言到每一个字，体会着作品中对生命和进化之力的呈现，并没有意识到它们正将我引向无神论的道路。多年后我得知萧伯纳曾说：“马克思成就了我。”那么我可以不谦虚地说：“萧伯纳成就了我。”不仅仅在社会政治层面上，他还增强了我从父亲那里遗传来的幽默感。在我跌宕起伏、厄运不断的一生中，这种幽默感都将成为我的保护伞。

不久，1926 年的大罢工对我的个人发展产生了影响。公共交通的停运并没有阻止菲尔姑父去办公室的脚步。他坐着自己的戴姆勒，为他开车的司机不是会参加罢工的类型；他摆出一个手绘的大牌子，上面写着“米尔顿公司”，用以镇住罢工纠察队。不管这个牌子镇没镇住纠察队，它都给我留下了深刻印象，我就骄傲地坐在它正后方的汽车前排座位上。

当时我很同情那些拒不参加罢工的人，特别是那些在公交车和地铁上阻止罢工的上层社会的大学生。他们只比我年长几岁，却承担起了开火车或当向导的工作。我恳求妈妈让我也去“尽自己的一点力”，但她可不敢让自己心爱的儿子去冒生命的危险。

不久之后，我在城里的工作就结束了，因为我那讲实惠的菲尔姑父想让我在周六和犹太教假日也上班。爸爸勃然大怒。而妈妈，我怀疑，在利用他们之间的争吵使我摆脱商业，重回校园。这回的学校不再像乔汀汉那样声名显赫，而是平民化的伦敦理工学院，在这儿我可以当一名走读生。它的预科文凭至少可以让我有资格进大学，虽然看上去家里能供得起的希望十分渺茫。

对于离开那些长袜，甚至离开安妮的魅惑，我并不感到遗憾。每周一次购买萧伯纳的平装书和午休时间对城市的探索，增强了我对学习的热爱。

新学校的生活和在乔汀汉的迥然不同。首先，新学校没有有组织的体育运动，而在乔汀汉，体育是课程中极其重要的部分。在这里，使肺部不堪重负的跑步不见踪影了，每天下午回到家时我都会受到悉心呵护，享用由吵吵闹闹的爱尔兰女佣端给我的黑面包薄片和草莓酱。

对我父母而言，破产并不意味着过得拮据。妈妈甚至雇了一位“法国女教师”（原文为法语）给我和姐姐上私人法语课。即使在大手大脚的妈妈和朴素节俭的爸爸争吵不断的日子里，我也过着舒适——如果不算奢侈的话——的生活。但渐渐地，大家都意识到了这所三层楼的大房子和住在里面的佣人，超出了我家能负担的范围，即使妈妈仍然有还债的能力。因此我们招进了租客，或者更文雅地称他们为“付钱的客人”，以支付贷款和交税。

回应我们登在《犹太纪事报》上的广告的大多是犹太人，这些人构成了一个可爱而有趣的混合体。我们的广告承诺为他们提供令人满意的住宿和犹太饮食。其中一对夫妇来自某著名的伊拉克－印度商人家族中较小的一支，那位年轻漂亮的妻子明显想和肥胖而暴躁的中年丈夫离婚；妈妈某天警告我，不许被那个妻子占了便宜，明显是担心我会作为同谋者而被传讯。她的警告让我困惑不已。当时我十六岁左右，怎么会对一个二十四岁的老女人倾心？后来又住进来了出生于拉脱维亚的珀尔斯坦小姐，世界犹太复国主义组织首领的秘书。或许是受她影响，在我十七岁左右时，有一年时间成了个犹太复国运动者，热切渴望着支持“民族国家”的我找来了一个蓝色的“犹太国民基金”小盒子，为这一事业——我所投入的第一个事业——募捐，把叮当作响的盒子捧到来访的客人面前让他们捐款。在那个年纪，我已经开始一边咕哝着会念但无法理解的希伯来语祈祷文，一边质疑犹太宗教仪式的合理性，但还不想摒弃犹太教。我只是从形式上的认同转向了种族观念。我为以色列的历史感到骄傲，特别是我们在光明节纪念的马加比家族从叙利亚统治下争取解放的斗争；对巴勒斯坦怀有幻想，将其认作解决“犹太人问题”的途径。珀尔斯坦小姐是个精通多种语言的知识分子，她对我想要成为一名记者的少年梦想给予鼓励，送给我契诃夫、托尔斯泰、海涅和易卜生的书，我读它们的时候享受多于理解。

像珀尔斯坦小姐这样的租客拓宽了我的视野，最终让我与印在廉价新闻纸上的惊险小说分道扬镳，也断了我对印在铜版纸上、带插图的两大厚本《令帝国激动的功绩》的兴趣。这些书都是关于第一次世界大战期间赢得维多利亚十字勋章的故事，点缀着对恐怖的德国兵残忍行径的讲述。青春期那会儿如饥似渴的阅读和在网球场上挥洒的无数个小时转移了我的注意力，使我不曾为家里日益恶化的经济状况、父母就钱财问题发生争吵，以及父亲日渐失去自信而费神。离开乔汀汉后的日子是我的快乐时光，很少花心思在郁闷的事情上。

过了一年这种城市田园牧歌般的生活，参加伦敦大学入学考试的日子来临了。我在最喜欢的英语和历史两科上洋洋洒洒地长篇大论，满怀信心地应付了法语和拉丁语，为数学里可恶的代数符号与荒唐的对数而焦虑不安。几星期后，我去了肯辛顿一座散发着不祥气息的灰色建筑物，成绩在那里张榜公布。那是 1927 年 8 月上旬，临近我的十七岁生日。结果是我通过了考试，父母都为我骄傲。然而，我并没能离牛津更近一步。作为对我的安慰，妈妈临时和在巴黎的一个“好犹太家庭”做了“儿子交换”，在巴黎我两次坠入爱河：首先是和这座城市，后来是与杰姬，我所认识的第一个美国女孩儿。与此同时，和我交换的那个法国男孩爱上了我的姐姐薇拉。

兰道夫妇在时尚的帕西地区有套优雅的公寓，我住进了他们儿子现代派装修风格的房间。他们提供最美味的饭菜，法式烹饪和中东——他们家族的发源地——菜肴的融合。我从没经历过这样的生活。我在当地国立高等学校预科的一位老师那里上语言课，借着法国文学的力量，他立刻使那些早在乔汀汉时期就灌输进我脑中的语法变得鲜活起来。

我住家的男主人和女主人非常在意要过得比法国人还法国人。对于一个十七岁的孩子来说，这对夫妻给我的印象有些阴沉和严厉，我的行为举止也没有让他们开心。这位丈夫饱受失眠折磨，一次我凌晨三点回家没带钥匙，不得不大声按门铃吵醒了他，这就是我们关系的终点了。

两个家庭之间很快协调好安排我搬到下一个住处——两位老姐妹的家，一个是寡妇，一个是位老姑娘。她们和兰道夫妇一样既犹太又法国，不过她们来自法国南部而不是中东。她们的公寓在一幢 19 世纪早期的巴黎建筑里，不像兰道夫妇的房子那么优雅，但位置更核心，就在圣拉扎尔。这里就像欧内斯特·海明威在《流动的盛宴》里描绘的 20 世纪 20 年代迷人的巴黎一样。我格外喜欢圣路易岛，只需踏上一座古老的石桥，就仿佛走进了中世纪。远离了出租车的喇叭声，我会徜徉在古代建筑间，找个地方坐下来读巴尔扎克的短篇小说。我住家的两位老太太很鼓励我对文化的渴求，她们订购了每周一次的法兰西剧院的午场票，不是这位就是那位经常把她们自己的票送我，让我去看莫里哀、拉辛或高乃依的戏剧。

当然我也去博物馆，比如说克吕尼（法国国立中世纪博物馆），在那里展出的贞洁带着实吓坏了我。它帮我第一次理解了谚语“春闺锁不住”的含义，之前我以为这句话和打开木头门相关。[1]不过我去得最多的是卢浮宫，乖乖地在蒙娜丽莎面前停留，而她的笑容对我来说实在太晦涩。当时我更喜欢容易进入的那些绘画，比如伦勃朗为阿姆斯特丹犹太人聚居区的老年犹太人所创作的肖像，画中的人摆出圣经人物的姿势。

在巴黎的八个月，妈妈还为我安排了份工作，在一家皮毛商那儿当志愿工以挣些零花钱。我的任务主要是清点皮毛，将它们缝成捆。工作不难，而且在一家犹太工厂我们既休周六也休周日。这给我留了足够的时间去坠入爱河。

杰姬是个黑褐色头发的少女，娇小而丰满。她是我认识的第一个美国女孩，说话声音充满魅力，悦耳甜美；我所受的傲慢而势利的英国教育曾让我以为没有任何美国人能拥有这样的声音。杰姬的声音对我而言就像音乐，她身上的其他一切亦是如此。她十八岁，比我年长一岁，正在法国一所学校里准备中学毕业会考。她是个认真的学生，学习的劲头吓倒了我。尽管如此，她仍令我陶醉。她和她那成熟的哥哥安迪曾带我参观卢浮宫，我记得安迪镇定地直面裸体的米洛斯的维纳斯，然后带我转到雕像后面仔细观察臀部的精妙之处。据安迪说，维纳斯的臀部因美丽而出名。我从没想过臀部也

〔1〕“春闺锁不住”的英文原文为Love laughs at locksmiths，字面意思为“爱情嘲笑锁匠”，而贞洁带上有锁。——译者注。

能“美丽”，不过还是尽力像个鉴赏家一样去欣赏。在我心目中，杰姬比维纳斯更美丽，不过我们的关系仅停留在柏拉图式的层面上。我悄悄地仰慕她，最多也就是挽着她的胳膊在塞纳河边散散步。（五年后，当我在纽约上大学时，我们以一种不那么柏拉图式的方式享受了对方。）

到了离开巴黎的日子，妈妈亲自来接我回家。我向她保证我有能力搞定回家路上的一切，但浪漫的天性使她对巴黎如此着迷，绝不会放弃来这儿看看的机会，对此我完全无法拒绝。

回到伦敦，在妈妈所希望的、通向挣大钱的漫漫征途上，她已为我铺好了下一块垫脚石。那是一份在纽约某皮毛商手下的工作，他之前是我爸的生意伙伴。我向驻伦敦的美国领事馆提交了移民申请。民族配额系统对我有利：不列颠人和其他北欧人在名单的最上面。尽管如此，我估计得等上很多个月，或许超过一年，才能轮到我。

既然我的法语已经不错了，家里认为我应该再尝试一下德语，去莱比锡，我的巴黎雇主伯恩斯坦在那边的皮毛界有个兄弟，这将延续我在家族朋友们经营的产业里毫无痛苦的学徒生涯。从荷兰角去莱比锡的路上必须在汉诺威转车，这给了我几个小时的观光时间，看看英国皇室和花衣魔笛手共同的故乡。手拿一本旅行指南，我围着城市长途跋涉，直到又累又饿地走进一家餐馆。我一个德语单词都不会，不过聪明的服务生猜出我是英国人，端来了给一个饥饿的英国年轻人的“正确”饭菜——一大盘火腿和鸡蛋。我有生以来从没碰过火腿，但多亏了萧伯纳在我心中播下的无神论的种子已萌发，我没有犹豫。火腿非常好吃，伴随着吞咽，我身上犹太信仰的残余部分也消散了，长久以来它早已更多地关乎饮食清规而非意识形态。

当然，在莱比锡我所住的犹太家庭的情况也有所不同。我在这儿没能待足够长的时间以更多地了解这座历史古城，巴赫的长久居住地；我的时间花在了犹太人主导的皮毛贸易的中心布鲁尔，和我的学徒同伴在一起。他们看起来只对国际象棋感兴趣，还有跟我学英语，而不是教我关于皮毛的知识和德语。

召唤我回伦敦的消息来得很突然，我的名字出乎意料早早地出现在了移民配额名单上。一回到家，我就开始准备移民和在皮毛行业里向上拼搏，同时读着一本家里朋友借给我的为皮毛贸易辩护的书。书上说，为获得皮毛而猎杀、诱捕动物并不残忍，实际上这种行为或许都算得上仁慈。天地不仁，“以万物为刍狗”，因此皮货商们在大肆敛财的时候大可安心。我对此不以为然，但旅行、财富、创立自己事业的美好憧憬压制了我的良知，我精神高昂地出发了。

第二章　没有金砖铺路的纽约（1929—1936）

我去纽约——那座金砖铺路之城——的时候，怀抱着成为百万富翁的愿望，也希望为破产的家庭重整旗鼓，并捐钱给犹太复国运动。幸亏我选错了时机。我于 1929 年 2 月到达，同年 10 月股票市场崩盘。华尔街的人行道不再因金子而熠熠闪光，反倒是溅上了从摩天大楼上跳下来的失败投机者的血。

到达纽约时我已有工作在握，还被安排了个好住处。一年或者更早之前，纽约皮毛商人杰克·伍尔夫曾在伦敦和我父亲做过生意，他还带我母亲去科文特花园听歌剧。爸爸没有去，他觉得那里的气息太过高傲。但皇家歌剧院正合我妈的胃口，她和伍尔夫一起去了不止一次。爸爸的生意不景气由来已久，她预见到了我给富裕的伍尔夫当雇员的前途，而他欣然同意给我提供个职位，那大约是 1927 年的事。当我到了可以接受这份工作的年龄，他却反悔了，或许他嗅到了华尔街的不祥气息，或许他的妻子（他并不爱她）不同意。但我妈妈可是位意志坚定的女性，即使是富裕的伍尔夫也发现自己无法收回承诺，最终还是痛痛快快地履行了。他和妻子在纽约港接上我，把我安排进他们那俯瞰中央公园的豪华公寓里。

伍尔夫出身于波兰的一个犹太音乐世家，他是一帮穷音乐家的赞助人，会在家里举办黄昏聚会。他，还有其他人，为我打开了更广阔的音乐天地，对此我心存感激。另外，他的家里书盈四壁，正是在中央公园西路上我第一次读到了达尔文，并尝试去理解斯宾诺莎（或许因为他是我的犹太楷模之一）。就这样，我在纽约和伍尔夫夫妇度过的头几个星期本该很愉快——要不是因为伍尔夫夫人存在的话。杰克曾痛苦地向我妈妈吐露心事："她爱我就像爱家具。"我不久便明白了这句话的含义，特别是在她逼着我玩桥牌之后。我对此类游戏的态度一向是，它们作为茶余饭后闲聊的背景还能接受，至于严肃的智力锻炼就免谈了。当我用自己的王杀了搭档的A，或是犯了类似的致命错误后，伍尔夫夫人当着我的面大声说："他不光是笨，他简直就是蠢到了家！"一旦发现自己能独立行走于纽约的新世界，我就从伍尔夫夫妇的奢华公寓搬到了基督教青年会。我拒绝了住进希伯来青年协会的建议，因为那将为我打上犹太人的标记。即使在这座流淌着一半犹太血统的城市，我也更愿意"保留英国人的身份"，英国的公学教育已深入骨髓。

基督教青年会是个好住处，直至今日，我还对它怀有感情。不过，有个小小的麻烦就是，当年作为玫瑰色面颊的十八岁英国少年，我吸引了同性恋者的目光，他们中的不少人住在基督教青年会里。总体而言，他们比一般房客在艺术上和智识上更活跃，也更敏感，我喜欢他们，经常和他们在一起。但我无法理解他们的性取向，当然自己也不是那样的类型。我为漂亮姑娘着迷，对她们怀有一般异性恋者的幻想，虽然从不大胆出击。在表明自己的性取向后，我愿意也能够和那些曾经想成为我的追求者的男性保持纯粹精神层面的友谊。回望过去，我对自己处理此事的成熟感到惊讶和自豪，要知道那可是对同性恋解放闻所未闻的年代，不论台上台下，同性恋都是粗俗笑话里常见的笑柄。

在青年会，我先是和尼古拉斯同住，这个白俄人自称他的父亲是沙皇骑兵部队的将军。他把伏特加介绍给我，还有他的那帮白俄朋友，一个又一个王子啊公主啊之类，我和他们早饭前在中央公园打网球，晚上跳舞。随着时间推移，我换过不同的室友，和现实世界中不同的人交朋友，特别是青年会的秘书们，一群思想开放的年轻人，既关心基督教的道德准则，也关心社会问题。他们引导我从斯宾诺莎、达尔文读到心理学，随着经济衰退不断加重，又增加了莫里斯・辛德斯和路易斯・费希尔关于苏联的著作。我的大脑已经做好了接受新思想冲击的准备。最直接的影响出现在宗教方面：亨利・埃尔莫・巴恩斯的《基督教之暮光》和拉比路易斯・布朗的《为何我相信》(《我相信什么》)，后者是一本比较宗教学著作，以令人充满好感的笔触详细阐释了许多宗教的教义及实践。但这本书没有使我变得更虔诚，反而将我进一步推向了无神论。如果世界上有这么多互相冲突的教义，那它们不可能都是真的，实际上它们中的任一个都不是真的。两三年前由萧伯纳《长生》和《人与超人》的序言在我心里种下的渎神的种子就这样开了花结了果。赎罪日的神圣斋戒来临时，我有一天假期可以远离犹太皮毛生意——于是跑去滑冰了。这是我通向无神论道路上的第二个里程碑，在 1927 年于汉诺威无心地吃了火腿鸡蛋之后。

皮毛生意统治着我的生活，智识的成长只是它的副业。杰克・伍尔夫欣欣向荣的公司位于西 30 街上，在第七和第八大道之间。除了皮毛进出口，伍尔夫也经手美国和加拿大的捕兽人邮寄给他的兽皮，大多是原始未加工的。包裹从一个信封里的一只黄鼠狼皮到装着成百上千毛皮的柳条箱和大包，应有尽有。寄来的东西在地下室进行处理，一层放置加工完毕、已染色的皮毛，而办公室位于一、二层之间的夹层。办公室里有台列着数以千计的捕兽者名单的“邮件地址印刷机”，还有其他办公设备，由十几到二十个女职员操控，她们大多年轻貌美。每天工作结束换班时，她们就会被那些大男子主义的男职员缠住，蒙受他们粗鲁的爱抚和偷吻。对这些人展示的“男子气概”我不无嫉妒，但从不敢效仿。

这份工作季节性很强。夏天禁止打猎和设陷阱捕猎，因此工作时间仅为早八点半至晚六点，有午休和双休日。冬季业务高峰时节，工作日则从早八点开始，常常持续到晚上十一点，星期天还要工作半天。星期六，感谢耶和华，放假。高峰季节里职员们上下班必须打卡，我和其他人一样，一有可能就在早上把时针往前拨、晚上把时针往后拨，以"挣出"几个小时额外的加班费。

我的第一项工作是将收到的包裹按地域分类，总体而言皮毛质量最好的是东北地区，而南部地区和西南地区最差。包裹里的内容是血淋淋、往往散发着恶臭又油腻腻的未加工毛皮，一堆堆放在一个包着金属面的长柜台上，由薪水最高的工人定等员进行分类并定价。给出的价格被登记在表格上寄给捕猎者，等着他们接受、拒绝或讨价还价。虽然对于亲眼目睹定等员直接用手捏死虫子需要一点时间来适应，我很快就甩掉了自己容易作呕的娇气。最忙的时节，工人不外出午饭而是吃从街对面犹太熟食店买来的三明治，我们在工作服上蹭两把油乎乎的手，在工作台旁开吃，从此我更是见什么都不觉得恶心了。这样的经历帮我克服了中产阶级犹太家庭养成的娇宠和英国公学里染上的傲气。

还有一项工作是清点客户购买的毛皮。例如麝鼠皮，从动物尸体上剥下来，就像摘手套那样把里层翻出来，这样就成了毛在内、皮在外。然后在一个架子上抻开展平并晾干，最后呈现出一只雪鞋的形状。我清点时每十张一组，先将两组并排放置，再交叉着在其上放两组，直到形成五层共 100 张的一堆。为一个订单可能就得数千百张毛皮，到最后指尖的皮肤变得纸一样薄，最轻微的刮擦也会让血立刻渗出来。一段时间后有人教我为手指戴上胶布或橡胶的"套管"。春天，麝鼠分泌出它们的麝香，人们用其制造香水，而臭鼬则是全然不同的景象。一天，我看着伦敦东区佬弗雷德剥一只臭鼬的皮，他是公司为数不多的非犹太员工。小刀划了一下，刺破了储存恶臭液体的囊，臭鼬就是用它来喷射攻击者的，刺鼻的气味排山倒海而来。

我的同事多是从俄国和波兰移民而来的犹太家庭的男人们。他们的父母曾住在纽约东部的贫民区，直到挣够了搬去布鲁克林或布朗克斯的钱。这些人心地善良但作风彪悍，为了生存他们别无选择。我红扑扑的脸颊和英国口音使我自然成了他们的笑柄和恶作剧的对象。让我佩服的是，在地下室里他们并没有因为我是被老板罩着的人而有所戒备，他们照样叫我“英国佬”——或者经常是“天杀的英国佬崽子”，只不过是调侃而非恶意。对此我不甘示弱，而只要我勇敢反抗这些玩笑和恶作剧——其中包括对我施用所谓的墨索里尼刑罚，逼我咽下蓖麻油，便能博得他们的欣赏。他们找来了拳击手套，让我和一个年龄差不多的小伙子对抗，那个有点爱吹牛的山姆·施瓦兹。每当我勇敢挺住不倒下，便会引起欢呼一片。

虽说赢得了工作伙伴的认可，我仍对自己社会地位的优越性抱有幻想。为了与我的白俄室友结伴去和他那些公主跳舞，我特意买了一把 1/8 英寸宽的修甲师专业刷子清理指甲。我也会不时花 5 美分让第八大道上的黑人擦鞋童把皮鞋擦得锃亮。第七大道上的报童叫卖着，朝我喊“你看啥报”时，我无声的回答是“莎士比亚和萧伯纳”。而当我在极少的情况下打车，碰上司机随口问：“去哪，伙计？”时，这样随意的措辞也令我生厌。一次我曾这样写信给妈妈：“尽管置身肮脏粗鲁之中，我感到自己内心是个贵族”——对从伦敦东区走出来后的第一代、离开波兰犹太贫民区后的第二代而言，这真是种怪异的感觉。当我在臭鼬堆的气味和油脂里摸爬滚打、打包包裹或是推着手推车在楼间送货的时候，这样的想法无疑是潜意识里对保持自尊的热望。时至今日，早已抛弃了贵族幻想的我觉得那段经历令我受益匪浅，但当时的我可不这么认为。工作时长加剧了我的不满，即使是在夏天：留给打网球的时间太少了！渐渐地，我的不满有了更成熟的表现形式，我的一些新朋友亦是如此。我结识了一位叫露丝的女性，她是社会劳工党成员，社会劳工党是在丹尼尔·德莱昂启发下建立的小众党派组织。她把社会劳工党的宣传小册子带给我读，它们超出了我的理解能力，却促使我开始思考。

另一位女性朋友让我想得更深远。凯特是个爱尔兰裔美国女孩，来自被贫穷所困扰的西爱尔兰康内马拉。她并非我通常会喜欢的那种金发碧眼的类型，但在丑丑的钢框眼镜后有一双清澈的灰眼睛和一个清晰的头脑。她是亨特学院的学生，在社会科学和经济学方面博闻多识。她引导着我对社会的思考，让我读比阿特丽斯·韦伯和斯图尔特·蔡斯的作品，他们对资本主义的批判帮我理解了当下美国的经济萧条。不过凯特可不是无趣的女学究。她生性快活，喜欢大笑，是个真正的爱尔兰女人。我们相处愉快，但我还太幼稚，无法喜欢上她，我还是对那些漂亮的小姑娘着迷。

纽约正挣扎于大萧条之中。去上班的路上可以见到等候领救济食品的长队，每个街口都有卖苹果的人。这些人卖五分钱一个的红彤彤的苹果，打着“日食一苹果，医生远离我”的标语。而某位经济学天才断定苹果的功能远大于此，它可以让货币流通起来，从而结束这场经济危机。那时农村地区的果农买不起汽油，被迫倒退回他们父辈的运输工具上去，骡拉四轮货车。根据当时总统的名字，这些车后来被称为“胡佛车”。关注社会问题的基督教青年会秘书们向我讲述了纽约贫穷落魄的鲍威利地区的情形。我到那里去，走访了失业者的鸽子笼，这些人靠唱赞美诗来换取一顿只有汤的晚饭。夜晚他们可以在一些廉价场所栖身，站着睡觉，靠在一根拉起来横穿房间的绳子上。到了早上该滚蛋的时候，绳子一松，摔在地上，醒来。在一片凸入东河的巨大废弃码头上有个宿舍楼，免费的双层床容纳着 1700 人，空气像河水一样污浊。我困惑地想，那些金砖铺就的路在哪儿呢？

我从没能找到它们。我只见到在上城一间优雅的公寓里，摆在餐桌上的金盘子。通过基督教青年会的秘书们，我的第一次感恩节邀约于1930年11月到来。发出邀请的那家人的儿子在英国时曾受到了友好接待，作为感谢，他们邀请两位住在青年会的英国人。着装要求是“无尾礼服”，而当时我还有一套。我和大我几岁的同伴一起找到了位于时髦的萨顿区的地址，那里俯瞰东河，被贫民窟包围。一位庄严高贵的瑞典男管家为我们开了门。我们做了自我介绍并认识了这个典型的美国富裕之家：男主人柯里先生，大陆罐头公司的负责人，显然是位通过自我奋斗而成功的人，一块可造之材，脚踏实地；柯里夫人，一位时髦的女士，以自己南方人的血统为荣，她追逐的不是知识造诣，而是社会圈子（像我同伴和我这样的英国口音在她的圈子里很受追捧）。他们的儿子在哈佛念书，不过明显是个花花公子而非学生。最后还有他们的二十六岁的女儿玛贝尔，衣着很有品位。“倒是不难看，”我心想，“不过太胖了点儿。”作为简·奥斯丁的崇拜者，她是整个家庭的文化监护人，写了些自费出版的故事。

在女士们的动议之下，这个家庭以时尚且颇有品位的方式招待客人。他们扮演猎狮人，而我成了他们捕来的“幼狮”。在接受邀约的那几年里，我认识了众多名流，其中有著名的拉布拉多传教士医生威尔弗雷德·格林菲尔爵士、优雅精明的“上流社会”喜剧女演员碧翠丝·莉莉（塞堡女士 Lady Peel）、俄罗斯大公亚历山大，以及其他人。身穿无尾礼服，从金盘子里吃东西，由男管家招待，用我的英国口音闲谈——当失业者只能睡在鲍威利的鸽子笼里，我混迹于这群人里到底在做什么？答案是，我只能失敬地坦白，因为玛贝尔爱上了我，堪称到了痴迷的程度。她甚至想嫁给我，即使我身无分文，还是个犹太人。一段时间后，我“坦白”了自己的这两个致命伤，她却依然故我。玛贝尔带我去位于第五大道下段的漂亮的圣托马斯圣公会教堂，我很喜欢那里的管风琴音乐。我们也同去比尔摩庄园参观，去瑞吉屋顶，以当年时兴的方式脸贴着脸跳舞。最后，我还被带到某个时髦的乡村俱乐部，结果也通过了准入考核，那些地方以往肯定不会让明知是犹太人的人进门的。其实这并不费我吹灰之力。我能通过每一场考察，毫无疑问主要因为玛贝尔和她妈妈发现我的英国口音和乔汀汉教育经历在她们的圈子里足够有魅力，足够时髦，足够让人忽视我的短板。当然她们从没见过我处理臭鼬皮，或是在第八大道上推着装满负鼠的手推车。随着时间推移，我对当时社会的了解逐渐加深，越来越质疑美国的失业现象和法西斯主义的蔓延，在萨顿区的金盘子里吃饭颇有大难临头仍歌舞升平之感，我与柯里家的圈子便渐行渐远。

到纽约的头几年，不同方向的力都作用于我身上。然而命运最终让我遇到了李·斯塔克，一个改变了我人生轨迹的人。我们相识于我妈妈的另一个富人朋友的聚会上。李比我大十岁，当时快三十了。我俩都爱打网球，于是交换了地址，给的都是工作地址，然后吃惊地发现彼此的工作地点在一个街区内。和我的雇主杰克·伍尔夫一样，李·斯塔克也做皮毛生意，个性却天差地远。伍尔夫性格坚定，进取心强，有点儿咋咋呼呼，就像大多数皮毛商一样；而李安安静静，轻言轻语，敏感细腻。当年斯文有礼的我竟然投身于皮毛业这个不止在一层意义上肮脏的领域，令他无比诧异。事实上，李自己也和这一行格格不入。不说谎，也不还价，他一言九鼎。在整个行业里，他因此出名，也因此受到了不情愿的尊敬。

或许因为彼此都是特立独行之人，拉近了我们的距离。这是一段不对等的关系。李能给予的很多，而我能给的很少甚至没有，显然除了他发现我为人还挺可爱之外。他把我介绍给和他一样住在格林尼治村的朋友，艺术家和作家。李自己也涉猎写作，虽然据我所知他写的东西从没发表过。对此我心怀庆幸，因为他后来有一篇作品便是对我毫不留情的传记小品。这篇或许写于近七十岁时，他给文章起了个有自我批评意味的名字《我造就了一个共产主义者》。在我的要求下，去世前他把文章寄给了我。

在文章里，他公正地将我进大学这件事归功于他自己。他从没念过大学，当得知我想要逃离西30街的臭鼬和水貂、有进哥伦比亚大学新闻学院的愿望时，慷慨地提出可以为我付第一年的学费。在此之后我就得靠自己的努力杀出一条路来，而我也确实做到了。当年的我仍怀着成为一名记者的少年梦，甚至当我还深陷于杰克·伍尔夫的地下室的时候，就在右翼的《（伦敦）早报》上发表过关于纽约印象的不成熟的作品，但李却明智地劝我不要过早地局限于某一专业，而要以哥伦比亚学院[1]提供的更广阔的通识教育为目标。

哥伦比亚大学——政治觉醒（1931—1935）

我在大萧条最严峻的1931年9月进入了哥伦比亚大学。虽然李为我付了学费，但我还得找个兼职来养活自己。大学里的职业介绍所给我找了份教法语的工作。接下来四年里，我在学期中和假期里的工作包括在学校餐厅干活、在学院图书馆发书和为书上架、给一个银行家年幼的儿子们当保姆。在学期中，上述最后一份工作意味着在中央公园里看护那些小男孩，距他们位于第五大道上的家一街之隔，还包括有乳鸽、鹌鹑蛋、鲜三文鱼的优雅午餐，这类菜肴在我一美元吃一天三顿的餐厅可不会有。夏天的时候，这家人会把我当作“家庭教师”，带到他们位于长岛海峡曼哈西特的夏季别墅，在那里我下午的工作是掌管男孩们的摩托艇。我将自己能得到这份工作主要归功于我那在银行圈里很被看重的英国口音，但不是所有的

---

〔1〕　哥伦比亚学院是哥伦比亚大学以通识教育为主的本科学院。——译者注

工作都这么清闲且报酬丰厚，其中一个名副其实的脑力上而非体力上的艰苦劳动是为华尔街上的法律公司 Root, Clark and Buckner 校对复制文件。这项工作两人一组，一人朗读复制文件，同时另一人依照原稿校对。我们被警告，一个小小的错误，哪怕是一个逗号，都有可能使公司付出成千上万的代价，更不用提会让校对员丢饭碗了。于是我们一周三次在晚九点至凌晨三点间和困意做斗争，接下来的上午常常是哥伦比亚的哲学课。所有工作中最奇特的或许要算给一位不幸的研究者做“小白鼠”了。他当时正研究流向头部的血液是否以及如何影响人类听觉能力的范围，于是我被捆在一个跷跷板上，戴着一副耳机，音高逐步上升的声音从耳机中传来，我和跷跷板都被倾斜成 45° 角，先是头朝上，然后头朝下。当声音上升至非人的高度以至于我什么也听不见时，我就按下按钮，一盏红灯亮起。这是个有意思的经历，但没有把人昏昏欲睡的状态考虑进去，这种状态是我在长时间的学习或参与学生运动之后常有的——它怕是将人类的听力拓展到了前所未有的范围。

不管怎样，主要靠着一周十五美元的收入，我在哥伦比亚大学立住了脚，这些钱负担了住宿费、伙食费、各种杂费、娱乐费，以及一段总体而言相当美妙的时光。不过，我依然需要适应不令人讨厌却完全陌生的美国校园文化，它和我之前所在学校乔汀汉及伦敦理工学院的差别就像它与皮毛界的一样大。最初我不是很明白存在于校园里的形式温和的戏弄之风，一年级新生被高年级学生勒令戴小圆瓜皮帽。我对此一无所知，一度怀疑自己是不是掉进了一个男人们都戴着传统的圆顶小帽的正统派犹太人社区[1]。有一天，出于好奇，我问一个没戴帽子的年轻学生：“你的小帽子呢？”他大概十七岁，而我进学校晚，当时刚过二十一岁。他错将我当成了高年级学

[1] 一种帽子，正统犹太男子时时戴着，其他犹太人偶尔也戴。——译者注

生，忙不迭地道歉说忘了戴，然后立马冲回宿舍去拿帽子。

不用戴“新生帽”还算是我晚进大学得到的最小的好处。我对生活所知有限，但比一般新生还是强不少。我多多少少知道自己为何上大学，想从大学获得什么，而且发觉在杰克·伍尔夫那儿当过学徒工的经历使大学课程的含义变得更加丰富，令人享受。

融入美国生活为我提供了另一层面的教育。从一开始，我的英国背景就需要调整以适应一个全新的社会。1929 年夏天，我刚到纽约六个月的时候，得到了一周的假期。我十分思念英国，觉得去加拿大旅行一趟至少可以让我踏上大英帝国领土的一部分，在那儿可以看到米字旗飘扬。我囊中羞涩，但听说过一种奇特的美国做法叫作搭顺风车旅行，我以为它和徒步有关〔1〕。相应地，我认为徒步又与穿短裤相关，而在当时，美国成年男人是不穿短裤的，甚至小男孩也不穿。我对诸如此类的着装限制一无所知，于是我寄了一套外衣裤到纽约以北 450 英里的蒙特利尔的基督教青年会等着我，然后穿上短裤，坐到地铁线最北端，走向一个看起来可能搭车的地方——一座山的山顶，汽车司机会在这里减速换挡，也许会向满怀希望的搭车者投上匆匆一瞥。我搭上了车，同时受到了嘲笑，特别是那些女孩子，一看见我露在外面的膝盖就咯咯笑个不停。步行经过纽约州北部的某个小镇时，一群孩子跟着我，冲着我嘲讽地大喊：“嗨，先生，你的裤子呢？”我感觉自己就像哈梅林的花衣魔笛手，要是有他那样的魔笛我也想把这帮孩子带到山里去〔2〕。尽管一路遭遇咯咯的傻笑和嘲弄，我最终还是到达了蒙特利尔。在那里我救出了我的长裤，陶醉于米字旗飘扬的景象，被山顶大教堂商业化的“奇迹”

---

〔1〕“搭顺风车旅行”的英文原文为 hitch-hiking，hiking 的意思是徒步旅行。——译者注

〔2〕《哈梅林的花衣魔笛手》是德国童话，故事的结尾是魔笛手吹着魔笛，全城的孩子听到笛声就不由自主地跟在后面走，最后被魔笛手带进了山里再也没回来。——译者注

景观倒了胃口，得体地遮住膝盖回到了纽约我那群麝鼠中间。

进哥伦比亚学院时，我已充分美国化，足以参与校内的政治运动了。我在那里的四年是校园里风起云涌的时代，学生罢课每年一次，不是因这件事而起，就是因那件事而起。第一次罢课和学院报纸《哥伦比亚旁观者》主编里德·哈里斯被开除有关，罢课爆发于 1932 年 4 月。哥大校园里的两处政治运动中心——图书馆台阶和日晷，都有集会行动。集会人数最多时达到了约 1500 人，其中包括往上城方向一英里处的城市学院的学生。城市学院是个免费的公共机构，比哥大的无产阶级色彩更浓，也更激进。斗争在自由主义者、左派人士和兄弟会成员、运动员之间展开。里德·哈里斯曾以社论形式公开指责录取没能通过入学考试的体育特长生，并发放奖学金，或在学生队员毕业后还留两三年，以便让他们继续留在橄榄球队里。这就是运动员们对《旁观者》及其自由主义编辑理念猛烈抵制的原因。开除主编是教务长赫伯特·霍克斯的决定，报纸上对他和校长尼古拉斯的人身“侮辱”使他暴怒，他显然认为那是诽谤。毫无疑问，哈里斯将政治和经济话题带入《旁观者》，比如对失业者和领救济者充满同情的报道，或是对纽约市长社会党候选人的支持，都是促成这一决定的原因，还有便是报纸对学校食堂的抱怨。不过，当时正处于经济危机最严峻的阶段，这是这一切的大背景，而小小的社会问题俱乐部里的学生共产党员用自己的能量和组织技巧引发了爆炸。

这场里德·哈里斯本人并不担任主角的罢课风潮涌动了几个星期，最终双方达成了妥协——里德的主编任期已满，他又恢复了学生身份。他毕业后不带处分记录离开了学校，还写了一本名为《橄榄球为王》（*King Football*）的书，就是关于激起这次罢课的话题。

在某种意义上整个事件就这样结束了，但对我而言这是政治生涯的开始。我加入了社会问题俱乐部，当时并不知道它由共产党领导，不过我倒是知道支持它的年轻经济学讲师唐·亨德森是位公开的共产党员，他曾在里德·哈里斯罢课事件的某次集会上讲过话。

俱乐部很小，通常开会只有二十几个学生出席，而哥伦比亚学院（男生就学的本科学院）有近 1600 名学生，整个大学里的学生数目更是成千上万。对于那些会议，我最初的印象是围绕着有关无产阶级文学的一些讨论，更加历历在目的是一位巴纳德学院（女生就学的本科学院）的名叫薇拉的美丽女生，我和她约会了几年，延续到了毕业之后，直至她和一个海军陆战队员结婚。不过更重要的记忆是一篇关于肯塔基州哈兰县煤矿罢工的报道。那场一年前（即 1931 年）刚刚开始的罢工，断断续续地持续了几十年，通过歌曲和电影被世界各地的进步人士所知晓。但在 1932 年，关于矿主恐怖统治的新闻被封锁了，这其中包括暗杀国家矿工协会的组织者，炸毁协会的救济厨房，切断作为矿工主要食物来源的内部商店的供应。通过纽约和新英格兰地区一些学校里的社会问题俱乐部，共产党组织了一个学生代表团前往煤田调查、报道事态的进展。作为七十名登记者之一，我必须坦白自己这么做部分是为了四处看看这个国家。事实证明，这次旅程可不仅是观光游。

我们租来的两辆大巴和借来的一辆小轿车向南行驶了六百多英里，到达了群山环绕的田纳西州内河港口诺克斯维尔，就在肯塔基州煤田的南边。这一行人混杂着男青年、女青年，共产党、社会党、自由党人以及一两个像我这样喜欢针砭时弊的无党派人士。经过历史悠久的费城、巴尔的摩、华盛顿时，我伸长了脖子，并饱览了阿勒格尼山脉如画的风景。但在我们停留了一两天的诺克斯维尔，威胁恐吓将观光旅游的痕迹一扫而光。我们落脚的小旅馆的门厅里挤满了腰带上别着手枪的大腹便便的人，不管我们去哪儿，哪怕只是去买报纸，都有人跟着。与此同时，我们正试着与肯塔基州州界上的罢工者取得联系。代表团的领导之一是哥大讲师唐·亨德森的妻子，一位瘦弱、容易紧张的三十岁女性。还有一位是魁梧、镇静、吸烟斗的亚拉巴马州四年级学生罗伯·霍尔。当时我并不知道他们是共产党员，也不知道是共产党组织了这次远行。终于，两位罢工者来了，带着我们经坎伯兰岬口翻山越岭，到达了目的地，肯塔基州哈兰县。

18世纪时，丹尼尔·布恩向着西部开疆辟土的功绩照耀这条路。而今，当我们沿着水泥公路行进时，一辆辆小轿车以疯狂的速度从我们身边呼啸而过。从大巴的车窗里往外窥视，我们看到了酷似诺克斯维尔的跟踪者的人，只不过除了手枪，他们双膝间还夹着步枪。当我们在山脚下减速时，其中一辆车窜到最前面，其余车强塞进了我们的车队。它们以蜗牛般速度向上爬，在九曲十八弯的山路间转来转去，令大巴车的引擎承受着巨大压力，却让我们欣赏到了郁郁葱葱的山坡和深谷间溪流湍急的美景。在一处山谷间横跨着一道巨型条幅，写着“与上帝交好”（Get Right with God）。我们处于圣经地带中了[1]。最终，山路在一片小高原处开阔起来，三个州交界于此：田纳西、肯塔基、西弗吉尼亚。

在这里我们见到了“接待委员会”，两百来名带着手枪且明显灌满了酒的县级警察。我们那未经请求就主动提供服务的护送队此刻亮出了警徽，立即加入了他们。公路上陡然耸立着一块峭壁（这是不是丹尼尔·布恩当年第一次俯瞰古老的肯塔基大地的顶峰岩？），峭壁顶上聚集着一群十几岁的男孩，肩上挂着鼓鼓囊囊的《星期六晚邮报》背包。包里装的不是杂志，而是石头，只待时间一到就扔向我们。与此同时，他们喊着：“捆起来，这帮天杀的北方佬！”一位官员模样的人走近了我们领头的大巴，后来得知他是当地的地方检察官，一位史密斯先生。史密斯先生用浓重的南方口音问我们来这儿到底想干什么。对此我们早有言辞上的准备——我们的发言人罗伯·霍尔来自比史密斯先生更往南几个州的地方。罗伯用和史密

〔1〕　圣经地带，指保守的基督教福音派占主导地位的美国南部地区。——译者注

斯一唱一和的慢吞吞的腔调说，我们可都是守法的好公民，我们听说这里发生的有些事情违背了《美国宪法》，所以决定来看个究竟。此时悬崖上的威胁声不断传来。史密斯先生考虑了一会儿，然后宣布我们必须下山，去肯塔基境内一个叫“四里路”的小镇上的法院接受问询。县级警察随即接管了我们的车，以不要命的速度开过九曲十八弯，一路下了山。

我们列队走进那个挤得满满的小法院，在法官席前排成行。史密斯先生一个一个地问我们的名字。每当问到一个听起来像东欧人或犹太人的名字——任何一个来自纽约的团体里都会有很多——他就停下。他的听力貌似突然变差了。“叫什么？”他问，“再说一遍。怎么拼？”他在为接下来那场煽动乌合之众的沙文主义的讲话造势。我们当中一位黑头发、亮眼睛的女孩海伦·诺格拉迪带有匈牙利血统，史密斯听了她的名字，摆出一副假惺惺的失望表情：“像你这么好的爱尔兰女孩和这帮人混在一起，真让我遗憾。”我名字的发音和拼写倒是没有惹麻烦。最终，问询结束，史密斯先生开始对这群外国捣乱分子进行激烈的控告。显然，在他眼里，梅森－迪克森线以北的任何人都是外国人。[1]这种观点在南方一家报纸刊登我们一群人的照片时配的文字说明中展露无疑：

> 这群人里没有一张美国面孔，所有学生脸上都带着东欧的烙印。他们是斯拉夫人、犹太人或俄国人。以盎格鲁－撒克逊气息鲜明的蓝色肯塔基群山为背景，他们在照片里显得那么格格不入。他们中的一些人还带有亚细亚特征。
>
> 共产主义可能会吸引的就是这种学生。而他们竟然跑到肯

〔1〕 梅森－迪克森线是宾夕法尼亚州和马里兰州的分界线，也是南北战争前美国南北区域的分界线。——译者注

塔基，对三百年来世世代代生活于此的美国人“调查”起来！

最后，史密斯先生宣布我们每人必须拿出一千美元的治安保证金以保证不会犯事儿。我们所有人加起来都凑不出一千美元。于是要把我们遣返回田纳西州州界内——但那两位曾为我们带路的矿工除外，他们这时已经被关进了牢房。幸亏我们当中政治上成熟老到的几个人——不包括我在内——坚持矿工不同行的话我们谁也不会走。我们这个七十人的团体一致同意。我们耗在这儿不走，一定让史密斯先生很难办，特别是有一位《纽约先驱论坛报》的自由派记者与我们同行，跟踪报道全过程。矿工最终被释放了，我们一起离开，警察依旧把大巴塞到要爆炸，速度快到要冒烟。到达坎伯兰岬口时罗伯·霍尔指出，肯塔基州的警察在田纳西州没有管辖权，应该离开拥挤不堪的大巴。“是这样啊？”田纳西州警察的头头嘲讽地问。接着他转向他的肯塔基州同事，大声宣布：“我现在任命你们为田纳西州警察。”然后一行人继续开到了诺克斯维尔。

事实上我们这群人里真有两个外国人，就是我和另外一位英国人加百利（“比尔”）· 卡里特。他来自一个著名的牛（津）剑（桥）学术世家，然而后来却成了一个共产主义者，《工人日报》多年的海外主编。此番经历对他和对我一样是政治上的一次洗礼，他在回纽约的途中还特意前往华盛顿，向英国大使提交抗议书，抗议地区检察官史密斯粗暴对待英国公民。

在回纽约的路上，我们的司机日夜兼程，其余人则引吭高歌，从《国际歌》到吉尔伯特和苏利文，不过我们最多的还是谈论此次经历，惦记着那些罢工者，思考着矿主们是如何利用法律又违背法律地控制着他们。对这群人里仅有的两个真正的外国人比尔和我而言，团队此番遭遇的轻蔑和非礼展示了美国生活中以往我们一无所知的某些方面。海伦 · 诺格拉迪和其他移民的后代倒不像我们那样感到意外，而罗伯·霍尔和埃莉诺·亨德森对此已司空见惯。对于已是社会党的工业民主学生联盟领袖之一的乔·拉什而言亦是如此，他后来成了埃莉诺·罗斯福政治上的密友。他的参与彰显了这个团体在人员组成上的跨宗派色彩，虽然行动其实是共产党组织的。而他本人热情的个性、对人生仁慈的态度，还有政治上的敏感，都鼓舞着我这样的新手。

但回到纽约后，我加入的是共产党领导的全国学生联盟，而不是社会党的工业民主学生联盟。若现在问我是什么原因，我也说不出来。或许这是参加社会问题俱乐部的自然延续，我就是通过这个俱乐部登记参加的这次旅行。或许在没有意识到的情况下，共产党员们积极有效的跟进工作已对我产生了影响。不管是什么原因，哈兰县之行在我的情感和思想上都是一次飞跃。那些激动人心的日子把我们七十个人紧紧地连在一起，这种关系我以往从未经历过。“同志”这个词第一次令我感到舒服。我对其他人、我的家庭、工作同事或大学同学都不曾怀有对这些新朋友的相同感情。至于此番经历引发的思考，读了全国学生联盟的一名成员塞给我的小册子后就变得更加清晰了。这本小册子就是列宁的《国家与革命》。

书中的几句话跟随了我半个世纪之久，儿时心目中搀扶老奶奶过马路的和蔼的伦敦警察形象此时轰然倒地，更不用提美国西部片里那些品行高尚的执法悍将了：

> 国家是阶级统治的机关，是一个阶级压迫另一阶级的机关；它的目的是创建使这种压迫合法化、固定化的“秩序”……军队和警察是行使国家力量的主要工具……

从哈兰回到哥伦比亚大学后，一个背弃了天主教信仰的爱尔兰裔美国同学和我一起办起了阅读、讨论乌托邦问题的课外小组，从柏拉图的《理想国》到托马斯·莫尔和罗伯特·欧文的空想社会主义。与此同时，我在学业上和养活自己上也全力以赴。这就是我大学四年生活中紧绷的三根弦：工作、学习和学生运动——辅以年轻人的浪漫插曲。

随着年岁增长，我越来越成为一名反抗者，也像本科生惯常做的那样抱怨大学里的课程。不过那些课尽管缺点重重，我其实还是很喜欢它们。

从那时起我的思想开始沿着马克思主义前行，很快我就选了经济史和经济学方面的课程，其中包括一些关于列宁和马克思的内容。到底是什么促使我这个一度正统的犹太教徒、继而成为世俗派犹太复国主义者、后来又是梦想成为百万富翁的人，走向了马克思主义？马克思曾说："人的社会存在决定人们的意识。"20 世纪 30 年代初期饱受经济萧条困扰的纽约，这里"兄弟，能给我一毛钱吗？"的乞丐和从摩天大楼一跃而下的金融破产者，深深烙进了我的意识里；希特勒的种族主义和美国的反犹主义也刺入了我这个"离经叛道"的犹太人的心；所有这些和我在哥伦比亚大学的课程结合在一起。对于哥伦比亚大学，我最感激的课程是"研讨会"，我认为它是我所有教育的支柱。这门课基于芝加哥大学校长罗伯特·梅纳德·哈钦斯所推行的"伟大的世界名著"教育计划，是仅向前两年学业成绩优秀的高年级学生开放的历时两年的文化与智识探险。尽管有挣钱养活自己的压力和对学生运动越来越深的参与，我还是设法争取到了修读这门课的机会。阅读书目就像一满桌的哈佛经典——我们实打实地一本本啃下来，虽然我可能跳过了基督教先父著作的一些篇章。我们苦读至后半夜，每两周进行一次讨论课，时时聆听大学里研究某位作者的专家开的讲座，有时也和学校老师一起或单独举行"闲谈"。引导讨论的人当年还是年轻教师，但其中一些日后声名鹊起，包括博学而儒雅的雅克·巴尔赞，当时左倾后来右倾的文学批评家莱昂内尔·特里林，后来成了朋友的共产主义经济学家阿狄森·卡特勒，以及其他人。阅读的范围上溯至古希腊的戏剧、历史、诗歌、哲学，从《圣经》到圣奥古斯丁，从莎士比亚到塞万提斯，从菲尔丁到托尔斯泰到马克思和弗洛伊德（显而易见，亚洲和非洲的作品缺席）。我上大学晚，1931 年进校时已 21 岁，年龄大到懂得欣赏，却又足够年轻有能力消化这样的知识盛宴。不过不能说我没有“左派幼稚病”。每次讨论课前，我们这些“左”派会在百老汇 110 街附近的 Brass Rail 酒吧见面吃晚饭，确定我们在接下来的讨论中的“路线”。我记得，我们正确地将荷马分析为贵族阶级的代言人，但即使是托洛茨基恐怕也不至于“左”得像我们那样，挑出忒耳西忒斯这位大概是整个《伊利亚特》里最不招人待见的人物作为穷人和被压迫者的代表[1]。

直至今日每当我想起这门研讨会的课程，心底依旧会涌出乡愁一般的感情。它为我打开了《圣经》作为文学作品而非神圣教条的大门，并带我闯进了《新约》的奇妙天地，这在我正统的犹太教的成长背景里可是禁区。课程迫使我读了成千上万页书，每周的阅读任务不占用周末和节假日根本不可能完成。研讨会课程开阔了我的视野，到了书本能将一个年轻人视野拓展到的极限，当然思想的拓展并非只靠书本。

校内课程和政治活动并非我唯一的智力活动。虽然我接受了李的明智的建议，进了哥伦比亚学院接受通识教育而没有进新闻学院，我仍然希望有朝一日成为一名写作者，也为《旁观者》偶尔写写多少带些政治色彩的专栏。现在我面前就摆着几篇。当年我为了追求讽刺效果刻意创造的一些艰深晦涩的词藻，现在我自己已经很难看懂了。其中发表于 1933 年 12 月 14 日报纸上的是一篇关于《天下太平》的剧评，导演是乔治·斯克拉和艾伯特·马尔兹，上演于公民

---

〔1〕 忒耳西忒斯是《伊利亚特》里的一名希腊士兵，好斗而喜欢骂人。——译者注

轮演剧场（Civic Repertory）。在剧评里我对纽约主流戏剧评论家斥责这出话剧粗俗下流的观点提出了挑战，我写道：

> “行为造就人”是这些评论家的金科玉律，好的形式是信念的基础。因此，《天下太平》冒犯了他们对于文雅的追求便毫不奇怪了……当下，人人清楚，没有消极评论的空间；我们必须乐观，充满希望，并且……对那些伟大的美国机构有信心，“将其完好无缺地传递给下一代”是大学生义不容辞的责任（这一定是引用哥伦比亚大学校长尼古拉斯·默里·巴特勒的话）。
>
> 我们和任何人一样，强烈反对战争……然而这样的反对是有底线的。如果在战争和礼貌间选择，我们的立场毫不含糊。我们必须捍卫自己的立场不受那些被利用了的鼓动者的破坏……
>
> 《天下太平》是一部关于工人、教授……以及战争的戏剧，一个关于日常生活的简单故事；任何一位内心平和、自制力强的有教养的人都应坦然处之，不必屈尊纡贵来看这部被《时报》的布鲁克斯·阿特金森用公正、彬彬有礼的愤怒所形容的“幼稚的宣传”……以免玷污了剧院，这纯粹艺术的圣殿，这里上演这么接地气的戏，实在不和谐……

以上只是剧评的一个小小片段。它的迂回曲折、话中有话不仅表达了我的政治立场，也反映了当时正在进行的关于艺术与宣传的论战，文章显然受了萧条时期左翼戏剧运动和我在哥伦比亚大学所学课程的双重启发。

尽管我当时文风晦涩，还是有人推荐我进哥伦比亚大学幽默杂志《弄臣》的编委会。不过，即将卸任的董事会否决了对我的提名，或许因为我冒犯过学校校长尼古拉斯·默里·巴特勒吧。他反对当时悬而未决的《儿童劳工修正案》，于是我向担任《弄臣》封面设计的朋友艾德·莱因哈特建议，把他画成穿戴学究的方帽长袍、手持鞭子抽打着一排在传送带边光身子劳作的婴儿的人。我的朋友极好地呈现了这个想法，《弄臣》认为此画过于烫手而拒绝使用，之后该画出现在《旁观者》上，又出现在全国性媒体上，其中包括《时代周刊》。最终《弄臣》用了我的一些稿子，它们大都以戏拟吉尔伯特与苏利文讽刺剧为形式，也算见证了我从父亲那儿继承的对他们戏剧作品的热爱。

另一篇更严肃而有意义的稿件刊登于1933年11月28日的《旁观者》。德国大使汉斯·路德受哥伦比亚大学当局邀请，在学校的麦克米林剧院发表演讲。对此，我写道：

> ……在邀请演讲者的问题上必须遵循某些判断标准：知识丰富、题目合适、演讲者个人被社会认同。仅满足其中一点而没有其他两点的支撑亦无用。例如，阿尔·卡彭毫无疑问是个智力出众的人。就他耕耘的领域而言，即使不算更胜一筹，他的成功至少可与巴特勒校长比肩。不过我们还是斗胆提出，作为抽象原则倡导无条件言论自由的人恐怕不会认为请他来麦克米林剧院演讲是个好主意。……那倒不是因为他对演讲的题目知之不足……
>
> 关键在于我们要清楚底线在哪里。被公认为是疯子、变态、虐待狂团伙的代表不仅毫无资格接受“最崇高的敬意和礼遇”，而且在哥伦比亚大学根本就是“不受欢迎的人”。作为个人，路德或许是非常值得欢迎的，但作为纳粹德国大使的他则应受到严词斥责。因为这份公职，对进步人士和任何真心追求文明的人而言，他都变得面目可憎……
>
> 于此，我们和自由主义的彻底违背者狭路相逢……
>
> 美国大学被认作理想主义者的家园，视公民自由为己任；但有理想之人要么被迫因个人利益放弃理想（看看第一次世界大战期间威尔逊的自由主义统治如何大规模限制演讲自由就知

> 道了），要么最终就会为那些想除掉自己的人毕恭毕敬地奉送自由。这就是温和的德国中立党派的命运……他们以为通过宽容的耻笑便能打发纳粹，如今他们正在集中营里为此付出代价。
>
> 学术自由的真正意义在于这是通向某种目标的手段，而不在其自身的存在。哥伦比亚大学自由主义的学术传统若想真正发挥作用，校方就必须改变策略。
>
> 在此关头，当其宣称坚持的原则受到践踏时，学校不能仅仅温文尔雅地表示异议；对于野蛮返祖、民族主义猖獗、资本主义丧心病狂（这一点按说已经毋庸赘言）的纳粹统治，它必须发出强有力的抗议并采取有针对性的行动，必须尽全力阻止纳粹主义在这个国家的蔓延。如果路德要详述新德国的荣耀，就让他站在自己的讲台上去说，我们不愿把我们的讲台让给他。

哥伦比亚大学毕竟还是给了他这样的机会。路德在学校讲堂演讲时1000名左右的学生在门外的严寒中举行了抗议示威。我也是其中一员。

在美国愈发壮大的学生运动中，反战是不可或缺的部分，校园里反“后备军官训练团”运动便是其中之一，还有美国学生对首先由牛津辩论会发起的英国学生“绝不为君主和国家去打仗”宣誓活动的回应。1933年春天，哥伦比亚大学超过3000名学生做了这种宣誓，他们当时也得到了几位老师的支持。这些老师包括《现代思想的形成》（此书曾启发大一的我开始思考问题）的作者J. H. 兰德尔博士，还包括共产主义经济学讲师唐·亨德森。兰德尔作为作家和教师都享有崇高的声誉，这是亨德森所没有的，但对于私下了解他的学生，比如我，他很受欢迎。1933年春天我大二时，学校没有与亨德森续签新一学年的合约。学校当局用学术不够出色来解释，亨德森的支持者们则坚称，保住教职的很多人不比他的学术成果好，甚至还不如他，解聘的真正原因是他众所周知的共产党员身份。大规模抗议集会在图书馆台阶上和日晷前举行，像往常一样又发生了混战，我也参加了这场自由派、左派与橄榄球迷、兄弟会之间的扭打。这一事件的高潮是火炬游行，紧接着是罢课。考虑到亨德森是位共产党员，而且说实话，学术上并不突出，他从学生，甚至从纽约新闻界得到如此广泛的支持是出人意料的。但罢课终归徒劳，亨德森没能与学校续约，后来在农业与罐头工人工会里找了份工作。

我参与的学生运动不局限于校园内。1934 年春，学生抗议奥地利亲法西斯的陶尔斐斯政府炮击并炸毁社会民主党在维也纳修建的工人模范公寓。1935 年还有声讨墨索里尼入侵埃塞俄比亚的游行。这些活动和校园里相关的运动之间相互作用。

其中一例便是《旁观者》罢工事件。尽管这份报纸政治上比大多数学生更左倾，总体而言它还是很受欢迎的。但它激进的编辑方针有相当多的反对者，足以使学校当局提出改变报纸的管理制度。编辑部认为这是滑向新闻审查的一步，要求全校学生投票表决。与此同时《旁观者》发行了一期仅有一则编辑部的抗议，此外全部是空白的报纸。学校当局暂停了该报。第二天，报纸以自费出版的形式刊行，总共卖出去一千多份。投票表决最终被批准，学校提出的改组方案以微弱的优势通过了。这次运动引起的喧嚣反映出学生对新闻自由和民主程序的兴趣，以及抵制任何带有法西斯倾向的事物。

这段时间里的另一桩抗议是针对学费的上涨。领导此次运动的社会问题俱乐部之前已加盟全国学生联盟，这时已是大三的我一如既往地投入进来。在此次运动中，我参与讨论、起草并油印阐发议题、召集抗议集会的传单，接下来还帮着分发传单，主要在 116 街和百老汇交界处的地铁入口处。在公共场合干这类“不体面”的工作刚开始令我感到很尴尬，我笨手笨脚地分发着这些纸张，小声咕哝着上面的内容。但我渐渐克服了乔汀汉的教育在我身上的最后一点残留，以相当的技巧迅速完成了工作，后来不但出席了自己宣传的这次集会，还在会上发了言。

我的朋友李帮我付了第一年学费后，二、三年级我都获得了奖学金。当大学生活的第四年，也是最后一年来临时，我没有按惯例申请奖学金，而是向学校申请了助学贷款。眼下我已是校园里众所周知的活跃的激进分子了，因此教务长霍克斯博士知道我曾参加针对学费涨价的抗议并不意外。他把我叫了去。“过去两年你都获得了奖学金，”他以一种温和的愤怒说，“现在你四处散发无礼的传单，诽谤中伤为你提供教育的学校当局。你觉得这么做合适吗？”我否认了关于诽谤的指控，然后说，我认为在像美国一样富裕的国家里，应该向任何有学习意愿的人提供大学教育，不管他是否能负担得起；并且，在经济萧条时期涨学费是不公正的。争论持续着，最终教务长眼中流露出一丝笑意，化解了我们之间的愤怒。用以支付大四一年学费的助学贷款被批准了。为什么？我猜部分是因为霍克斯博士确实像他自己宣称的那样开明，部分是因为他不想见到又一场罢课——我刚刚被选为由七人组成的学生理事会的一员，因此我是在一个有利的位置上据理力争。

全国学生联盟劝说我作为候选人去竞选学生理事会，并非基于我对校园政治运动的理解，那很有限；也不是因为我是个巧舌如簧的演说家，我是够不上的。我想主要是因为我被广泛地视为“一个有点红色但还算地道的人”，而且虽然身为英国人，但还是有点幽默细胞。我不记得自己曾帮理事会完成过什么事，哪怕一丁点儿也没有。我记得的一件事是反对用公款为每位理事会成员购买一枚雅致的镀金领带夹，而在此事上我属于仅占一票的少数派。后来我把自己的领带夹送给了巴纳德学院的薇薇安，一位来自俄克拉何马州塔尔萨的金发姑娘。

在大四时接受助学贷款将我置于不曾预见的道德困境，我怀疑自己是否认真想过我怎么偿还这四百美元，那个时期一年的学费。

柯鲁克在纽约　摄于1932年6月5日

柯鲁克和父亲　摄于1934年

当时我只需要找一位担保人，而这毫无问题。我的雇主克拉克先生欣然签字，或许他也没多想我何时、如何能还清这笔他要为此负责的贷款。他是位富裕的开明人士，住在第五大道附近一幢有八十多年历史的漂亮红褐色老房子里。他离了婚，除了一个和前妻生活的十几岁女儿外，还有一个十二岁的儿子。我的工作是住在他家，照应一下这个跟其他美国男孩一样，才十二岁就颇为有趣、早熟、通晓人情世故的小伙子。在克拉克家里我过着豪华的生活，与此同时在哥伦比亚校园里上课、鼓动学生运动。那是我一生中仅有的一段戴领带、穿燕尾服的日子，甚至还戴礼帽——这些行头都由雇主提供，好让我能护送他的女儿参加聚会。

在这样奢华的环境中，我静下心来学习，并通过了毕业考试。

我缺席了毕业典礼，部分因为讨厌这类仪式，更重要的原因是急需挣钱。通过一位皮毛行业里的老朋友介绍，我得到了一份在纽约以北卡茨基尔山上的犹太人度假营地当助理服务生的工作。

在那个所谓的“罗宋汤地带”（一处主要由犹太人光顾并资助的度假村）度过了夏天后，我回到纽约，拿到了哥伦比亚大学的学士学位证书。在那里的课堂上，我们曾驳斥费尔巴哈的“人乃其所食之物”为庸俗唯物主义，并且同意耶稣的“人活着，不能单靠面包”。不过面包依然重要，我必须找工作糊口。

我在公共事务校际委员会找到了一份工作。这个机构的名头比实际情况动人得多：在哥伦比亚大学附近的百老汇有一间当办公室的小格子间，机构成员总共两人——还是在我加入之后。薪水很低，不过我习惯了十五美元过一个星期的日子，而且工作本身足够吸引人——要在东部和中西部各州间旅行，在社团、课堂、集会上向学生就“公共事务”发表演讲。这给了我发表自由言论的讲坛，我于是瞄准了战争和法西斯主义，提出“法西斯主义就意味着战争”。约翰·斯特拉奇的《法西斯的威胁》《未来的权力斗争》《社会主义的理论与实践》等书在社会问题研究俱乐部风行，我主要引用它们的观点，也谨慎地借用帕姆·杜特更加正统的马克思主义著作《法西斯主义与社会革命》。我的英国口音使我的异端思想即便在中西部大学里的教堂晨会上都变得容易被接受一些。只有印第安纳州的一处例外，回到纽约后，有一天清晨我像往常一样打开信箱，来自各学校的反馈大多是从中立到赞扬，不过这回有一封信谴责我是个“赤色分子”。为了我们的事业，我在“老板”来之前就把这封信销毁了，“老板”是个温文尔雅的自由派，比我大不了多少。

我节衣缩食，终于从微薄的薪水里挤出了一张回英格兰的票。此时我在这机会之乡已度过了七载时光，1929年启程来此淘金时我曾幻想这里有金砖铺路，现在我的行李里连一块金砖的影子都没有。

第三章　那条叫哈拉玛的西班牙河谷（1936—1938）

在美国七年后，我于 1936 年夏天回到英格兰，面临着共产主义信念和为家庭尽子女义务之间的冲突。不过，对于加入共产党这件事，我没有丝毫犹豫。一回到伦敦，我就长驱直入考文特花园附近的党总部，回答了几个并不那么刨根问底的关于过去经历的问题后，我拿到了一张党员卡。

而找个生计过活就没那么简单了。我在哥伦比亚大学读了“伟大的世界名著”，但这对找工作于事无补。而我的弟弟莫里斯在这件事上帮了忙。他是个为沃德街上的电影分销商打工的旅行推销员，每周开着车在伦敦周围各郡转，和当地的影院签合同，条件通常是一部热映片搭两部烂片。那是一份变态的工作和狗一样的生活，每个星期有四晚在路上，语速飞快，请人喝酒。莫里斯对这份工作的厌恶程度不亚于我。但他能靠此生活，而我不行，不管他怎么耐心地教我。我们是两个相隔甚远的世界，不过作为一个好弟弟，他经常借钱给我，我们彼此都知道我永远也还不上，他还把我介绍给女孩子们，甚至订阅了《工人日报》。

我辞了推销员的工作后，找了两份薪水可怜但政治上让自己满足的兼职，为左翼工党议员约翰·帕克当秘书，并为左翼学生杂志《前进的大学》工作。后一份工作将我带到了 1936 年夏在牛津举行的国际学生大会，会上一位年轻的西班牙代表发表了热情洋溢的讲话，一位平和的金发碧眼的英国女性将演讲淡淡地翻译了出来。西班牙人向我们讲述了法西斯军人叛乱与西班牙民选产生的人民阵线共和政府间的对抗，所有观众起立、鼓掌、叫喊、欢呼。此情此景，让我的心已先于我的身体飞向了西班牙。

10月的一天，我正在杂志“办公室”校对稿子——所谓办公室就是一个和工党议员、新费边社共用的角落——只见卷发的大个子约翰·康福德大步流星地走了进来，黑黑的头发上缠着一圈白色绷带。康福德是一位共产主义诗人，在剑桥大学时当过学生运动组织者。那年8月他去了西班牙，“去看看那里到底发生了什么”，他为共和国而战，因头部受伤而返回英格兰做报告，并招募更多的英国志愿者。这位比我年轻五岁的英雄人物，使我在通向西班牙的路上又前进了一步。当我还在布鲁姆斯伯里的办公室上班的时候，他已经在街头路障上同法西斯开战了。

在那场后来被称为开布街之战的大游行里，我从康福德一个人那里激起的愿望马上在成千上万人中得到了强化。

奥斯瓦尔德·莫斯利爵士和他的法西斯黑衫党已经无耻到将反犹太主义当作他们施政纲领的核心的地步了。1936年10月5日星期天，他们组织了一场穿过犹太人大量聚居的伦敦东区的挑衅性游行，当时我就在现场。科林·克罗斯在他的著作《英国的法西斯者》中这样描写当时的情景：

> 犹太人担心这样的游行是一场真正的屠杀的前奏。左翼人士将其视为法西斯主义的进攻。西班牙内战刚刚爆发……
>
> 用西班牙共和党人的口号“不让他们通过”，共产主义者将自己的支持者们聚集起来，实实在在地阻止英国法西斯联盟成员的游行……
>
> 格姆（警长菲利普·格姆爵士）周密部署，如临大敌。他

往伦敦东区派了六千名警员……还有整个骑警部……和无线电设备与在头顶盘旋的旋翼飞机……

将此次游行看作生存之战的黑衫党们，三人一排向前进……在伦敦塔附近，强大的警力保护着他们，将他们与人群隔开……

在东区更远的地方……成千上万（反黑衫党）的示威者将道路堵得水泄不通，人群产生的巨大压力将商店橱窗的玻璃挤碎。风暴的中心是开布街，人们试图在那里设起路障……警察试图清出一条道路来让人流——包括莫斯利的队伍——通过。一次又一次，骑警和步行的警察举着拔出鞘的警棍向前冲，但终究没能在汹涌的示威者中往前挪动……一些警察被不分青红皂白的警棍击中……

格姆……要求莫斯利驱散他的黑衫党……消息传来，人群中爆发出欢呼……

我分享着这些反法西斯主义者的喜悦。他们把我挤得越紧——有些时刻人群的压力大到我难以呼吸——我就能从中汲取越多的力量。

最终使我下定决心去西班牙的是合作社报纸《雷诺兹新闻》11月中旬刊登的一篇文章。文章由社会主义记者 H. N. 布雷斯福德所写，描述了一个德国反纳粹主义编队进入马德里的情景。这些带着武器的人像禁卫军一样开进城，给融合了堂吉诃德式和无政府主义的西班牙人带去了他们所缺乏的纪律性和军事训练。在我位于帕丁顿的舒适房间里，我能听见他们唱着我学生时代在美国游行时唱的那些令人热血沸腾的歌，能看见他们雄赳赳气昂昂地走进马德里。我必须加入他们！

摆在面前的只有一个障碍。加入共产党后，我向介绍我加入工党的共产党帕丁顿支部报到，同时将我的共产党员身份对外保密。

但现在是共产党为国际纵队招募英国成员。我没和两个党中的任何一个商量，也将自己所赞许的德国人的组织纪律性抛到九霄云外，就冲到了考文特花园国王街 16 号。到了那座兔子窝一样拥挤的建筑，我三步并作两步跑上快散架的楼梯，找到了“罗比”也就是罗布森的办公室，他负责国际纵队的招募工作。罗比是无产阶级的一员，而我，即使读了那么多马克思，却算不上无产阶级——这很明显。他的问题像连珠炮般地射向我。

“为什么没得到支部允许就跑到这儿来？为什么要去西班牙？你有任何军事经历吗？”共产党竭尽全力——也相当成功地——将投机者、间谍、破坏者排除在外。我亮出了自己的王牌：我参加过乔汀汉学院的军官训练团，这个团的许多毕业生都进了伍尔维奇和桑德赫斯特。罗比心里肯定暗暗叹了口气。但我年轻、热情、懂国际纵队的通用语言法语。他妥协了。回家去过圣诞节吧，他说，多想想家的舒适，约克郡的天气或许会冷却你的激情。事实证明，并没有。

圣诞节后我回来了。在罗比的指点下，我买了一张新年假期去巴黎的周末观光票。在小摄政街的一家商店里，我将犹太受诫礼时得到的刻有我名字首字母的金袖扣卖了 18 先令，然后去了丽晶宫酒店。在俗丽而喧闹的大堂，用酒店里的文具，给宠溺我的妈妈写了封信，告诉她我要去哪儿，以及我为什么要去。那是一封艰难的信，比我一个月后在西班牙写给美国朋友的信要难写得多，我在后面一封信里说：“我到这儿来，因为在当下，英格兰的生活无益世事，不值得过。如果我是那不再归来的人们中的一员，专注于生命最后短暂的片刻和过完一个普通长度的生命同样好。”给妈妈的信则不这么伤感，更加轻松。带着轻松的心情我去看了弗雷德·阿斯泰尔和金杰·罗杰斯的电影。为了打发时间我连看了两遍。再之后，我去了维多利亚车站，在那儿和 160 名年轻健壮的“度假者”一同出发，去快活巴黎参加狂欢——我们被严格要求彼此间不许交谈。

一到巴黎，我们没有直奔蒙马特的夜总会，而是被集合在一片被当时强大的法国共产党封锁起来的空地上。在那里，来自英国的队伍——彼此间至多是泛泛之交——因 14 个美国人和 6 个东欧人的加入而壮大。这时我的法语派上了用场，我被荒唐地选为整个分队的“政治代表”。政治上比我更有资格担此重任的人多得是，但不懂法语使他们面对实行“不干涉主义”的法国的复杂情况举步维艰。后来，我被明智地解除了这一并不能胜任的职责。

与此同时，在法国铁路工人的帮助下，我们登上了去法国南部佩皮尼昂的火车，那儿离西班牙边境只有十几英里。夜里，我睡在头顶的行李架上。在佩皮尼昂，法国官员怀疑地监视我们，当地同志亲切地照顾我们，他们教给我们的重要的事情之一就是如何用波隆酒壶〔1〕喝葡萄酒。1937 年 1 月 2 日晚，我们坐着相对舒服的拥挤的公共汽车进入西班牙边境，边境警卫要么友好地挥手放行，要么拿了好处就放行。我们踏上西班牙了！

车又前行了几英里后，我们到了菲格拉斯，一个有座 18 世纪大石头城堡监狱的小镇，我们被安排在城堡里住了几晚。正是在那儿，我曾召集全体分队，在院子里发表讲话，当时的情景现在回忆起来还令我难为情。

队里的英国志愿者绝大多数属于工人阶级，习惯于喝啤酒和茶，喝不惯葡萄酒。为了庆祝顺利到达西班牙，他们冲到小镇上去买了些酒，把葡萄酒当成啤酒喝。其中几人滚回城堡时已醉得不省人事，被捆在地牢里一整夜来醒酒。我将整个队伍集合到一起，把自己当选政治代表非常当回事儿（没有意识到我其实只是个偶然上位的翻译），发表了一通关于我们光荣的使命需要节制和自律才能完成的演

〔1〕　波隆酒壶（porron）是一种长嘴酒壶，举得高高的，仰着头，直接往嘴里浇灌。有玻璃的，也有皮革制作的。后者需要把酒挤出来。

讲。这当然没错，但演讲应该更活泼、更接地气，而不是像我那种结合了哥伦比亚大学和乔汀汉学院的调调。那群家伙很好地接受了，事实上，他们接受得过于好了，以至于第二天我又犯了类似的错误。

当时我们正乘坐一列快要散架的火车，以蜗牛般的速度咣当咣当地驶向西南方向100英里外的巴塞罗那。每个人都情绪高涨，唱着、用口哨吹着包括《国际歌》在内的革命歌曲，甚至在上厕所时也不停。我大吃一惊——这太不合适了，我明确地告诫了大家。终于，车停在了巴塞罗那。一个军乐队候在站台上，当我们急急忙忙地冲下火车的那一刻，乐队开始演奏《国际歌》。现在，当然，是时候放声歌唱了。四下无声。活泼的西班牙人一定觉得这些英国人比笑话书上描绘的还淡漠。然而，即使是被我政治上的清教主义再度加强了的英式淡漠，也没有浇灭西班牙军乐队的热情。他们自己走在我们前面，以胜利者的姿态引领着我们穿过巴塞罗那的街道，将我们带到临时营房，吃了漂在橄榄油里、配以咖喱的扁豆当午饭。街道很安静，但气氛令人激动，无数个右拳举起、握紧，向前摆出当时流行的致敬姿势。当我们路过马蒂尼·罗西苦艾酒酒厂时，女工们朝我们欢呼、微笑。我想，这足以令皮卡迪利街[1]上品着鸡尾酒的人们分神了。

在巴塞罗那短暂停留后我们登上了一列看起来结实一点的火车前往瓦伦西亚，再前往阿尔巴塞特，国际纵队的基地所在地，位于西南方向250英里外。

阿尔巴塞特这个五万人口的城镇是阿尔巴塞特省的省会，时至今日还以品质优良的刀具和匕首闻名于世，这一传统可追溯至中世纪，当时西班牙的钢制品在西方世界里独占鳌头。在此地的停留很短暂。我们先是开进了一个斗牛场，英国人、几个塞浦路斯人和其

---

〔1〕　伦敦繁华的大街之一。——译者注

他懂英语的人排成一列，站在说法语和德语的人旁边，听了一场政治动员讲话。发表讲话的人是带着清脆苏格兰口音的皮特·克里根，一个身材高大、结实粗壮的重要的英国共产党员，领导了 1936 年的反饥饿游行后直接来到了西班牙。讲话完毕后我们分到了装备和制服，算不上太精良，可已经是四面楚歌的共和国所能调配的最好的资源了。很快我们坐上卡车，穿过穆尔西亚平原，驶向北边一小时左右车程的村庄马德里格拉斯。

马德里格拉斯是个只有六千人口的贫穷之地，大多数家庭是被雇佣的劳动力，地主并不住在当地。村里最显眼的就是一座既可当城堡又可做礼拜的巨大石头教堂，有着高高的狭长的窗户，一扇巨大的铁饰钮装饰的木门，和俯瞰村广场的瘦高钟楼。作为全村主要水源的一条长水槽就在这里，水从水槽后面墙壁上的喷口里不断涌出。当我们在 1937 年第一个星期前后到达时，墙壁上布满了凹坑。“这是什么？”我问道。然后被告知，“弹坑”（我的法语基础和学童水平的拉丁语，辅以一本西班牙语常用手册、一本小字典和肢体语言，使我很快就能和当地人交流了）。故事渐渐浮出了水面：1936 年 7 月 18 日军队叛乱之前，在牧师的纵容下，当地地主把机枪藏在了教堂里。叛乱的当夜，沉重的大门被从里面锁上了。第二天早上，当人们成群结队走向村广场时——其中大部分是带着陶水罐去水槽接水的妇女——遭到了来自钟楼上的射击。伤亡人数有多少、教堂的门怎样被强行打开、那些机枪手被怎样处置，我无从问清。不过故事看起来是真的。弹坑清清楚楚地摆在眼前，教堂受到马德里格拉斯居民的憎恨，就像在西班牙很多地方一样，教堂被视为地主的代理人、人民的敌人。毫无疑问，教堂确实用死后上天堂的承诺或下地狱的威胁要求农民将他们在地里劳作的可怜收成上交，教堂还会因为没交什一税而没收土地。我们在的时候，教区传教士并不在村子里（有段时间我是被安排住在他的房子里的一员，他的房子是全村最舒服的)，而教堂被我们用作雨天里的军营食堂。

天气晴好时，我们会分到一大块面包和一个牛肉罐头——或是它的法式替代品 singe——意思是猴子肉。军营里传说，这些猴子肉是滑铁卢战役的战利品之一，然后我们展开了“在密封罐头里食物能保存多久”的科学讨论。这玩意儿味道不赖，而且管它是不是猴子肉，毕竟是肉。这在当地村民的饭桌上很少能见到，他们主要靠面包、豆子、土豆和咖喱过活，就着葡萄酒把食物吞下。

食物的不平衡使村民和我们渐渐走到了一起。我们每人和一个家庭结成友好“对子”，帮助妇女们从布满弹坑的水槽用坛子取水，她们则帮我们洗衣服。水和衣服的交换逐渐走向了食物交换。我们把肉交给妇女们，她们将其和自己的蔬菜一起做成美味的炖菜。然后我们和全家人一起坐在他们朴素的屋子里大快朵颐。这比蹲在马路牙子上或挤在阴沉沉的教堂的长椅上吃饭快乐多了，也使我们和人民更亲近，对他们的贫困有所了解。吃饭的时候，包括我们在内的全家人围着炉火坐在矮凳上。只有一把勺子——不是往嘴里放，而是用它把炖菜涂在当作盘子用的厚面包片上。家家户户都自己酿酒，人们光着脚在葡萄上踩，酿成的美酒储存在一人高的大桶里。

一本关于英国营在西班牙的书里将马德里格拉斯的人们形容为“安静而沉默，看起来已放弃了希望……对于我们在村里的存在，他们既不欢迎，也不反对。他们的彬彬有礼总带着沉重而严肃的气息……”。而我对当地人的印象并非如此，就像我在日记里所写的：

> 1月12日(我们到达村子一周后)：午饭后，我在街上漫步……想找个人帮我给裤子缝上皮带的带槽。最后，比画了一阵，一位白头发的老妇人愿意帮我的忙。于是一瞬间，我已置身于一大群人中间……这是村里常见的人群组合，孩子们大概12岁，女人们从14岁到70岁都有，一个老年男人和一个年轻

男人（一些年轻男性留在村里组织当地的自卫或管理事宜）。帮忙的老年妇女坐在街当中的一把矮藤椅上，另一位老妇人也被叫来了，缝制在艳阳下完成，旁边是围观、大笑、聊天的一大群人。整个过程等于给我上了一节西班牙语课。有人跑去拿了一些葡萄来，而另一个人觉得这些葡萄不够好，坚持换了另外两大串来。

2月3日：我被村里一个叫罗霍的孩子邀请了。他的爸爸是一个做刀具和天平的熟练的匠人……他的妈妈坚持要在我胸前涂上碘（毫无疑问，为了治疗咳嗽）……这个家里和我最熟的是他们那苗条、眼睛又黑又大的十几岁的女儿安东尼娅，她教我学西班牙语。她的妈妈玛丽亚35岁，被繁重的劳作压弯了腰，神情忧伤而坚忍，她的爸爸指节粗糙，饱经风霜的脸呈黄褐色，就像家里摇摇欲坠的木头凳子。家里唯一一件“长物”是一张带顶篷的床，算是一间屋子里自成一体的小天地，这张床是安东尼娅将要继承的，就像她妈妈从自己的妈妈那里继承来的一样。

在马德里格拉斯训练期间，队员和村民之间这样的关系很常见。十年后在中国的解放区，当我听到毛泽东所说的“军民鱼水情”时，就想起了这里的村民们。

最开始，我们的军事训练因为缺乏武器而被一推再推。在这段时间里，我们将营组织成了连和排，进行操练，便步行军，学习西班牙语，参加政治和军事讲座。其中一次由汤姆·温特林厄姆所做的演讲提到了坦尼森的《轻骑兵的冲锋》，“他们所做的一切不问缘由……”。但我们不同，他说。弄清楚为何要这么做正是我们的使命，而为了完成这一使命将我们带到了西班牙。

温特林厄姆曾是牛津大学的学生，“一战”期间参过军。在法西斯的叛乱愈演愈烈的过程中，他作为《工人日报》的记者就到了西班牙，还是最早敦促共产党成立英国营的人之一。现在，作为不多的有军事经验的人之一，他已是二把手了。他还能把我们远谈不上优雅的制服穿出比其他人时髦得多的风范。众望所归，我们大家都很尊重他，有段时间他担任了英国营的司令（后来他负伤两次，最终退役回家）。不过我们是个民主的群体，非工作时间一律平等。一天晚上我们几个人聚在活动室，正伸长耳朵听广播里传来的新闻。温特林厄姆大步流星地走进来，大声地找某某同志。所有人立刻向他发出嘘声让他闭嘴，他打断了珍贵的新闻。他道了歉，悄悄地溜走了。

最终，我们的武器——苏联步枪——到了。它们轻便，有窥视孔，但要想精准射击还需要和装好的三棱刺刀一起使用。分枪的时候一片欢腾。苏联政府看穿了形势，抛弃了英法政府那套虚伪的“不干涉”政策。苏联不但送出食物，还有信号技术人员、飞机和飞行员、坦克和坦克手，现在又是这些枪。和法西斯主义者从希特勒与墨索里尼那儿得到的相比，这些远远不够，但至少，西班牙共和国并非孤军奋战。我们的存在展示着这一事实，而这些被我们如此珍惜地握在手里的步枪，就是进一步的证明。

不过我没分到枪；我最好的朋友萨姆·怀尔德，一个后来升任营长的机智的天不怕地不怕的曼彻斯特－爱尔兰商船水手，也没有分到。我们和其他十四个人一起被安排在刘易斯机枪组了。

刘易斯机枪在“一战”期间被使用过，而我们分到的那四挺机枪颇有一段历史。在扼杀十月革命后新生的苏维埃共和国的战争里，帝国主义国家原打算让它们派上用场（英国和法国政府那时可不提什么不干涉政策）。这四挺机枪被送到了阿尔汉格尔，而弹药筒被送到了敖德萨。直到在西班牙，这两部分才见了面。幸好营里有位我们引以为傲的刘易斯机枪专家弗雷德·科普曼，他在英国海军受过训练，由于1931年参加因弗戈登兵变而被开除。在他的指导下，我们十六个人每四人一部机枪，逐渐熟练掌握了武器的使用、拆卸、清洗、重新组装，在枪卡壳时替换备用件——以飞快的速度完成这一切。面对敌人时，每一秒都至关重要。我们被舒服地安顿在牧师的房子里，再好的条件对那些珍贵的枪而言都不为过，拆卸的时候我们会小心翼翼地避免众多零部件沾上细沙和灰尘。在教堂的一个橱柜里我们发现了一块质地精良、手工刺绣、蕾丝装饰的祭坛布。我们把布铺在地上，在上面摊开机枪的各个零件，保证它们一尘不染。这种破坏公物的行为必然违反了党的政策：西班牙共产党敦促无政府主义者停止烧毁教堂，节省汽油以用于运输武器到前线。但当时我们可认为征用祭坛布的举动是对马德里格拉斯人民的压迫者的应有惩罚。了解了自己手里的枪后，我们把它们带到野外去练习，那是村外一片红色悬崖和田地交界的地方。练习时我们用空弹壳，真子弹在四面楚歌的共和国像钻石一样宝贵。想必我是个不错的射手——而且对于自己的表现喜形于色，因为我记得，某次打完枪后，科普曼说："你好牛啊！"[1]当然也有可能，他这一评价是对我身上那种知识分子气质的无产阶级式的反应。

在我们训练的同时，整个营被警告可能遭受空袭，也被告知在火力齐发的情况下步兵部队有可能在800码范围内击落低空飞行的敌机。这让科普曼有了个主意。在皇家海军时他受过训练，用刘易斯机枪对付飞机，他觉得我们或许也能做到。因此他申请将我们这个班改编成防空组，并被批准。首先他追着村里的木匠，用草图克服了难住他的语言障碍，建起了架设机枪所需的台子，通过旋转台子能很快地改变它的仰角。这些木台和皇家海军里的相比显然笨

〔1〕“你好牛啊！”英文原文为：“Alright, you're fuckin' 'ot.”是粗俗俚语，常带有讽刺性。——译者注

拙得多，但确实顶用。接下来需要的是特殊的空中瞄准器，那些针对地面目标的瞄准器对飞机而言毫无用处。这比台子要难做，因为它必须是金属的。好在金属加工正是此地所长，很快我们就找到了一位手艺人，他干的活儿相当拿得出手。现在万事俱备，只欠目标了！对此，我们只能依赖自己的想象，或瞄准偶尔出现的飞鸟了。对于缺少射击目标我们不太在意，上了战场上就会有。我们很高兴能成为英国营防空组的一员。

我还被分配了编辑营里板报的任务。我的第一篇文章以《列队逃兵的一天》为题，受到了好评，文章讽刺了酗酒，还有列队和讲座时的缺席，这些情况在武器送到之前相当普遍。胜利冲昏了我的头脑，于是我开了个类似于西方报纸上"给失恋者的忠告"那样的讽刺专栏，叫作"给斯普灵意阿姨的信"，以我们亲切和蔼的政委斯普灵赫尔命名。[1]这下营长可不给我好评了，他认为这样的玩笑有损领导者威严。于是我到处打听，想找些更审慎的写稿人。

"有个住在教堂街旁边巷子里的家伙，"我被告知，"名字叫考德韦尔。他时不时写点儿东西。"我找到了他。他是个说话轻声轻气的小伙子，说他自己来自伦敦东区的斯泰普尼。但他听起来可不像是从那儿出来的人，在我听来他更像是来自牛津的。不管怎么说，他同意为板报写稿了。他其实是克里斯托弗·考德韦尔，《幻象与现实》《对一个即将消亡文化的研究》《物理学危机》和其他一些马克思主义学术著作的作者。

在马德里格拉斯的训练使六百名英国营成员变得强大，而战事已在不远处。来得最早的少数几人已在西班牙参加过行动，而刚到

〔1〕 斯普灵赫尔（Douglas Springhall），英共干部。因为向苏联提供情报而被判刑，释放后应中共邀请，由英共派往中国，协助中国的对外宣传。曾经参与毛泽东、刘少奇等领导人著作的翻译工作。在华期间称"史平浩"。病逝后安葬在北京八宝山烈士公墓。英语习惯将名字的尾音节改为"ie"而成为昵称。——译者注

的几人只受过一两天的训练。我是受过近一个月训练的幸运的大多数中的一员。

我在日记里这样记录从马德里格拉斯出发的情形：

2月8日：昨天，我们突然地离开了马德里格拉斯。周六下午我在艾特肯的办公室为出板报而工作。离开办公室的时候看见培迪·罗和其他人一边跑来跑去一边兴奋地大叫："集合！行军令！我们今天晚上开拔！"我们在这个安静的西班牙村庄已有一月。这里如此安静、平和，即使每天进行演习、摆弄枪支，战争似乎也是遥远的另一个世界。直到现在我还觉得那不过是每日例行公事的另一部分……并没有那种激动压倒了一切恐惧的感受在心头。我冲进玛丽亚的家去取洗好的衣服，放下蕾丝织物和画当作礼物，立刻又冲了出来。他们一家正给我准备晚饭，非常难过。下午五点时我飞奔到了练兵场，全副武装：帆布背包、毯子、小包、大衣和刘易斯机枪，汗如雨下。后来命令传达下来，我们晚上九点半才出发，于是我又把装备收拾得更齐整，和玛丽亚一家共进了晚餐。这是一顿极棒的饭，还有一大堆"迟早会派上用场的"东西让我带走。安东尼娅的小姐妹们都来了，一一和我作别，特别是七岁的小姑娘伊诺岑琦娅。不过，运送我们的卡车没有到，第二天早上我们才出发。

在这里我必须插入一些直到现在还记得很清楚的事，当时为安全起见没有写入日记：

当天晚上睡觉时我们被要求穿着靴子，武器就放在身边。我把刘易斯机枪抱在怀里。大约凌晨三点时，我们组被叫醒了。从纵队传达下来命令，要求我们把心爱的刘易斯机枪交给法国营。凭什么？有些人开始诅咒那些法国佬。另一些人说，这正是法西斯主义者想看到的局面，我们自己内部不团结。还有人小声叨叨，在国际纵队总部里肯定有人在搞破坏。不管到底是哪种情况，我们不情愿地将刘易斯机枪交了出去，换回来苏联步枪。接下来我们又在麦秆堆里继续了几小时不安稳的睡眠。

我当年的日记接下来写道：

我们整个早晨都花在了广场上：交谈、照相、告别。村民们用鸡蛋、三明治、山羊奶将这些特殊朋友的背包塞得满满当当。我们列队行进，或者说摇摇晃晃地走到主干道上的二三十辆卡车里。整个村子万人空巷，激动不已，村民们沿着卡车排开，呼喊、敬礼，又哭又笑。玛丽亚哭得很伤心，让我既担忧又迷惑……我想，他们或许期待我会和安东尼娅订婚，虽然这看起来并不可能（她才十五岁，是个美丽的孩子……）。终于，我们在这场令人热血沸腾的游行中离开了。这是来西班牙后我第一次感觉到自己是来打仗的。之前的几个星期更像是一次度假。

玛丽亚的眼泪困惑了我很多年。最后我得出了结论，虽然对我所受的那些教育她一无所知，但关于生死，她比我懂得更多。她预见到了我所没预见到的，我们中的许多人将不再归来。因此她哭泣，我微笑，踏上了我的征程。当然我并非对于死亡的可能性完全没概念。1月17日我在日记里写道：

今天上午练习使用步枪，相当顺利。没有时间去考虑端起枪的目的是什么，人人都热衷于掌握使用技巧。实际上我怀疑死亡的可能性是否被认真地考虑过——显然我就没有对此想太多或想得足够深。或许老兵们的感觉和别人不同。昨天我在阳光下的一片田野里躺了几分钟，第一次有了思考的机会和心境——我想，这是离开家后的第一次。奇怪的是，想到自己的死亡，我最大的遗憾是没有享受够和女人有关的快乐。我在幻想中列出了一张女孩的名单。

十天之后，在1月27日，我写道：

总的来说，不久后我们将面临生死之战这一事实并没有深入人心。就我而言，对自己的生命是否能延续并不感到焦虑，而且看起来没有谁觉得时间应该被珍惜，用来学习不久后将决定我们生死的知识和技术。——抓住当下，及时行乐，无甚差别。食物很重要。有时候我觉得读书啊，获得知识啊，或者说这本日记啊，都没什么意义。谁知道还剩多少时间呢。

在我看来，日记里的这名士兵实在有点儿喋喋不休。反复申明不在意生死，恰恰表明对死亡的关注时时萦绕在我脑海中。

关于我们乘坐卡车、火车或步行从马德里格拉斯到前线的旅程，我的记忆是模糊而零散的。2月9日的日记仅仅描述了一顿欢乐的饭。确实，兵马未动，粮草先行：

晚上，我和萨默斯（国际纵队的老队员，来自英格兰北部的工人，像父亲一样照顾我）和一些新结识的同胞共进晚餐。我们拿出罐头肉和面包，换他们的蔬菜和酒。和大概三个家庭的人一起，我们来了个大聚餐。他们都是从距离托莱多20英里的村子里跑出来的难民，当法西斯进犯时，他们坐着驴车走了五天到了此地。其中一个大约18岁的女孩很迷人。这些人的政治觉悟都很高，妇女们是农业生产者联盟和社会党成员。其中一位的丈夫被法西斯主义者杀害，所有人都是反法西斯主义者。萨默斯上演了令人拍案称奇的身体柔术，发出类似母鸡咯咯叫的声音，试图表达自己的意思。他对孩子格外温柔。一位母亲当着整群人给自己的孩子哺乳。

日记里关于这段旅程的其他部分就像左翼旅行指南，或一个满脑子政治思想的徒步者的旅行笔记，偶尔提到头顶飞过的飞机，时不时来个哲学化的评论："政治进步和物质上的舒适成反比。"多么粗糙的经济决定论！

就这样，这段旅程走向了我 26 年生命里最富戏剧性的时刻，一场战役，发生在"那条叫哈拉玛的西班牙河谷"。

从西班牙内战爆发到此时为止，这场战役是关键性事件。法西斯主义者正试图切断位于西班牙中部、被包围的马德里和位于东海岸、已成为战时中心的瓦伦西亚之间的通路。在挫败他们企图的过程中，我们英国营将扮演英雄的角色。

就像事情通常发生的那样，当舞台上的大幕拉开，我被看见——这回是真的——光着屁股，正在橄榄树丛里方便。突然间，两波飞机凌空而来，一场空战开始了。哨声响起，我们开始往前面的一座山上爬。其实山并不陡峭，但武器、背包和挂在胸前的两条毯子卷的重量使攀爬变得艰难。一些傻瓜扔掉了毯子，丝毫不考虑即将到来的寒夜。终于，我们爬上了悬崖，以石块作掩体，向冒出团团白烟的地方开火。我一直没看清朝我们射击的敌人，据说是摩尔人和德国人。子弹哀鸣着嗖嗖飞过。"不用在意它们，"老兵们说，"那些你听不见的才会打中你。"不管是哪种情况，我都太年轻、太没经验，以至于毫不害怕（恐惧不久后就降临了）。我从没想过自己会被打死或受伤——直到那天快结束的时候。当时我兴奋不已，甚至像喝了酒一样飘飘然。我们被命令转移。“爬到那座该死的山的顶上去，没有命令不许离开。”幸运的是，我和好哥们儿萨姆·怀尔德在一起。我们在右侧山脊上找了个位置，卧倒，然后我就开始无忧无虑地朝那些冒白烟的地方射击。萨姆没有这么做。他先挖了些土，然后和石头一起堆了一面护墙。萨姆在孤儿院长大，在商船训练舰上服过役，后来被开除。他知道怎样让自己生存下来。而我之前的生活要舒服得多，没经过什么风浪。没有他的示范，我不可能从山上凶残的炮火中活下来，那座山后来被称为自杀山。很少有人能活下来。到下午三点左右，我们和指挥员失去了联系。四下张望，目力所及范围内尸陈遍野，别无他物。是时候离开这座血染的山了。幸好，撤退的命令最终到来了。萨姆和我在斜坡的掩护下撤退，拾起了一些扔在地上的步枪和一盒子弹。但它们的重量使我们永远也到不了河谷里可作隐蔽的橄榄树丛，我们不得不放弃了这一大堆东西。事实上，到最后我甚至连帆布背包都扔了，里面有玛丽亚送给我的最后一个蜜橘，和我那羊羔皮精装的莎士比亚悲剧集。是什么盘踞在我脑中，让我把它带到西班牙来，带上战场？属于青春年代的豪言壮语和矫情劲儿？我怀疑到了西班牙后我是否读过一行莎士比亚。

最终，我们到达了树丛，躲在树旁鼓起的土堆后。时间已是傍晚。当我们觉得自己看到了有什么在移动的东西，就开枪射击。这时萨姆被击中了。我帮他挪到一个更大的土堆后去。然后我的大腿被击中了两次；另外还有两发子弹，一发打进了我右脚靴子的后跟，一发打穿了水壶。壶里的最后一点酒渗入了已被染红的土地。我躺在橄榄树旁像河堤一样的土堆上，但愿那群混蛋放过我们。眼下我们唯一希望的就是在被敌人发现之前，天黑下来。我从未如此渴望夜幕的降临。与此同时，我们互相保证，天黑后帮助彼此回到自己的阵地上。终于，一弯镰刀似的月亮升了起来。在过去的五十年里，我没有一次看到这样的月亮而不想起哈拉玛的。硬汉萨姆·怀尔德，虽然比我伤得更重，挣扎着先回到了我们的阵地，倒下之前告诉担架队到哪儿来找我。与此同时，我右边的大腿已成为一滩果冻，我用双手和没受伤的腿撑着地，坐在地上一寸寸地向后挪。一回到自己的地盘，伤兵们被一个挨一个排在一段下沉的路面上，医生和护理兵吵吵闹闹地处理着伤口。夜里，伤员被分了类，轻一点儿的伤员，比如像我，被送上救护车，开向不知道是什么地方的地方。最终我停在了马德里。我的伤或许救了我的命：哈拉玛战役的最初两天，英国营伤亡人数达三分之二。但法西斯切断马德里－瓦伦西亚通路的计划遭到了挫败，和季米特洛夫中东欧营和法国－比利时营一起，我们在其中尽了自己的一份力（美国亚伯拉罕·林肯营一周后加入战斗，同样损失惨重）。当然，防御部队的主力是英勇但没受过训练的西班牙人，国际纵队的存在是他们不可或缺的强化剂。

我记得自己半是爬着半是被抬地上了救护车，深夜里颠簸着驶向枪声不断的地方，还有同行伙伴的呻吟。只记得这些。于是我翻看日记寻求帮助。但下一次的日期是 2 月 26 日，已经是两周后了。这期间发生了什么？我遭受痛苦了吗？那两颗子弹是怎么被取出的？一个字也没提。只写着："伤本身不严重但右腿肌肉受到了影响，过了几天几夜不舒服的日子。"这说明我当时表现得很勇敢吗？像一个英国绅士那样沉着坚定、不露声色？这是对客观事实的陈述吗？我表示怀疑。因为我对其他事情的记忆至今栩栩如生——苗条、深情、年轻的黑眼睛护士龚奇塔，查完夜后躺在我身边，教我西班牙语。当然，她纯洁地躺在被子外面。不过即便如此，也表明她对女性冲破封建枷锁的认同，而这正是共和国所实现的。这样愉快的回忆使我将所遭受的一切痛苦忘得干干净净。

这所马德里的医院貌似征用了某个公爵的宅子，里面有个存放英文书的图书馆，刚能拄着双拐走路，我就一瘸一拐地到那里去了。

我的日记里写道：

> 2月28日：读了《双城记》……狄更斯对18世纪法国的极度贫穷和富裕的描写鞭辟入里，但一到面对革命的政治现实时就流露出简单化的人道主义色彩，这是他典型的弱点……
>
> 显然我太着急把双拐换成一根拐杖了；我扭了腿，又在床上躺了两天半。读了克鲁普斯卡娅的《关于列宁的回忆》。她的行文极其节制，甚至有点儿太没有人情味儿了，不过这不代表这本书缺乏人文关怀。书中对年轻时的托洛茨基的慷慨宽厚的评价震惊了我——这书可是出版于1930年的莫斯科！现在我正在读杰克·伦敦的短篇小说——细腻的描写被不成熟的政治观拖了后腿——再加上一定比例的废话。

根据我的记录，这间十人病房里来自其他国家的人有南斯拉夫人、一个法国人和两个西班牙人——“开朗，年轻，热情，乐观。从不发牢骚。”即使我会法语和拉丁语，还有龚奇塔的帮助，“（我的西班牙语）看起来进步不快——部分是因为缺少语法基础”。另一部分，我应该加上，是因为龚奇塔的帮助不单纯是教我语言。不过，她还是给我买来了一本教材，很快我就能顺畅地阅读报纸了。

我掌握的西班牙语使我能及时以我“政治代表”的资格向主任医师报告我认为医院运营中的不妥之处。我的建议或许不无道理，但显然无法让一座被围困的城市的临时医院里那些既没经验、又超负荷运转的医务人员去执行。考虑到各方面情况，我们受到的待遇好得不可思议。这座城市实行严格的食物配给制，许多马德里市民主要靠稀乎乎的“面包汤”勉强度日。而伤员的伙食却很好，提供足够的有营养的扁豆和鹰嘴豆，漂浮在橄榄油里。记忆中竟有热巧克力当早饭！我还记得，在旁边床法国伤员的怂恿下，我毫不犹豫地咬下一口珍珠豆一样的生咖喱，这是他强烈推荐的……另一个不愉快的经历是把正在偷我护照的某官员逮了个正着。我后来知道了，他无疑是位共产党员，正在为他的苏联同志们完成任务，后者篡改死者的护照以为他们的特工所用。

大概两三周后我可以拄着拐杖四处走了，急切地想看看马德里，也渴望能用我的母语和人说说话。一天，一位说英语的来访者告诉我，有一家格兰维亚宾馆，所有说英语的记者都在那儿吃饭。我想方设法上了一辆去格兰维亚的电车。下车后，按照指点，我沿着街道安全的一边走上去，以避开法西斯的轰炸，马德里市民们对轰炸的时间和地点了如指掌。轰炸的规律性如此之强，我觉得执行者一定是德国人。进入那家地下室餐馆里，展现在眼前的是文化界的璀璨群星：厄内斯特·海明威和玛莎·盖尔霍恩，以及布鲁克林斗牛士西德尼·富兰克林，斯蒂芬·斯彭德，印度作家莫克·拉杰·阿南德，《每日快报》的赛尔顿·德尔马，《纽约时报》的赫伯特·马修斯。我从来都不怎么了解这些名人，但他们个个如此友善，对我的经历表示了极大兴趣，让我觉得自己没受更重的伤简直像个骗子。我清楚记得某天晚上在海明威的宾馆房间里（在最顶层，当然也就是最危险的楼层），大家伴着炮弹呼啸而过的哀鸣和爆炸的轰鸣，就着大量红酒，在哲学层面上谈论战争、爱与死亡。我的日记记载：

> 3月14日：我终于见到了斯彭德。令人失望的是，他明显带着牛津知识分子的印记，不论是举止还是语调；他令我吃惊的第一印象大概如此。不过他极其诚恳。或许只强调外表而忽略本质是不公平的。他看起来颇有勇气——毕竟我没读过他的东西；只不过和在美国运动中强硬得多的知识分子的对比实在强烈。例如，美国记者和电影制作人赫伯特·克莱恩就和他很不一样，赫伯特乐于展现自己的感受和态度；对于自己没有受过高中以上的

教育心知肚明；表达感受时很轻松，毫不尴尬。他厌恶专业新闻人那种无论面对什么都有“世间万物，无非新闻”的直觉反应。“这些（国际纵队的）人是我的同志，每当我得知有人牺牲或眼见他们受苦，这对我而言绝非仅仅是新闻。”而你就无法想象斯彭德在聊天时说出这样的话——在诗歌里有可能。

克莱恩带我去看了场戏，《伊蕾克特拉》……这是一部反教权的戏（修女的出场引来一片嘘声）。一位女演员说她讨厌演这个角色。（这部戏）在监狱里写就，曾经被禁。我们花了3个比塞塔——约等于1先令——坐了最好的位子……我们到后台见到了剧团的人和导演，导演非常热情。其中一位女孩曾在好莱坞干过，能说英语。这里的观众，就像在电影院里的一样，全情投入，尽管小孩们在过道上跑来跑去，弄出的噪音引得大家一片嘘声。克莱恩在这里和泰德·阿伦一起工作，后者正为《新大众》干活。阿伦去过前线，向我们描述了那里的人面对死亡的态度。美国部队遭受了严重损失。“某某人，是的，死了——某某，是的，死了——某某，是的，上黄泉路了。（长得）太高了。”好像死去的家伙能决定自己的高矮一样。

倒是有一位作家——不是名人——我后来熟得很，一家加拿大共产党出版机构的女记者瑾。她和我年龄相仿，我们一见如故（据我的日记，“我对她一见倾心”）。我们很快就陷入充满宿命色彩的战时浪漫中：“醒来吧，我的宝贝，斟满酒杯，在生命的酒杯干涸之前……莫待明日诸事晚，吾或随昨飘风散。”[1]

瑾和其他加拿大人一起住在诺尔曼·白求恩建立的输血队里。通过建立输血站和在离前线很近的地方进行手术，白求恩为共和国

[1]《鲁拜集》。——译者注

的事业建立了功勋。[1]（很多伤势严重的士兵因失血过多死在了转往后方医院的途中。）关于这位可敬的人，这位充满动力和活力，高尚、极具奉献精神的军医，著述文章汗牛充栋。他感染力极强，脾气暴躁不安，在我的日记里，带着年轻人自以为是的片面性，我下了这样的结论："他是个自大狂……绝不是共产主义者！"但当营养不良的马德里市民——大多是女性——在街上排起队为输血站献血时，我被他所做的工作打动了。

从认识了瑾到回前线之前的这段日子里，我每天晚上都在白求恩的总部度过。一天晚上我们一群人谈论托洛茨基至深夜，我对其所知甚少，但这并不妨碍我在谈话中扮演积极角色。中间休息时，我被法国人乔治斯·索里亚拉到一边，他当时为某国际性的共产党出版物写文章。他问："你想不想为国际运动做点特殊的工作？""为了运动，当然，我愿意做任何工作。"我回答。

乔治斯记下了我的名字和医院，在一家大宾馆——皇宫酒店——安排了一场会面。在那儿，他把我介绍给了几位"苏联同志"。我们交谈——主要是我回答他们的问题，关于我自己，我的思想、我的经历、我的党员身份。然后又有了另一场见面，这回在稍小一些但建筑更雅致的盖洛德宾馆。我被带到了一个家具齐全的房间，轻机枪随意散落在丝绸床罩上。这回见我的人更年轻，问题也不一样，问我能为他们介绍对炸弹熟悉的英国同志吗？他们显然想找能深入敌后搞破坏的人。我告诉了他们几个英国营里的煤矿工人的名字。第三次会面又见了之前在皇宫酒店见过的人。此时他们显然已将我调查得清清楚楚了，认为我可以胜任。"好，回到你的营里去，继续。需要你的时候我们会召唤你的。"

〔1〕　柯马凯注：据我父亲讲，就在此期间，他借阅了白求恩圈子里传阅的《西行漫记》，由此为中共（尤其是长征）的英勇事迹所感动，从而对中国发生了兴趣。

回医院的路上我在信件分发中心停留了一下，在那儿我得知我们来自伦敦东区的政委道格拉斯·斯普灵赫尔负伤了，一颗子弹正正地从他脸颊穿过，没有对下颌骨造成严重损害。我记得自己对身居高位的人也会受伤这事傻乎乎地感到吃惊。正是这位英共伦敦组织部的“斯普灵意”发给了我第一张党员证。在西班牙，他升任第15纵队的副政委。在我离开哈拉玛几周后，当美国的林肯营正进行损失惨重的战斗时，他负伤了。

更糟糕的消息即将传来。我被告知萨姆·怀尔德死了，他的伤口腐烂了。这比斯普灵意负伤更令人难以置信。萨姆是个生存能手，他不可能死！在马德里医院所住的七周里的最后两周，我参与了面向英国的夜间广播。那天晚上，我为编报这个兰开夏硬汉的讣告而汗如雨下，讣告里说他已将自己的生命献给西班牙共和国。几个月后，我却在巴塞罗那的兰布拉偶遇萨姆，还是活生生的。

我的伤口愈合得差不多了，医生批准我回到前线。我当时的思想状态被记在了日记里：

> 3月18日：由于瑾的存在，最后的这些天和之前的日子确实很不同。一度，她确实是个令人意志消沉的因素，想和她一起生活工作的念头在我脑海里挥之不去。艾特肯刊登于国际纵队报纸上的某篇文章里的话——我们当中有些人明显念兹在兹的是自己，而非法西斯主义的消亡——将我的思想拉回了正确轨道。在任何情况下，恢复期——身体上几乎正常，却没有什么事情占据精力——会让一个人陷入变得内向和以自我为中心的危险……但眼下我几乎已踏上重回工作岗位的道路，我感到愉快的平静。在消灭法西斯主义、保卫此地和欧洲的民主制度、最终建立起社会主义、推进历史进程、完成历史使命的大框架和大背景下，不但个人的死谈不上悲剧，正是由此才能达至生命的意义。

这样的想法或许是受到我记入日记的一张海报的启发：

> 同志，如果你希望你的孩子自由，希望他们不受你所受的奴役，为他们牺牲吧。

我没有孩子。我没有受到奴役。我也并非带着要牺牲自己的心态来到西班牙。法西斯在西班牙共和国的暴行激起了全世界人民的愤怒和期盼，我被这种愤怒和期盼裹挟着，来到此地。我这种个人化的反应是长久以来种种经历积累的高潮——纽约波威里的廉价旅馆里那些穷困潦倒者，肯塔基州哈伦的煤矿罢工者遭受的暴力，听说我的犹太同胞在希特勒统治的德国所受的非人的迫害，对列宁的《国家与革命》的阅读。正是这些让我把那张海报抄在了日记里。两周后我写道：

> 在马德里的最后两周过得很奇怪……因为缺少合适的人选，每天晚上我来做英语广播……这样的情况或许还要持续两周……这份工作每天用不了几个小时，而我已经开始丧失自尊了……我太着迷于瑾，以至于对其他大多数事情视而不见——至少是过于淡漠。我想，这就是堕落。这让我想起了我对普鲁斯特的第一反应——让世界围着自己、自己的女人或自己的情事转，是最大的堕落。

不过，我的其他日记却表明，我并非像上一条里所显示的那么沉迷。从我能开始拄着拐杖四处走开始，到我回到前线的一个月里，我看了四部苏联电影，像《来自喀琅施塔得的水手》和《夏伯阳》（带有传奇色彩的俄国农民，后成为对抗白军的红军游击队长）。我写到，这些电影打动了西班牙观众（和我），因为它们令人联想到西班牙自己的内战。我听了一场西班牙音乐会，摩尔人的低音让我想起了犹太教堂里的吟唱。观众们热烈鼓掌，两位伤兵用各自没受伤的一只胳膊凑在一起，鼓掌。我还参加了加西亚·洛卡尔德的诗歌朗诵会，他写了《血婚》和其他了不起的作品，洛卡尔于1936年被法西斯士兵杀害。马德里缺少食物，但不缺乏文化。

我关于马德里最后的记忆是，走向城郊去搭顺风车回前线的路上，我路过一幢18世纪的宏伟建筑，毫无疑问又是一座公爵的府宅。就在高高的铁门后面，通向铺着鹅卵石的宽阔广场的入口处，有一个带着武器的守卫，身穿民兵的蓝色牛仔布罩衫。他不像白金汉宫的守卫那样站得笔直，神情机警；而是懒洋洋地坐在一把豪华的黄色的路易十六高背扶手椅里，膝盖上颠着老旧的步枪。他的整个身体都在说："看！时代变了。现在这个世界属于我们了！"或许吧，我心想。然而，斗争仍在继续，还要去战斗。我必须赶紧回到前线去。

回到前线之前我去一家理发馆刮了个脸。理发师完成他的工作后，用一块热气腾腾的毛巾给我使劲擦了擦脸，然后涂了些好闻的擦脸油。我心想，都这会儿了，好皮肤还有什么意义，没准很快这些就灰飞烟灭了。

那是4月初的事情。在一封写于5月的信里，我这样写道：

> 不是为了假充什么英雄，回到前线的确令人愉快。觉得自己无用的感受减少了，见到老朋友也很好。当你不确定时间还剩下多少的时候，生命就成了一件浓缩的事情。仅仅建立一两个月的友谊也变得很深沉。

当我回到前线时，事情已经发生了变化。在哈拉玛战役损失最惨重的头两三天后，形势渐渐稳定。深深的壕沟被挖出来了，一个

柯鲁克　1937 年摄于马德里

伪装得很好的战地指挥所在更后方的地方被建起来了。我先是在前线硬邦邦的地上过了几天和几个寒冷的夜。除了从无主之地搬运回士兵的尸体外，没什么事情可做。在这些尸体之中，我记得大块头的雷·博尔杰，他曾是伦敦公交“黑”车上的司机。他是个温和可亲的家伙，显然政治性并不强。“他怎么会来到这儿，躺在西班牙的土地上”，我在日记里思索，“张着嘴，假牙突出着，就像严肃地微笑着？”然后我写道：“雷最后和我说的话其中一句是：至少我们再也不能把橄榄树跟和平联系在一起了。”不过，在紧接着一天的日记里我这么写：

> 在阳光灿烂的早晨，乔治·布朗和我走着去厨房，路上讨论着战争结束后的西班牙会变成一个什么样的地方——拥有农业、道路，加上自然条件的优势。（与此同时）我们还能听到子弹从头顶呼啸而过。一个人的价值衡量标准变得如此扭曲，今天早上我听到了鸟叫，心想这多像子弹的声音，而不是相反。

而且，面对这样的景致，一个人本能的反应是四下寻找可作掩体的地方。

科普曼现在已是营长，他很快就把我叫到指挥所去了。在夜里去指挥所的路上，尽管有斜坡掩护，我还是跪下来小便。一旦受过伤，那种刀枪不入的年轻气盛便一去不复返，即使是意外的、打偏了的流弹，我也不愿为它们冒险。我不想“长得太高”。科普曼命令：“你就留在这儿。”为什么？在马德里和俄国人交谈后，消息已经传到这儿了吗？还是有别的原因？

不久谜底就揭晓了。几天后我就和新老朋友一起回到了阿尔巴塞特，准备出发去军官培训学校。

一两天后我们到了位于阿尔巴塞特和马德里格拉斯之间的庞左卢比欧。学校建在疏树林和灌木丛间的空地上，是一些小木屋。时值春天，战争似乎遥远。虽然伤势还没完全恢复，温特林厄姆也是教师中的一员。我被选为60名说英语的受训者的“政治代表”，但我唯一记得的“思想工作”就是清扫污秽的公共厕所（在纽约当学徒时和臭鼬皮的亲密接触建立起了我对恶臭的抵抗力）。另一位教员是亚瑟·奥兰肖。他曾在英国军队服役，但却是个有职业水准的音乐家，再加上他温和、异想天开的性格和轻松随意的举止，都使得他更像个艺术家而非军人。他不拘小节亦不修边幅，但当涉及步兵策略时确实有两下子。他教我们在空旷地区行进时如何排兵布阵、寻找掩护——如果我们几个月前能多了解一些这类技巧，许多人都能免于死亡。他还训练我们看地图，以及根据钟面数字来给出点火顺序的技巧。都是些最基本的知识，但在马德里格拉斯就有上前线前一枪都没打过的人。

一位年轻的苏联机枪手是风格完全不同的教员，非常整洁、漂亮，他自豪地向我们展示了他的德科特罗夫，一种刘易斯机枪式的武器，不过更轻便、快捷、灵巧、新颖。这位教员在检验我们的能力时极其强调速度，以至于除了教我们怎么使用枪支，他还教会了我的第一个俄语单词（除了我从外婆那里学到的“罗宋汤”之外）。这个词就是 skeri，意思是“快”，从他嘴里说出来就和子弹从他枪里射出来一样快。

参加这个小型的军事秘密组的经历使我在给朋友的信里说，西班牙很快就会变成“不仅仅是一个被武装起来的国家，而且是一个全民皆兵的国家……和以前那个浪漫、勇敢但总的来说军队毫无战斗力的国家有着天壤之别。在这个军事组织和政治结构的双重转变过程中，国际纵队起了重要作用”。然后我总结道：“这样的成果会不会是昙花一现，存疑。”在我心中它不会。然而不幸，历史不这么认为。

这封信的日期是 1937 年 4 月 22 日。几天后我将匆匆上路，先是到瓦伦西亚，在那里与苏联领事做短暂停留，这位苏联领事是位温和的绅士，介绍给我西班牙美味至极的海鲜饭——国际纵队的厨房里可做不出来这样的饭。

之后我便踏上了去巴塞罗那的路，开始了一种崭新的、完全不同的生活。

第四章　从西班牙到中国——从特工到教师（1938—1941）

在共和国内部矛盾引发的巷战爆发前一周，我到了巴塞罗那。整座城市剑拔弩张。

我到达的时间是4月27日。时至今日，我还能在眼前召唤出格拉西亚大道上一家时髦酒店里那间灯光昏暗的房间，六个影影绰绰的人正在以三种语言（俄语、西班牙语和英语）讨论我将要做什么。我的终极克格勃任务是在即将爆发的冲突里监视敌对派别中的一个：马克思主义统一工人党（一个反斯大林的左翼政党）及其同盟者，包括西班牙无政府主义者和我特别关注的英国独立工党，乔治·奥威尔便是其拥护者。我的联络人是个叫“肖恩·奥布赖恩”的人，一个好相处的人，虽然不像名字看起来那么和蔼。

巷战于5月3日打响，当时共和国政府试图控制主要的电话局。在此之前，西班牙电话公司一直由无政府主义者控制，他们可以窃听和切断政府及共产党高层领导的电话。

我被要求写一个简短的政治自传。其实我在马德里时就提供过一个口头的，现在需要更多的细节。我如实撰写，其中包括了我的犹太家庭背景，天真地认为这是我反法西斯的明证，但做梦也未曾想到苏联社会也存在反犹太主义，更别提在共产党的情报机构里了（事实上，直到不久后发生的苏联情报机构的灾难性大清洗之前，相当大比例的特工都是犹太人）。

接下来需要决定我的新身份。我将成为一家英国周报的特约记者，伦敦的一位同志为此提供了印着那家刊物抬头的信纸。另一个必需的文件和我从国际纵队的退伍相关，因为警察经常突然袭击餐馆或在街上拦住年轻人，查找间谍和逃兵。我的退伍是由于“健康原因”。事实上我的健康状况完全合格，只不过有轻微的咳嗽，我小心翼翼地把它发展成了“肺部问题”。然后还要买便装，安排住宿。我将住在巴塞罗那主干道兰布拉大道东侧的大陆酒店。

大陆酒店是和独立工党关联往来的英国人在西班牙经常光顾的地方。这些人里有独立工党的官方代表，约翰·麦克奈尔、乔治·奥威尔和他的夫人艾琳·布莱尔，以及他们的朋友，比利时工程师、肥胖的中年人乔治斯·柯普少校。与他们相往还的有作家和记者，包括来自英国或其他欧洲国家的非共产党左翼通讯员。

我需要和这些人建立起良好的关系——特别是那些“托洛茨基派们”——掌握他们的观点、活动、社会联系，撰写针对他们的报告，交给肖恩。移交的方法是将情报夹入一张折叠的报纸，在餐馆里，有时也在宾馆洗手间里，神不知鬼不觉交给他。肖恩会告知我新的监视对象，以及下次接头的时间地点。

所有这些当然只是最初级的特工流程，却让我兴奋无比。事实上，我的工作并不简单。首先我必须伪装自己的政治倾向——反共产党、反斯大林、对共和国政府指指点点，同情马克思主义统一工人党和无政府主义者。其实，在马德里和西班牙无政府主义者偶遇时我就发觉他们确实惹人喜欢。例如，我 3 月 3 日的日记里写道：“一两天前在电车上我和一群受伤的西班牙无政府主义者聊了起来。他们拿了一瓶马拉加葡萄酒和一个玻璃杯，大家轮流喝。真是一群快活的人。”在巴塞罗那，无政府主义者手里拿的是比马拉加葡萄酒更致命的武器，而且很乐于扣动扳机。但是在大陆酒店所在的兰布拉大道另一侧的“中国城”贫民区酒吧里，他们依然会坚持请任何好相处的人——比如我——喝杯酒。

不仅仅是我监视的对象，我真正的同志也经常光顾大陆酒店，这一情况使我的处境更加复杂。常到这里来的同志包括比尔·瑞斯特，英国《工人日报》的记者（后任编辑）、在斯普林希尔之后担任英国营政委的沃利·塔普塞尔，以及其他共产党员，如果我向他们表示出友好就露馅儿了。因此我时时处于分裂状态，压抑自己作为一个话痨的天性，表达自己不认同的观点，费尽全力展示出对一切都不满的脾气。

回望当年，我的伪装单薄得令我自己吃惊，任何一个认真想想我是谁、我想干什么的人都不会被我的把戏欺骗。没有记者会认为我真是干这一行的，即使我给杂志寄过几篇业余水平的文章，为了捏造身份凭证用。但那些成问题的人比我还天真。他们不但认定我是个记者，还信任地将想要偷寄出西班牙的信交给我，我承诺说可以通过（其实见都没见过的）英国领事做到。这些信被交到肖恩手里逐一阅读，有必要的拍照，然后由苏联而非英国领事移交。如果真相败露，或许一把插入后背的刀将结束我的生命。但无论如何我在刀尖上生存了下来，从比偷信危险得多的情形里成功逃脱。这些任务有的让我一想起来便不寒而栗，有的使我的良心受到谴责。不过，不管我做过什么，都怀着在前线时同样的真诚与忠诚。

沿着兰布拉大道往下走几百码，在大陆酒店的同一侧，有一幢马克思主义统一工人党使用的建筑，其中某个高层是独立工党的办公室。没用多久就和独立工党的党员成为朋友后，我已能够自由出入大楼，被入口处那些不怎么警惕的门卫认作是“英国同志”中的一个。英国人很容易就适应了西班牙人长长的午饭时间，甚至是睡午觉的作息，整个巴塞罗那下午 5 点以后才活跃起来。这为我创造了机会。不止一次，我在周围没人时晃进独立工党的办公室，迅速拉开看起来有可能的抽屉，取出文件夹和地址簿藏在大衣下，大摇大摆地经过门卫，飞奔到住宅区，将这些东西拍照并在办公室恢复生机前把它们归位。

在穆塔纳街（Calle Muntaner）上（411 号，如果我没记错的话）一片安静而时尚的街区里，有一所估计是苏联领馆租下来的“安全房”。这所房子的楼上有两套公寓，门对着门，里屋却通过拉门连在一起。一对德国中年夫妇格特鲁德和安纳托尔住在这里。格特鲁德漂亮而浪漫，却做得一手好饭；安纳托尔文雅而有书卷气（他给我上德语课），而且是个极棒的摄影师。他整理出了一间整洁的工作室，以便快速地给文件拍照。格特鲁德和安纳托尔是这间公寓的永久住客，时不时还有其他人住进来。我熟悉的人之一是比我年长几岁的迷人新西兰女性艾米，以及她的外遇对象，高大魁梧的德国人阿方索。我们几人相处愉快，被共同的事业和危险紧紧相连。还有一些我不被允许见的来访者，他们出没在另一间公寓里，被称为“鬼魂”。

巴塞罗那的战斗持续了五六天，结束于 5 月 8 日。不管它的起因是什么，它的结果是中央政府在加泰罗尼亚和整个共和国区域的力量得到了加强，同时左派力量在人民阵线里削弱了，但最大的赢家是与此同时正着手消灭马克思主义统一工人党的共产党。我现在的观点是：

a. 共和国政府认为必须先打仗，再革命。而马克思主义统一工人党和无政府主义者要么认为两者应同时进行，要么认为应该先革命。

b. 因此，共和国政府认为急需加强管理，将行政、战争、军事装备运输的控制中央集权化。这就意味着限制加泰罗尼亚人的自治，而加泰罗尼亚人在马克思主义统一工人党和无政府主义者中占压倒性的大多数。

c. 共产国际和苏联共产党（也就是说，归根结底估计就是斯大林），援助共和国食品、武器、技术人员（没有普通地面部队），不过比德国纳粹和意大利法西斯援助佛朗哥的规模小得多。共产国际希望在西班牙打击法西斯势力，但抵制社会革命，因为它一直怀有幻想：英法政府最终会被说服，放弃假惺惺的不干涉政策，加入国际反法西斯统一战线。

d. 共产国际将马克思主义统一工人党认定为托派，到 1934 年为止这是事实，但之后并非如此。不过，马克思主义统一工人党确实是反斯大林的。这在斯大林追随者（包括我在内）的眼里，意味着马克思主义统一工人党党员都是托派；而在反对“先战争，后革命”和人民阵线的意义上，马克思主义统一工人党等于在帮助法西斯。这样一个组织被理所当然地认为有可能被法西斯渗透，一些斯大林主义者甚至称马克思主义统一工人党党员为法西斯主义者。

我不记得自己在这场战斗里有什么特别的经历，不过在消灭马克思主义统一工人党的过程中我被指派扮演一个小角色，对此我并不觉得自豪。我进了监狱，和乔治斯·科普与其他统一工人党党员一起，部分是为了从他们那儿获取情报，部分——毫无疑问——是为了进一步表明我的反斯大林主义者身份。

大约在 5 月中旬，警察突然袭击了大陆酒店，搜查柯普、艾琳·布莱尔和其他西欧（大多数是法国和比利时）非共产党左翼出版物记者或分裂出来的各党派的代表的房间，寻找可以给这些人定罪的文件。我和这些人关系很好，当他们得到风声时（或许是搜查从酒店低层开始时）就帮他们藏文件。我至今记得我们跑前跑后将一捆捆文件扔到阳台上时所见的阳台景致，当搜查者破门而入时看到的是一个干净的屋子。大概一天后，一个便衣在洗手间里悄无声息地靠近我，把我拖进了一个临时监狱。

时至今日，我还能想起那间约网球场大小的半地下室，和十几个漫无目的游荡着的犯人。屋里几乎没有家具，人们睡在放置于石头地板的草垫上。柯普也在，他真诚地欢迎了我，还给我找了个睡觉的地方。这让我感到不自在，我不但将他当作政治上的敌人，个人而言也不喜欢他，而他却在帮助我。对于在监狱里的十天，我没留下鲜明的印象，也不记得收集到了任何情报。除了在纽约做学生时因纠察一部反动电影而被关了几小时，我之前从没进过监狱。在纽约那次是个相当欢乐的事件，纠察队同伴们高唱革命歌曲，没把我们的冒犯当回事儿的治安法官很快就把我们放了。巴塞罗那这次的经历长了些，但并无痛苦。我们没有遭到暴力对待，看守很可能就是无政府主义的同情者，食物虽简单但足够。我对炖煮的小扁豆和鹰嘴豆依然热爱。最重要的是，我认定自己正处于一次刺激的经历中，为了一项正义的事业。也许到了第八九天我确实开始担心，但第十天我就被叫到了楼上，接受一位胳膊上带有骇人伤口的英国年轻人的问讯，他警告我以后要乖一点，不要再交友不慎。我猜他这么做只是走流程，对于我为什么被抓进来其实一无所知。又一次，我处于错位中。我内心认定他是我真正的同志，却要装出另一副面孔。

被释放后我去见了格特鲁德，她用自己做的美味的西班牙海鲜饭为我庆祝，然后我就回到工作岗位上去了。

并非我所有的“目标”都是像柯普那样的马克思主义统一工人党党员，他们有些是外国无政府主义者。我的入狱经历使得他们对我更加信任了。我的监视对象中有个叫布卢斯坦的美国人和一个叫兰道的奥地利人。巷战之后兰道就转入地下了，我的上级们希望我查出他的下落。用这样、那样的借口，我从布卢斯坦那儿得到了他的电话号码，按要求将其交给了肖恩。随着巷战结束，无政府主义者失去了对西班牙电话公司的控制，现在我的上级们可以根据兰道的电话查出他的地址。他住在安静的郊区，离苏联领事馆不远，在没人注意的情况下我从穆塔纳被开车带到了领事馆，并得到了关于任务的指示。

没有戒心的兰道习惯于在他藏身住所的前花园里阅读，或者说至少有一个人爱在那里读书，我的任务是辨清这个人是否就是他。只要离得够近，我就能做到。因此我被安排和多洛丽丝，一位漂亮的高个金发女郎挽着胳膊从他住处的花园前经过，仔细看一眼正在读书的人而不被他发觉。我们像一对恋爱中的伴侣一样漫步，多洛丽丝帮我挡住读书者的目光。而我想办法看到了他，确定此人即兰道无疑。接下来发生了什么，可怜的人？后来肖恩告诉我他被绑架了，装进了货箱，扔上一条苏联向共和国运送食物和武器的船。那时候，我对斯大林主义处于一种幸福的无知状态中。否则，我怎么能在二十几岁时做出这样的事情？就兰道而言，他显然是苏联的敌人，所以也是我的敌人。我来西班牙就是为了参加一场你死我活的斗争。我愿意拿自己的生命冒险，对于敌人因我而丧失的生命也丝毫不内疚。那时，我自觉问心无愧。

以上就是我在巴塞罗那的间谍工作的一些亮点（或者说低潮）。当然，工作并非全部，特别是对一个二十多岁的人而言，而且这份工作本身也包含社交活动，其中有的相当令人开心——只要我能将自己是谁、自己要装成谁时时谨记于心。在战争的那个阶段（1937年5月至1938年夏），巴塞罗那的生活对于处于我这样位置的人来说既快乐，也有苦衷。偶遇国际纵队的同志，比如萨姆·怀尔德，令我高兴且尴尬（我不敢公开对他们的政治立场表示同情，虽然我悄悄地这么做了）。在穆塔纳街短暂停留的时候我会和肖恩打网球——还有，不像打网球那么愉快地站在公寓阳台上，在安全距离外看法西斯对码头和工人阶级住宅区的空袭。不过，一天晚上我在市中心亲身遭遇了一次空袭。飞机离开后，附近一处公寓楼在一堆瓦砾边摇摇欲坠，外墙被炸飞，暴露在眼前的家具齐备的屋子就像舞台布景。很快人们就排成了一排，疯狂地从爆炸中心往街上搬大块大块的砖石，希望能挖出人来，不管是活的还是死的。我加入了这队人，感觉至少做了回自己。

剩下的就是例行公事了。我会去邮局，像一个记者应该做的那样，寄出我那些胡乱写出来的稿件。但一到了邮局我就无法自控地直奔长久以来一直阅读、售卖、认同的《工人日报》[1]。有时候我愚蠢地跑到国际纵队的俱乐部去，还有一次我去听了欧内斯特·布什演唱革命歌曲的音乐会。我喜欢在中国城脏乎乎的街道上漫步，吃小扁豆和鹰嘴豆，从波旁酒壶里喝劣质红酒。一次，仅有的一次，我吃了猫肉，菜单上写的是兔肉。除此之外，我时时刻刻在学那可爱的语言——西班牙语，在贝立兹学校上课，在一位西班牙女朋友的帮助下渐渐流利起来。

到了 1937 年 7 月中旬，我已经做了三个月的特工工作，或许觉得我有成为长期雇员的潜质，我的老板询问起我的护照状况。我的护照马上就要过期了，老板们告诉我必须去巴黎换新的，并提到我可以利用这个机会回家几天。因为“不干涉”政策，英国护照那时被打上了“去西班牙无效”的标签，我必须非法越过法国 - 西班牙边境且不留下任何非法出入境记录。接下来就是这次我津津乐道的冒险。我和艾米、阿方索开车同行至巴塞罗那以北约一百公里的普奇赛达，位于法 - 西边境上。过了边境，在法国境内，有一片西班牙的领土利维亚，这块飞地显然是被很久以前某个混乱的条约所遗忘了。不论如何，这是法国里的一点西班牙，和它的祖国由一条国际公路连接。在公路上，你处于三不管地带，下了公路，你就在法国了。临近日落，阿方索开车把我送到公路的中间，在一条篱笆前慢下来，篱笆穿过被金黄色稻草垛点缀的田地。我跳下车，沿着篱笆狂奔了一百码，粗帆布背包拍打着我的后背，我右手紧紧攥着一个用报纸包起来的包裹。一个等候着的法国农民带我走了一条弯弯

---

〔1〕《工人日报》为英共党报。——译者注

曲曲的上山路，穿过田野到了他的农舍。在那里，按照指示，我把包裹交给他，他一个字没说就收下了，好像对此早有所料。包裹里装满了捆得整整齐齐的钞票，是哪国钱、干什么用的，我一无所知。现在回想起来，我猜这是对我的诚实和可靠度的测试之一。吃过一顿热情的法国农家饭之后我早早上床了，第二天清晨即起，很快坐上开往佩皮尼昂的大巴，夏日阳光里的山峦令我心醉神迷。我之前唯一一次经过此地是1月份的夜晚从佩皮尼昂到费卡洛斯途中，而现在从大巴车向后望去可以看到比利牛斯山脉的壮观景象。

我到巴黎时正赶上工会与左翼党派在7月14号巴士底日的传统游行。为了保持我的身份，即使在国外，我联系了一位在巴塞罗那时通过工作关系认识的法国托派，并接受了和他的同志们一起参加游行的邀请。于是我发现自己跟在游行队伍的最后，站在第四国际的条幅下，心不在焉地喊着它的口号。和我多年来视为敌人的人公开成为同行者，令我觉得非常不舒服。为了平复心情，那天晚些时候我溜到法国共产党组织的人民阵线的一个群众集会上去。在那儿我全身心投入到莫里斯·多列士令人热血沸腾的演讲中，对于他我可以自由自在地支持。一天之内两场分别支持托派和斯大林主义的水火不容的政治活动，正是强加于我的分裂人格的生动写照。

这些令人精神分裂的经历之后，我打扮齐整，加入了英国领事馆里的人群，将我刚刚过期的护照递了进去。一两天后新护照就发下来了，没有任何问题，而我很快就到了约克郡，和家人团聚了。我曾被命令回家之旅要短，我照做了。离开巴塞罗那几周后我就回到了那里，肖恩向我传达了我们的上级对我及时归队的表扬。我既没有在宁静巴黎的享乐之路上流连，亲情也没有令我从自己的政治任务上走神。不知不觉中，我已通过了一次将改变我生命轨迹的考验，一年之内我会踏上去中国的道路。

回到巴塞罗那，工作如往常般继续，但战争的形势开始逐渐朝着有利于法西斯的方向发展。他们占领了西班牙北部，在共和国政府被迫迁到巴塞罗那后建立了自己的政府。3月中旬，意大利飞机对巴塞罗那进行了夜以继日的轰炸，几星期后佛朗哥的陆军就已到达加泰罗尼亚边境。食物紧缺的情况更加严重，我记得无政府主义者写在墙上的标语："多点面包，少点委员会。"

一天，我被叫到位于穆塔纳的宁静的安全屋去。那天晚上我被带下楼，在护送下穿过街道，上了一辆等在那里的豪华轿车。车在黑夜的掩护下兜着圈子，车里两个体格粗壮的俄国人和我谈话。我的工作完成得很好，他们问我愿不愿意去上海继续做同样的工作，我会被照顾得很好。如果我在英国的家里经济上有困难，他们每月会收到15英镑，这是我的特殊津贴。

没有丝毫犹豫，我就答应下来。和钱无关，那从不在我考虑范围内。我读过埃德加·斯诺的《红星照耀中国》，很少有书比它更吸引我。长征、共产党在延安的窑洞首都、毛泽东、朱德，23位越过铁索桥的勇士，他们面对机枪的火力双手紧紧抓住铁索，这一切都曾在我脑海中上演。我当然愿去到那片神奇的土地。

1938年5月的某个时候，我离开巴塞罗那前往巴黎，距我到这里刚过一年。自此以后，我四十年没有再去过西班牙，这个对我意义重大的国度。1938年我有了崭新的护照，不过我当然没有用它，还是用普奇赛达－利维亚的老方法离开了西班牙。

上次来巴黎的时候我是独行侠，这回则要有鬼鬼祟祟的接头行动。我要坐地铁到塞纳河南边的某一站，买一份《泰晤士报》，左胳膊上搭着我的雨衣（如果当时正在下雨怎么办？没关系，反正我是个古怪的英国人），沿着大道走25米，找一个和我年纪差不多的深色头发的人。接头很顺利，我拿到了钱，知道了在蒙巴纳斯某处的住所（我记得是乔治五世酒店）。印象里，我与接头的年轻人很投缘，得知我将取道莫斯科——估计是为了得到更细致的指示，令我兴奋不已。莫斯科是我的麦加。安排旅程需要一些时间，与此同时我跟着贝立兹学校的一位老师学习俄语。至今我仍记得那位活泼矮小的年长女老师，我理所当然地觉得她至少是位公爵夫人。她显然是个极好的老师，让我起立、坐下、走到门口去、再走回来——都用俄语说。不过这一切都是徒劳，并非因为我是个差劲的学生，而是行程有变。我不去苏联了，而从马赛乘船出发。这令我失望至极。作为补偿，我被允许再短暂地回家一次，只有几天。那是我最后一次见到妈妈，她 56 岁时就早早地去世了。不过，巴黎毕竟是巴黎，特别是对一个 27 岁的人来说。我记得自己和那位意气相投的接头人告别，盼望着什么时候能再见。他笑了："好啊，如果那时我还活着。"图哈切夫斯基元帅不到一年前被枪毙，接下来是布哈林，而莫斯科审判还在继续。没有人知道审判还会持续多久，网会撒得多广。这也许就是我行程发生变动的原因，虽然当时我并没有意识到。

这是我三次乘船前往远东旅程中的第一次。旅程平淡无奇，但充满教育性，和《印度之行》相似。船上有个漂亮的欧亚混血女孩，年轻男人们，包括我在内，以男人追逐少女的方式围着她转。不过别人对她的兴趣貌似随着船到苏伊士运河以东[1]就降低了。一位年轻的英国公务员告诉了我其中的奥秘。他正要回到马来西亚的岗位上，而其他人要去印度。"你得考虑你的工作，老伙计。升职啊什么的。最好不要被看见和欧亚混血公开交往。当然夜里在顶层甲板上可以，只要月光不是太亮。明白我的意思没？"我心想，嗨，这反正不会影响我的工作。但不久后，我在上海的俄国上司就把"他有个黄皮肤的女朋友"作为某个托派分子的罪状之一。

在一个热得令人没精打采的夏日，我到达了上海，口袋里只剩十先令。上级们曾让我自己给这趟旅行报个价。买完船票后，为了

〔1〕 即驶出欧洲。——译者注

柯鲁克在上海期间

不浪费工人阶级祖国的钱，我提了个很节省的预算。结果发现，有点太俭省了。不过幸好，船上的中国通已经告诉了我在上海信用和肤色之间的关系。白人不付现金，出入较高档的饭店、酒店甚至坐出租车时，都打白条。月底时一堆白条会送到，这时你再结清——如果你是个绅士的话，而大家认为每个白人都是。如果你不付钱，你的雇主会来催促。这是一种姿态优雅的安排，很适合我当下破产的境地。我搬进了俯瞰跑马场的时髦的国际饭店。

尽管有这种便利的信用体系，我还是得尽快弄点儿钱，更重要的是，我必须实施预先安排好的在当地的接头计划。我需要拨某个电话号码，用假名介绍自己，约一个见面地点。为防止电话被窃听，我们会定一个假的见面时间，真正的时间比电话里所说的提前两天、推迟两小时。电话接通了，我开始约一个见面。“好的，”我说，“我们在巧克力商店（一家有名的咖啡馆）……后天见。”“哦！”电话那头的白痴女特工说，“可那不就是今天吗！”不过根据事态的发展

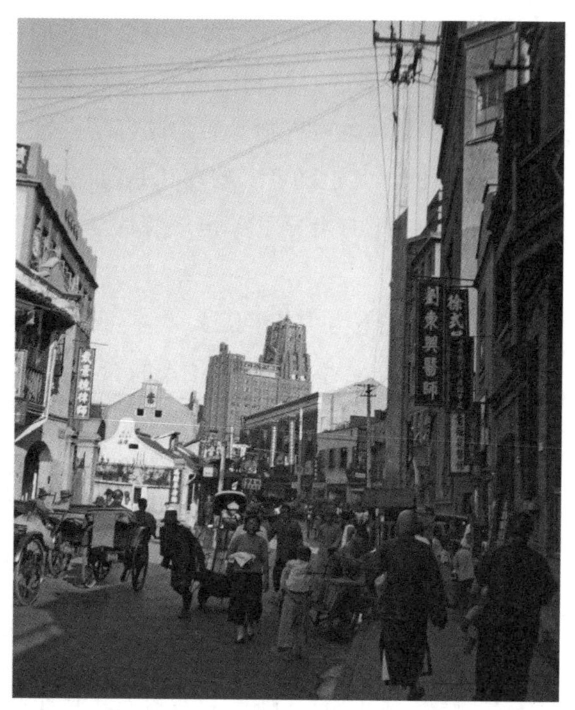

街景，国际饭店出现于背景中　柯鲁克摄

来看，这次电话并没有被窃听。

“金小姐”（这个名字起得好，中英皆宜）是个白皙而肥胖的四十多岁俄国女人。她小心翼翼地递给我一大沓钱，让我从国际饭店搬出来，住进旁边的“外国基督教青年会”，并于第二天晚上到她位于霞飞路上段的公寓找她。在那里我见到了鲍里斯，一个矮小、肥胖、快活的中年男人，后来我从报纸照片中认出了这位苏联副领事。他给我布置了任务。

我的主要监视对象是弗兰克·格拉斯，一个托派记者，本地一家英文杂志的主编助理，但直接接近他几乎是不可能的。这是我被要求从国际饭店搬到外国基督教青年会的原因之一，他朋友的朋友经常光顾这里（另一个原因是外国基督教青年会虽是个体面的地方，却比国际饭店要便宜得多，不会让人们怀疑我的钱是哪儿来的）。这位叫詹森的“朋友的朋友”（后来成了我真正的朋友）是位年轻的欧亚混血工程师，而他的好朋友加拿大人菲利普是弗兰克·格拉斯的忠实追随者。詹森和菲利普都热衷摄影，我（在巴塞罗那时在安纳托的指导下）也修炼成功，这给了我认识他们的好借口。

同时我的身份也是个问题。我本可以像在巴塞罗那时一样，成为一名自由撰稿记者，不过在上海我交了意外的好运。秋季学期即将开始，上海最负盛名的教会大学圣约翰大学需要一名文学老师。我真心对这个科目感兴趣，同时在哥伦比亚大学时对“世界著作”的熟读也使我相当胜任。因此我跑到兆丰花园[1]边上的圣约翰大学去，英语学院院长兰伯顿小姐当即录用了我——以“当地聘用”的价格。在上海，薪水反映着社会种族的分层，工资的高低不由工作本身决定，而是看国籍、肤色、民族等。最高等级的是手持在自己国家签订聘用合同的英国人、美国人和其他“统治民族”（这是上海公共租界的行情，在法租界里，当然法国人薪水最高）。整个金字塔的结构大致如下：英国人、西欧人（特别是日耳曼人）、北美人处于顶端；南欧人次之（葡萄牙人不一定位于此处，因为绝大多数葡萄牙人都是欧亚混血）；接下来的是白俄，成千上万的白俄构成了法租界里非中国人群体的大部分；再下面是欧亚混血；然后，在最底层的，是中国人。而在中国本地被雇用的西方人，比如我，就像是在廉价部出售的折损品。这并没有困扰我，因为教师的薪水本来就是我“非学术性（本职）工作”之外的额外红利，即使我的特工薪水已经低到最多用“莫斯科白银”而不能用“莫斯科黄金”

---

〔1〕　即今天的中山公园。——译者注

来衡量。[1] 但不论多少，我已记不得当特工和当老师的薪水数目了。

我发现教师这个身份很适合我。教授文学、为备课所做的阅读是一种享受，学生们也有作为学生可爱的地方。但这些来自富裕买办、官员或教授家庭的学生和我在巴塞罗那结识的马克思主义统一工人党的年轻党员们有着天壤之别。他们显然习惯于在家里被仆人恭候着，甚至像是有什么身体缺陷而无法使用自己的手，即便只是打开教室窗户这样的事都做不来。至于政治态度，最高的评价也就是他们多多少少还都爱国。有些人根本不拿学业当回事儿。曾有一位爱好运动的学生，在校园生活的快乐中流连多年而不毕业，直到有人，应该是他父亲，告诉他该毕业了。当我教书生涯的第一年临近尾声，他拜访了我，告辞时优雅地送给我一条漂亮的真丝领带。一个中国通会明白这是在暗示我给他开绿灯。但我从没经历过类似情景，于是我礼貌地致谢，认真地判卷——给了他不及格。而女孩子们则有着贵妇般的迷人气息（我记得自己不得不向她们解释人类并不是由"女士们"和"先生们"组成，而是由男人和女人组成）。她们中的大多数衣着优雅，身穿高开衩和高领的丝绸旗袍，我必须坦白自己曾为她们的美丽而着迷。

她们当中的一位是个出色的文学学生，写浪漫的英文诗，并带给我评判，这是否是她的初衷很难说。随着来访变得频繁，指导的内容也开始涉及文学评论之外的话题。她告诉我，她爸爸是个投向日本人的国民党高级军官，但她自己是爱国的。她还不经意间提起，作为一个原教旨主义基督徒，她相信上帝对她格外关切，不会让灾难降临于她。她正在探寻一个可以为之奉献的事业，于是我建

〔1〕"莫斯科黄金"，此处指苏联提供的地下活动经费。"莫斯科黄金"原本是一个特定词语，指在西班牙内战爆发后几周内从马德里运到苏联的510吨黄金，占当时西班牙银行黄金储备的72.6%。——译者注

上海城市警察对从码头上岸的工人进行搜身，检查是否携带鸦片或武器——这个时期，针对日本人、中国伪政府官员、重庆代表的刺杀时有发生　柯鲁克摄

圣约翰大学和上海其他大学的学生与西方朋友一起打排球　柯鲁克摄

大学生
柯鲁克摄

议，为国奉献的最好方式是去延安，并给了她一些路费。她上路了，但没能通过国民党对共产党所在区域的封锁，被迫从西安返回重庆。在重庆她遇到并嫁给了一位共产党地下党员，那位党员后来变得世界闻名。并非所有的圣约翰大学学生都是交际花或花花公子，有些人是严肃的学生，一位看起来还是共产党员。

住在基督教青年会不但有利于掩护我的身份，而且充满乐趣、令人愉快，那里有游泳池、健身房、咖啡厅、阅览室和图书馆。经詹森推荐，我被选进了图书馆委员会，这使得我在购买书籍上有了发言权，而我的意见很快显出了左翼倾向。我还是辩论俱乐部委员会的成员，曾经鲁莽地提议如下的辩论题目：日不落帝国正在日落。题目被英国领事否决了，但我却有办法和他保持着点头之交，或者说至少是“同读之交”，因为我们都在莎士比亚阅读俱乐部里，俱乐部成员们前后都扮演过种种不同的角色。

不过构建这种文化上的身份倒是次要的，它将我塑造成了一名教师，而我后来确实陆陆续续当了四五十年教师。但弗兰克·格拉斯是位记者，为了接近他，我不得不渐渐深入新闻界。这也是个相当愉快的过程。

弗兰克·格拉斯住在上海外滩附近的一片单身公寓里，在法国领事馆对面。一间公寓刚空出来，我就立刻从基督教青年会搬了过去。以西方中产阶级的标准来看，这里的公寓条件一般，但很宽敞，有独立的卫生间，简单而舒适的家具，和无敌的江景。我清楚地知道，和上海随处可见的千千万万工人阶级那拥挤而脏乱的鸽子窝相比，这里简直算得上奢侈。单身公寓坐落在法租界主要的商业街霞飞路上，而这里的商业以按摩院、赌场、歌舞厅、有坐台小姐的饭馆闻名，独自光临的男士只要为坐台小姐们买用凉茶制成的"鸡尾酒"就可以和她们聊天调情。这种"鸡尾酒"的要价和一杯真正的马提尼一样，女孩子们每诱使顾客为她买一杯，都可以从中抽成。和霞飞路平行的爱德华七世路[1]则安静得多，它构成了法租界和公共租界的分界线。连接两条大路的是一条外号为"血巷"[2]的短路，来自世界各地的水手从附近黄浦江里停靠的船只上岸，光顾此地。廉价舞厅沿着路一字排开，舞女（一张门票一支舞）中有相当比例是不那么年轻的白俄。街道的外号来自于为争夺舞女而流的血。在血巷和爱德华七世路的交叉口，两个大腹便便的美国海军陆战队退役队员开了一家酒吧。他们供应极好的水牛肉牛排和常规酒品，其中以冷天里的猫和老鼠（Tom and Jerry）热调鸡尾酒和为宿醉者提供的"孟买牡蛎"为特色，这是一种番茄汁、伍斯特辣酱油、一个

〔1〕　中文名为爱多亚路，即现在的延安东路。——译者注

〔2〕　即现在的溪口路。——编注

生鸡蛋、柠檬汁、胡椒等的神奇混搭。我发现在去圣约翰大学为那些年轻的女士、先生讲《贝奥武甫》和“基督教早期教父”之前，它很适合作为一顿早餐。

血巷里的酒吧是美国水手和英语记者的流连之地。这些人里包括一个叫波默罗伊的美国年轻人，是个大大的亲英派，在美国参加“二战”之前就加入了英国军队，在缅甸被日军俘虏后死在了“死亡铁路”的工地上。还有一个叫贝里根的美国人，我相信，他后来在越南被杀。我特别的朋友是杰克·贝尔登，他写了关于共产党新四军的目击报道，和后来那本实至名归的《中国震撼世界》。和这些人聊天喝酒既长见识又使人愉快，但我主要的兴趣在他们的记者同行弗兰克·格拉斯身上，一个同样见多识广、易于相处的人——但却与其他人有所不同。他将所有的信息都纳入托洛茨基主义的分析框架，对此我发现竟无力抵抗。这个记者群体里也有不是记者的人。其中一位是有着俄国名字的德国人乔维肖夫，后来死于斑疹伤寒。几年后这群记者中的一位告诉我，当朋友们把乔维肖夫的遗物汇集起来，发现了证明他是苏联情报机构特工的文件。我记得他是个文雅且不乏幽默感的人，自称是“第三个半国际”的追随者（即斯大林的第三国际和托洛茨基的第四国际的中间地带）。记者群体里的另一位不是记者的就是弗兰克·格拉斯的跟随者菲尔，我在基督教青年会遇到并把我介绍到这个酒吧里来的人——也是他把我介绍给了格拉斯。

血巷酒吧和它的顾客们是我展开行动的背景，格拉斯和菲尔是我关注的焦点。我的任务和在巴塞罗那时几乎一样：眼观六路耳听八方，搜集一切有关托派运动、行动、关系网和个人兴趣的信息。身处上海，对中国政治、历史和社会的不了解大大制约了我的工作，关于中国的书，除了斯诺的《红星照耀中国》外，我只读过赛珍珠的《大地》和马尔罗的《人类的命运》。事实上，在我第一次向鲍里斯做汇报时，我不得不承认自己从没听过陈独秀这个名字。知情人都知道陈是中国的头号托派，鲍里斯嘱咐我要特别注意他和格拉斯之间任何可能的联系。其实，当时陈已经与中国一些托派领导人物和派系发生了争执，并逐渐脱离托派，而我也没发现他和格拉斯的任何关联。另一个我需要留心的名字是杰克逊，而它最终意外地出现了。

作为教会大学里的一名教师且非记者，我必须要包装出一种个人形象以解释我对中国左翼的兴趣。这时我早年在国际纵队的经历——对此我没有保密——派上了用场。我对外宣称自己作为英国工党党员（我确实是）去了西班牙，因为斯大林主义对马克思主义统一工人党和无政府主义者的镇压，再加上共和国政府日益恶化的状况而感到幻灭。我说，这一切要归咎于西班牙共产党的政策不是为西班牙人民服务，而是为苏联服务。这些观点（正如我所期待的那样）吸引了格拉斯，他开始将我视为可塑之才。为加强我的政治素养，他给了我一本书，当时公开的托派哈罗德·伊罗生所著的《中国革命的悲剧》。回望当年，我认为这本书必定对我的思想产生了影响。看出这一点的格拉斯问我是否愿意写篇文章，将发生在西班牙和中国的战争做一比较，两个国家都正遭受法西斯主义侵略者的蹂躏。我答应了，用笔名写了一篇题为《两个共和国，同一种命运？》的文章。至此我已踏上了通向托洛茨基主义的道路——至少格拉斯这么认为，而事实上或许也有那么一点点。

这种转变与我政治上的孤绝境地有很大关联。我在上海的情况与在巴塞罗那时大不相同。在巴塞罗那我与肖恩、格特鲁德、安纳托尔、阿方索及其他说英语的同志联系频繁，甚至和一位我叫他里奥的友善的俄国人也偶有来往。同时，在西班牙共和国很容易接触到共产党读物。但在上海的公共租界里并不是这样。我和苏联上级的会面必须秘密、短暂，次数很少。提供给我的唯一读物是偶尔能看到的《印象通报》，一份新闻回顾类杂志，而非理论刊物。如此贫乏的精神食粮无法与格拉斯喂给我的相抗衡——变节的苏联特工简·瓦尔廷所著的《走出黑夜》；路易斯·费歇尔的一本书，此人曾是苏联的推崇者，但此时已感到幻灭；亚瑟·库斯勒早期的反斯大林主义写作；当然还有格拉斯自己对国际形势的评论，定期刊登于他担任外籍编辑的《密勒氏评论报》上。

然而，我无法轻易摆脱近十年来形成的信仰。我依旧向鲍里斯汇报，地点先是在金小姐的公寓，后来换至法租界内某片更时尚街区的一幢房子里。我也依然从他那里领薪水。一次回到家后，当我打开工资袋时被吓了一跳，里面有一张用打字机打着俄文的纸条，显然是账目备忘。多么致命的疏忽！无脑的金小姐所犯的又一次错误吗？据我回忆，我所汇报的内容里没多少要紧的情报。一次我报告了血巷酒吧人群中一名叫列昂诺夫的白俄的情况，鲍里斯说："别在他身上费功夫了。他只是个花花公子。"真的吗？鲍里斯怎么知道？他本人也是个苏联特工吗？不过另一条情报却让鲍里斯很感兴趣。我偷听到格拉斯向他的跟随者菲尔谈论着"黑人杰克逊"，还和一个水手有关。这个"黑人"是个水手？或者他给了一个水手一封信，从西班牙带到上海？我绞尽脑汁也想不起细节了。我所知道的只有，杰克逊是后来谋杀托洛茨基的人中的一个。

1940 年初的某个晚上，我如期来到了法租界的那幢房子。我按铃、敲门、从窥视孔里看了又看，里面没人！我又在其他晚上去了几次，结果相同。他们抛弃了我！为什么？因为我提供的情报不令人满意吗？他们看出我在托洛茨基主义的影响下开始动摇了？他们觉得我沉迷于上海的诱惑，成了个花花公子？还是任务已完成，他们要切断所有没用了的联系？对此我至今仍不得而知，但在 1940 年夏天，作为一个不再有任务在身的特工，我离开上海去往中国内地时，似乎找到了答案。

时下的我陷入了经济困境。付给特工的薪水很低，但加上我在

拉木材　柯鲁克摄

圣约翰大学的工资，也够我过一种相对舒适的生活并在这座“不夜城”找点乐子的了。我去找圣约翰大学的教务长，问他考虑到生活成本的不断增加和飞速的通货膨胀，能否给我涨薪。这位夹在牧师领里的长者从眼镜镜片上方盯着我。他说他理解并同情我的处境，但“唯一能给你涨工资的方法是你加入教会”。“我恐怕没法这么做，”我脱口而出，“我是个无神论者。”值得感谢的是他没有当即辞退我，只是拒绝了我涨薪的要求。于是我就采用了其他中国教师在类似情况下采用的办法，找了另一份工作，同时在两所大学上课。

我的第二个岗位在苏州大学，学校从日军占领的苏州城避难搬到了上海公共租界里南京路上的一栋办公楼里。圣约翰大学坐落在公园般的庭院里，绿草茵茵，校园里生长着高大的柏树和桉树，而苏州大学的所在地缺少这种迷人的田园气息。南京路，特别是它接近外滩的下段，白天是熙熙攘攘的商业中心，到了晚上街边站满了妓女，她们原本是穷苦农民家的女孩。走下小巷，吸食鸦片的病态景象展现在眼前，头顶飘来麻将牌的噼里啪啦声。天亮之前，装满粪便的“蜜车”队伍从街上经过，空气里一片恶臭。寒冬时节，紧

将冰块挑到沿黄浦江而上的专运食品的帆船上。冬季期间，从结冰的池塘和小溪里以半英寸左右的厚度将冰一片片收集起来，一层压一层地放进盖着厚厚茅草的半地下仓库里。即使在炎炎夏日，冰也能保持不化　柯鲁克摄

随其后的是市政街道清扫部的卡车，收走因露宿街头而冻死的乞丐和难民的尸体。这就是冒险者的天堂，就是我任教的苏州大学的周边环境，直到我离开上海。

既然已被切断了联系，这里就没什么留住我的原因了，我也不急于回到战时的英格兰。在我带有托派色彩的意识里，这是场敌对的帝国主义力量之间的争斗，加上英国共产党的“假战”路线，让我觉得战争与我无关。不过我依然感到困惑和焦虑，以至于某天晚上和我的教友派信徒朋友赫伯特·霍奇金——我信任他的人品——一起沿南京路散步时，我暗示了自己曾做的工作的性质。我并没谈及细节，只不过告诉他我曾“为俄国人干活儿”。我相信他会坚守不告诉任何人的承诺。这给了我必要的安慰，可以和至少一个人类同伴说实话的安慰。我从没和其他人谈及此事，直到大约一年后遇到

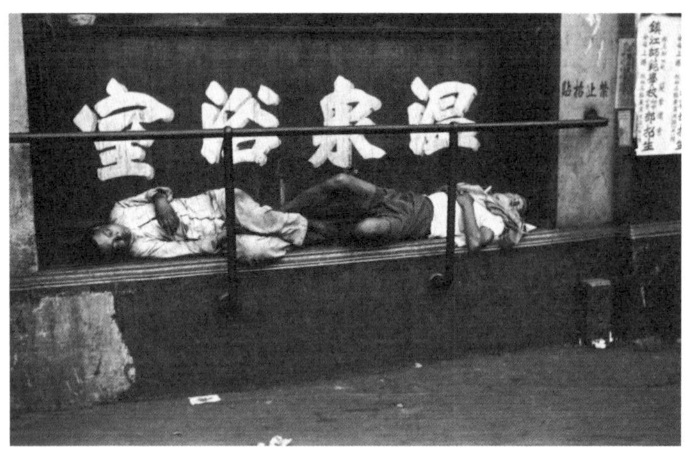

在商户窗台上睡觉的苦力　柯鲁克摄

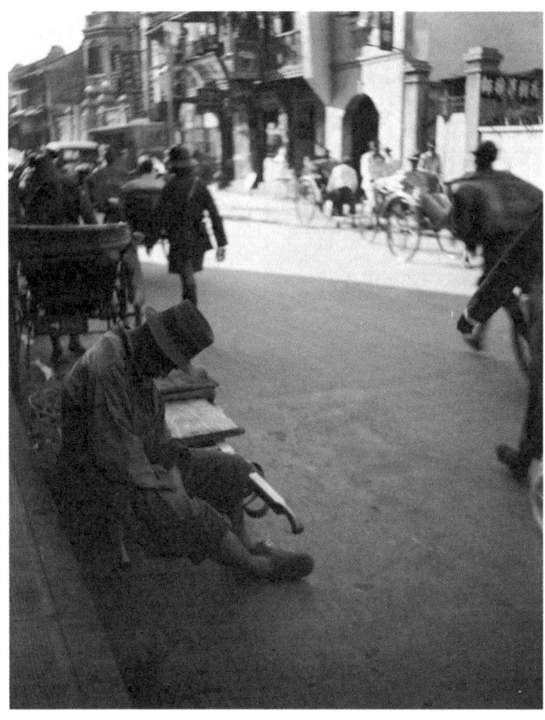

街边的苦力
柯鲁克摄

街头牙医将一串串牙齿挂在自己的摊位上，当作商标
柯鲁克摄

上海市政局提供预防霍乱和伤寒的免费接种服务　柯鲁克摄

卖糖的男孩儿　柯鲁克摄

卖荸荠
柯鲁克摄

卖报纸的小男孩
柯鲁克摄

将和我结为夫妻的那位女性。

与此同时，我决定去看看上海公共租界这座“孤岛”之外的真正的中国。

回想我近半个世纪前在上海度过的两年，首先跳进脑海的不是我的反托派工作，而是我在那里结识的人们和我对这座城市仅有的了解。这些人里不但有为融入格拉斯的记者圈子而不得不结交的，还有出于个人兴趣和性情而结交的，因为我是个有良知的政治动物，因为这是我第一次来到东方，因为当时年轻的我渴望新的经历。

任教于一所教会大学且是基督教青年会的活跃分子，我比以往任何时候都更深地进入了基督教的圈子里。自然，我最熟的人不可能是原教旨主义者或传教士，而是青年会和女青年会的干事们，以及其他同情共产党的左翼人士，甚至是共产党的秘密党员。

混迹于记者中间，我结识了埃德加·斯诺当时的妻子海伦·福斯特·斯诺（即尼姆·威尔斯），当我告诉她我想结识关心社会的中国人时，她向我介绍了两位给纺织女工上识字课的基督教青年会干事。看出了我的左翼倾向，这两位干事转而把我介绍给了中国基督教青年会里的同事。我和这些人探讨基督教教义是否可以和马克思主义相容的问题，他们说可以，我反对。我并不知道他们中的某些人或者全部是不是中共地下党员，但青年会和女青年会的干事在新中国成立后都担任了政府职务。

我还有另一种风格的朋友。舍恩，那位极力主张并帮助我去哥伦比亚大学念书的纽约商人，曾经将我介绍给他的亲戚艾米莉·哈恩[1]，朋友们都叫她米奇。当时她和我一样在上海教书，虽然谁也没把她当成那种学校里的妇女。她是一位美丽、充满魅力的怪人，今天因其著作和在《纽约客》上的文章而闻名。当年的她抽鸦片，养了一只宠物长臂猿，这只猿是个爱社交的家伙，用它的手指蘸客人们的鸡尾酒，蘸了几下后就退到高脚橱柜的顶上，陷入酒醉的昏迷中。最开始我以为米奇本人也会在吐出几团鸦片烟雾后进入梦乡，但看起来这只让她的谈话愈发有趣。她那位管她叫“我的洋妃子”的中国情人将 T.S. 艾略特的诗歌翻译成了中文。在这样的圈子里不难结识各种有趣的人，从外交官到风流艳女无所不有。米奇将我介绍给了其中一些人，还试图为我和一位叫加利娅的白俄罗斯漂亮姑娘牵线搭桥。对我而言这是段漫不经心的关系，但另一边却显出了认真的苗头，特别是我某天半夜陪她参加从俄罗斯东正教教堂开始的复活节游行之后。不过，在一次关于电影的争论后，我成功地从这段关系中脱身了，那是部反映玛丽·安托瓦内特[2]的生命与死亡的电影。加利娅哭了，而我引用了托马斯·潘恩的话：“人们惋惜羽

---

〔1〕　中名文为项美丽。——编注

〔2〕　即法王路易十六的王后，后被送上断头台。——译者注

毛而忘记了将死的鸟儿。”这就是我们关系的结束。米奇则有见识得多，她的社交圈子显然并非完全不带政治色彩。她和一位中共地下女党员杨刚交好，并为其提供庇护，杨刚将毛泽东的《论持久战》翻译成英语，米奇则将其发表在她办的一本短命的杂志上。她也在这本杂志上发表过一篇我的文章，关于上海社会和在种族问题上的势利现象。

这些社交使我得以冒充成一个我不是的人。

我到底是一个什么样的人？显然我的精神世界很复杂。并非仅仅由于需要将一个斯大林主义者伪装成托派同情者，或是一个无神论者却在教会学校里教书。人民的穷困、乞丐的悲惨、妇女受的压迫，以及社会的腐败、种族不平等和势利深深震惊了我。在我的要求下，詹森曾带我去过纺织厂，在那里童工们的工作时间长得不人道，他们的手在难以忍受的热水里进进出出。他还带我去过穷街僻巷里的灯泡厂，那些童工工作的灯光昏暗、散发阵阵恶臭的血汗工厂。但我依然为这座罪恶之都的声色犬马而着迷。我听从了詹森的建议，跟着一位自称曾是沙皇骑兵部队军官的白俄罗斯人学骑马，然后我们又和一位中国（男）老师学跳舞，以便光顾仙乐斯、百乐门和其他提供伴舞女郎的所谓的士舞场和夜总会。在那些地方，身穿高开衩紧身丝绸旗袍的苗条而性感的女招待们深深迷住了我，她们在镶木地板上优雅滑行时，中国不同政治派别的秘密特工在走廊上互相谋杀。即使这些乐子也会让人接触到这个社会处于封建、殖民状态的现实，詹森在某次导览中为我解释，舞厅间有等级之分，在仙乐斯和百乐门花一美元可以跳三支舞，除非某些人另有图谋而付更多的钱；在不那么高档的舞厅里一美元可以买 15 到 20 支舞，这种舞厅里的女招待是笨拙的农村女孩儿，穿着蓝布棉长袍，人贩子付给她们饥饿的父母一点少得可怜的钱之后把她们带到了这座城市。她们当中足够漂亮和聪明的人渐渐变得举止优雅，学会了跳舞时不踩到顾客的脚趾。她们就这么一步步地奋斗，跳向更昂贵的舞厅。在那儿，或许她们会吸引某个有钱人的目光，成为他的情人或妾。然后呢，当她们年老色衰之时？詹森没有明确地回答我，不过他带我去看了曹禺的悲剧《日出》，话剧描述了一个这样的农村女孩的悲剧人生和死亡，她的父母为了不让她饿死把她卖了出来，之后她被迫成了妓女，最终自杀。

舞女的命运不比她们的男性对应者——黄包车夫——好多少，后者的职业生涯只有大概七年。在这些年月里，他们挣扎在饿死和累死的边缘，快要把肺咳出来，还因为稍微违反了一点交通规则而被警察找麻烦。他们身处和同行的残酷竞争中，为了抢先跑到潜在客人面前而自杀般地冲进汽车车流，横穿马路，还要在接下来的价格大战中接受最低报价。我记得一件和黄包车夫有关的事。当时我坐了黄包车去一家兑换店兑换（特工组织以美元形式发给我的）“莫斯科白银”，银行办事人员试图骗我，少给我大概值 50 美分的钱。我讨厌被骗，和办事人员一直理论到他承认他弄错了，把钱给了我。我转手把钱给了拉我过来的黄包车夫。

这就是我对在旧上海的两年的回忆，1940 年夏天我离开了那里。

在和基督教青年会有联系的中国朋友的帮助下，我在“内地”落实了一份工作，在南京大学，当时该校已撤退至南京西边一千多英里的成都。

我的薪水不高——如果我没记错的话是每个月 25 美元，外加提供住宿；不过我毕竟只是一个在当地被聘用的非传教士。于是，为了提前挣点钱，离开前我接受了圣约翰大学让我教授一门暑期课程的要求，不只是为了钱，还为了能自由地教任何我喜欢的内容。我决定开一门关于讽刺文学的课，从阿里斯托芬到萧伯纳，包括拉伯雷的《巨人传》、塞万提斯的《堂吉诃德》和我在哥伦比亚大学读的其他作品。拉伯雷的作品带来了些麻烦，一次一位娴静害羞的年轻女生向我哭诉：“我们真要读这些东西吗？太下流了！”我想，来点

相当于 W. H. Smith's 的街头书摊——小读者们正在看书（注：W. H. Smith's 是一家英国零售公司，其业务范围包括在高速路、火车站、机场、医院等地方开设连锁店售卖书籍、报纸、杂志等） 柯鲁克摄

剧院外的霓虹灯广告。在剧院里可雇到各种风格的女艺人
柯鲁克摄

挤满了人的小巷，激动人心的麻将　柯鲁克摄

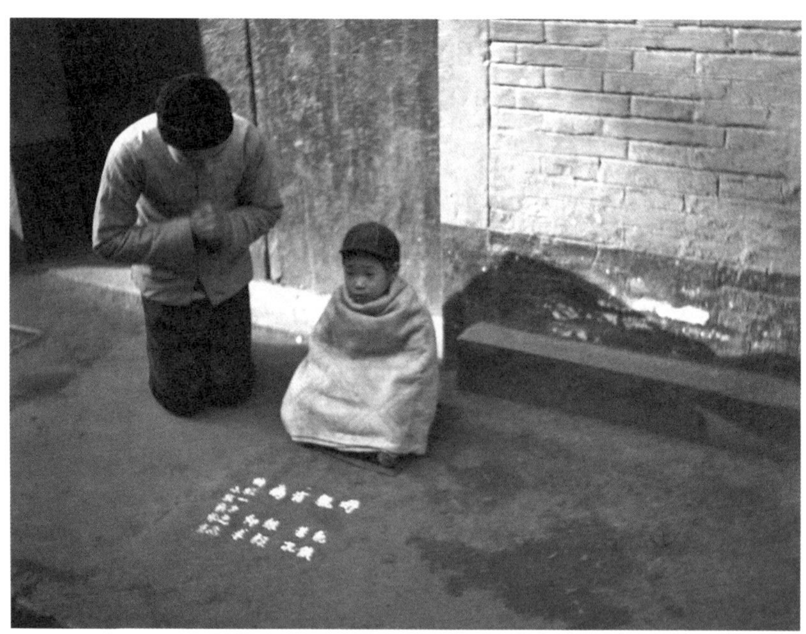

乞丐面前的道路上写着简短的生活故事，以引起注意，唤起同情　柯鲁克摄

绕线轴　柯鲁克摄

纺织女工　柯鲁克摄

赛马场里的观众 柯鲁克摄

拉伯雷的接地气的反教权主义，和他那反程式化的教育，对这些年轻女士、先生大有益处，于是我坚持他们必须读完，不过拉伯雷有些诙谐机智的粗俗文字他们怕是理解不了，我也没有一一阐明。

当暑期讽刺文学课落幕，我也踏上了向西的征程。

这段旅途令人身体劳顿而精神振奋，将我从自己的政治麻烦中解脱了出来。我先是乘船沿着海岸线南下至香港，当时那里还不是今天这般的“经济奇迹”，而只是一个充满了血汗工厂的城市，与上海有着相同的堕落的欢愉——对那些能消费得起的人而言。不过，从波光粼粼的海平面上升起的太阳照耀之下，多山的岛屿景色壮丽。之后到了“法属印度支那”的海防市和河内，在那里我既享受说法语，又享受了红酒。接下来是坐窄轨火车，穿过茂密的森林驶向中国边境，迂回曲折地爬上高山，山上那些围着长头巾、被夸张的披风包裹着的少数民族会下到火车站来卖烤玉米。在火车上，小贩们在车厢之间的空地上支起小炉子，做面条、粥和鸡蛋。一次，某座桥被炸断，我们不得不下车，乘小船过河，到河的对岸上另一趟火车。中国饱经战争摧残，对于熟悉中国状况的旅客而言，这一切已习以为常。

在一篇一年后发表于纽约的文章里，我描述了这次火车旅程。

> 经过一条长长的山洞隧道，我从煤灰里钻出来，在惯常的停车期间带着香皂和毛巾冲到车头，就着锅炉里滴出的涓涓细流洗脸，这是整列车上最接近盥洗室的地方了。从热气腾腾的毛巾里抬起头来喘气时——我已采用了中国式洗脸法——我吃惊地听见有人这样和我打招呼："先生，您好。您这是去哪里？"——以那种美国教会学校里中国学生所说的明白而清晰的英语。我的提问者和我互致问候，当发现我是去内地教书时，我的新相识邀请我到他的学生伙伴那儿去——在四等车厢。
>
> 我们挤过塞得满满的通道，跌跌撞撞地穿过尖声号叫的猪群，它们被捆在地板上呼噜着，穿过咕咕叫的一篮篮鸡和哇哇大哭的孩子，来到了四等车厢。这就像是已经满载的货车又塞进了地铁高峰时期的一群人。车厢中央是一座杂七杂八行李堆起的六英尺高的山，它的顶部被几个显然是山里人的旅客铺成了自己的卧铺。其他旅客分布在不那么危险、也不那么舒服的地方，坐在木盒子、柳条箱、窗台上或者地板上。在这一切当中，我被隆重地介绍给了这里的学术团体。
>
> 这些人可不是穿长袍、戴眼镜的老派书生，体型健壮的男人们身着宽松的裤子和开领卡其衬衫，女孩们则偏爱蓝色的一件式连体服，这在西班牙内战期间是著名的民兵制服（后来我在大学校园里见到了其中几个女孩，穿着端庄得让人认不出来）。
>
> 这群人里有刚刚从芝加哥大学念研究生回来的李小姐，说着中西部口音明显的流利英语，她正去往和我同一所大学教社

会学的路上。还有小魏，刚刚从上海某大学毕业，现在要去贵阳，他将在那里做基督教青年会的学生工作。人群里有一对性情开朗的高中生，女孩留着典型的充满少女气息的中式刘海，勾勒出一张曾经顽皮的天使般的脸，她和一个年龄相仿的男孩刚从南海岛屿回来，在那里，他们跟随大名鼎鼎的武汉合唱团，为海外华人团体演唱爱国歌曲，为抗战募捐。他们也为我们唱起了令人陶醉的歌，伴随着我们摇摇晃晃的火车哐当哐当穿过深邃的峡谷，越过人烟稀少的云南省内耸立的高原……

最终我们到了春城昆明，云南省的省会。我前往汽车站，到办公室买一张去成都的票。办事人员面带微笑地看着我，惊讶于我的天真，然后说："对不起，三周之内没票。"不过，我毕竟不是那么天真。我准备了一张圣约翰大学办公室的一位女孩帮我写的便条，写给她的"叔叔"。"请进，请进，"主管见了条子便从办公室里把我叫了进去，"你想什么时候走？明天？没问题。"于是我开始了这辈子最奇特的公共汽车之旅。在此期间，我和间谍组织的脱离之谜以令人震惊的方式解开了。

这趟公车旅程漫长而且迂回，到达我受聘的成都之前，在贵阳和重庆间的城市里穿来穿去。中国旅行社的告示说，每天行程结束时我们应该到达一个像样的中旅旅社过夜。然而每天傍晚时分，在抵达预定停车点之前，司机就会开始咒骂。发动机"坏了"。司机下车，胡乱鼓捣一阵，然后宣布我们不得不在这个小镇过夜，而我在旅途中结识的一个年轻闹腾的美国旅伴早已洞悉其中的奥妙。"为什么到点儿就坏？"我问。"嗨，不是司机和当地旅店老板勾结，就是他在镇上有女朋友。"不管是哪种情况，除了在我们换乘的大城市，从无例外。每次车一"抛锚"，我和我的朋友就冲出汽车，冲到镇上的街道去找一个还算像样的旅馆。所有这些旅馆都有跳蚤、臭虫、蚊子和老鼠大批出没。一天夜里我被动物的鼻响声惊醒，发现房间里有两头猪。睡觉的最佳地点不是饱受虫害的床，而是几张正方形的茶桌。

在贵阳过夜时，我顺便拜访了一些当地的美国传教士。我们一起喝茶听广播。消息传来了，托洛茨基在墨西哥城被暗杀了。原来如此！作为一个可被牺牲的走卒，我已经完成了自己的使命，在一张编织于莫斯科，从西班牙延伸到墨西哥，上海也被网罗其中的世界范围的大网里。

我百感交集。我很震惊，但不觉得深刻的愧疚。和弗兰克·格拉斯的接触改变了我对托洛茨基的态度，在我过去认定他是罪恶化身的信念里播下了怀疑的种子。但仅仅是种子而已。我的“斯大林即美德”的信念并没有因为我对莫斯科审判小小的疑虑而彻底动摇。那些审判令人难以理解，但不一定是错误的。对于托洛茨基和斯大林各自的看法在我心中扎根已久，不可能轻易否定。因此我对此事的理解是，托洛茨基因背叛苏联而有罪，被判死刑。但这一判决无法在苏联执行，因为他不在苏联境内，于是只好在国外执行。对此我并不觉得有什么问题，而且良心也不必受谴责——当时我是这么想的；我只能根据当时的信念和所知行事。而今天这一切已沧海桑田。现在我想的是，如果托洛茨基能寿终正寝，历史会是怎样？但“如果……历史会……”最多只能当作消遣的智力游戏，在这里就不玩了。在一次漫长而令人兴奋的旅途中，我得知托洛茨基被暗杀了。我必须继续我的旅程。

我们的车突突响着爬上山，挂着空挡溜下山，司机相信这样省油，省下的油可以卖到重庆的黑市上去。某段山路有七十二个弯，其中一些太急太窄，汽车无法一次转过去，只能来来回回地挪动——朝着悬崖。向下可以看到冲出路边、翻着跟头摔毁的卡车。不过不管怎么说，最终，我们还是到了。

作为以上种种危险和不适的结局，刚到成都我就被安顿进一间舒服的公寓里，位于卫理公会的大院里一座木头房子的二层，还有一个“男孩”——一个年轻服务员——为我服务。楼下一对和善的中年夫妇也像父母一样照顾我，不过是以善解人意的方式。事实上那位丈夫，查理，实在是非常通情达理，他让我和他一起去花园里采桑葚，放进当地的烈酒“大曲”里去，否则这种酒尝起来就像火焰。这使我调整了对卫理公会传教士的看法。不过我们在一些关键问题上意见相左，比如关于战争的结果。查理说德国人一个月内就会拿下莫斯科，我和他赌五美元，德国人永远也到不了。五美元占了我月薪的五分之一，但即使我对斯大林存有怀疑、困惑和犹豫，我对苏联人民的信念从未动摇。我押在他们身上的可不止五块钱。

到达成都后不久，我受到了三位住在卫理公会大院另一幢房子里的未婚女士的邀请。我被要求穿无尾礼服。因为在上海新做了一件且长途奔波地将其带到了“内地”，我满足了着装要求。这种对于穿着的态度，真是倒退回了我的前共产主义的年轻时代。

然而正式的西式晚餐并非我在成都的典型社交生活，因为我想尽一切办法融入中国职员中去。我找到了一位年轻的会计与我合租，他邀请我加入了他们办公室年轻职员的圈子。在那里我们吃火辣的川菜，我心目中的最佳中国菜。

还是1942年的那篇文章：

> 在那几个晴朗的夏月里，空袭几乎成了例行公事。感谢前后大概持续一个半小时的极妙的三警报系统，学校的时间表只受了轻微影响。预先警报引起的课堂骚动远比不上一个十足搞笑的错误。第二次警报之前课堂根本不停，而当警报真正拉响时大家就像听到下课铃一样若无其事地解散。
>
> 日本人一成不变、毫无创意的守时的确帮了大忙。可以放

心，他们总会在上午11点半左右出现，所以只需简单地把中国大学的时间表调整成和日本空军一致即可。在夏天，上午的课被提前，大概7点开始11点结束。接下来两个学时留给空袭。下午的课推迟一小时开始，这时空袭一般都结束了。如果还没结束，课程则被自动挪到解除警报响起半小时后开始。于是，修改后的夏季时间表是：上午的课、空袭、午饭、下午的课。

不过，我不否认官僚习气的弊端一直存在。这种感觉时不时就冒出来，这是一场“劳苦大众的战争”，一些知识分子用以下论调来解释自己在前线的永远缺席——像他们一样受过高等教育的人的生命太宝贵，不能轻易被放弃。虽然这种说法在很大程度上道出了实情，但也是逃避者的惯用借口。例如，从医学院毕业后，不是所有的年轻医生都急着参军或进入红十字会或政府部门；相反，不少人在直到近期还算得上避难所的上海和香港开起了利润丰厚的私人诊所。过度的个人野心减弱了自我牺牲的精神，对国家的忠诚依旧抵不上对家庭的孝道。

然而，有一个因素多少算得上是对此风气的当头一棒，那就是经济状况的危急。中国的物价像坐上了火箭，造成此局面的原因有些是合理而不可避免的，有些则不然。像其他人一样，学生们也感觉到了这种紧缺，特别是来自沦陷区的难民学生和家庭收入主要靠种地因而变得拮据的学生。政府对于大米和生活花销提供了补助，在公立学府里还提供免费教学，但大米的价格往往是战前的三十倍，随着上海和香港的沦陷，工业制品的价格更是高得离谱。因此政府补贴注定是不足的。于是从贵族气的官僚传统里走来的中国学生，不得不开始效仿他们那从自由民主背景里出来的美国同学，靠干活挣钱完成学业。

在一个“面子”无比重要的社会里，这是一个极其艰难而需要缓慢适应的过程。不过，上个夏天，将所谓尊严抛到九霄

> 云外，大学生们在西部中国的水田及膝深的泥泞里干活，种植大米和蔬菜。或许他们算不上能干的庄稼人，要不是有津贴补助、被保证了学校社区为受保护的市场，他们无法与一般农民竞争。但这些新近变得贫穷的知识分子农工，全然不顾班上势利的同学的嘲笑，公然违背自己上流社会的家庭背景，开始从事或许将被证明是对国家最重要的事。
>
> 课堂之外，学生正逐步了解这个使其双手沾满泥土的重要行业；课堂之内，不知变通、陈旧过时的教育方法常常给学生适应迅速变化世界的努力泼冷水。评论波旁王朝成员的那句话可以几乎不加变动地用在旧式中国学究身上：他们什么都记住了，也什么都没学会。中国学生拥有超强的记忆力，可以整段整段地背诵书本或演讲的内容，然而不幸的是，这种本领足以应对当下的学术要求，使得学生没有足够动力去学更难但更有用的东西——独立思考。

我的教学还使我接触到学生的生活，特别是英语写作课，课上我会布置以系列形式完成的自传或家史，每周一次，单独辅导。但鉴于当时普遍的政治风气，写作者们倾向于小心翼翼。不过，一位戴眼镜的认真的年轻女生——她给我上中文课——有一天告诉我："在我们中国人心里，基督教、帝国主义和鸦片都是绑在一起的。"这让信奉马克思主义的我吃了一惊。我问她为什么？她用对19世纪中期鸦片战争的充满爱国情怀的慷慨激昂的讲述回答了我。相比于中文，她教了我更多关于中国的其他东西。

另外一群让我对中国的历史和政治有所了解的人是基督教社会主义传教士，其中一些成了我一生的朋友，包括文幼章一家、云从龙一家、肯纳德家。我受邀参加了他们的地下学习组，学习组探讨的主题以"国共关系史"这种不会惹麻烦的题目做掩护。即便如此，

市郊的人群向较安全的乡村转移，直到空袭结束。成都，1940—1941　柯鲁克摄

推车的苦力正在车上休息。装满了纺织品和其他货物的手推车从城里的店铺撤退出来；一旦空袭结束，车马上推回去，店铺立刻恢复营业。成都，1940—1941　柯鲁克摄

从南京大学撤退至成都的年轻教师正热切地阅读战事新闻。灌县，1940—1941　柯鲁克摄

施肥。这位农民正撒向地里的肥料——尿，是从城里的茶馆买来的。成都，1940—1941　柯鲁克摄

柯鲁克将在成都及附近地区所拍摄的照片做成明信片的形式，正面是图，背面是文字说明

典型的茶馆——相当于欧洲大陆的咖啡馆或莱昂斯 。服务员正分发冒着热气的毛巾，站在左边的一位客人正用毛巾擦脸。每位客人可以半便士的价格享用不限量的绿茶——不加奶也不加糖。成都，1940—1941（注：莱昂斯原文为 Lyons。Lyons 是爱尔兰一知名茶叶品牌） 柯鲁克摄

这已是蒋介石统治时期中国政治氛围下安全的极限，特别是晚上在云从龙家聚会的群体中还有一些中国人。另有一些不定期来的人，包括（当时在成都学习助产术的）韩素音和杰克·贝尔登。这个群体里的成员对于中国生活的认识激进、严肃而渊博。我从他们那里学到了很多，他们也认为我在西班牙的经历让我也能做出些贡献。但我对于自己的政治立场感到困惑而不确定，并且对我信任的几个人说过我是个共产主义者，但在一些问题上对共产党持有异议。多年后我发现当时这个团体里的两个人是，或者后来成为了，各自国家的共产党员。其中一位曾将我介绍给中国共产党的地下党员，但由于自己不确定的政治立场我没有继续联系。如果我继续了，或许能更好地融入校园生活，因为这里的学生比圣约翰的学生政治自觉

性要高很多。这个学习小组重新激发了我去延安的兴趣，我和一位曾到过那里的传教士讨论过这一问题。不过此时（1940 年）冲破国民党对共产党边区的封锁比以往任何时候都更难了，还有其他政治和个人的原因使我放弃了去延安的想法。

政治上的原因是 1941 年 6 月德国对苏联的进攻。对我和其他共产主义者而言，这改变了第二次世界大战的性质，使其从帝国主义之间的战争变成了反法西斯战争。对此我觉得自己匹夫有责，就像在西班牙的反法西斯主义战争一样，所以我决定回英国去参军。而个人原因是我遇到了伊莎白，我在离开成都回家前和她订婚了。

离开上海前我曾和一位美国熟人说我要到内地去了。他说："那你要么会娶一个传教士的女儿，要么会娶一个中国人。"我想都没想就回答："那么肯定是个中国人。"我错了：我娶了一个传教士的女儿。之前我从没认真考虑过和任何人结婚。我会为女人着迷，但我决意献身革命，不能想象自己作为一个丈夫，更别提一个有孩子的家庭好男人的样子。过去十多年里我都在一个不安稳的世界中过着不安稳的生活，如今这一切正飞速变得更加不安定。我喜欢在哥伦比亚大学学到的亚里士多德的一句话，"男人是政治动物"，而且我还有政治上的允诺要坚守。女人可以，婚姻就算了。但一个女人改变了这一切。

我的朋友，特别是中国朋友，和儿子们、亲戚们常常问我俩是如何相识并相爱的。伊莎白总避免回答这个问题，而我不是那么不情愿，尽管我怀疑自《圣经·雅歌》以来，关于爱情，日光下已无新鲜事。不过我们恋爱期间的几件事或许值得一提。

伊莎白的妹妹茱莉亚当时在西南联大校园里的南京大学英语系教书，我也是。一天她病了，伊莎白替她来上课。我正在系办公室里改卷子，"茱莉亚"进来时我快速地抬头看了一眼，说："哦，你换发型了"，然后继续低头干活。这就是我对她说的第一句话。而几天前伊

柯鲁克在成都
约 1940 年

伊莎白早年身穿中国
服装的照片

在成都学校里任教的伊莎白骑自行车参加活动，雨后泥泞，于是把车扛在肩上　1940 年

右一为“追”着伊莎白到她工作场所的柯鲁克　1940 年

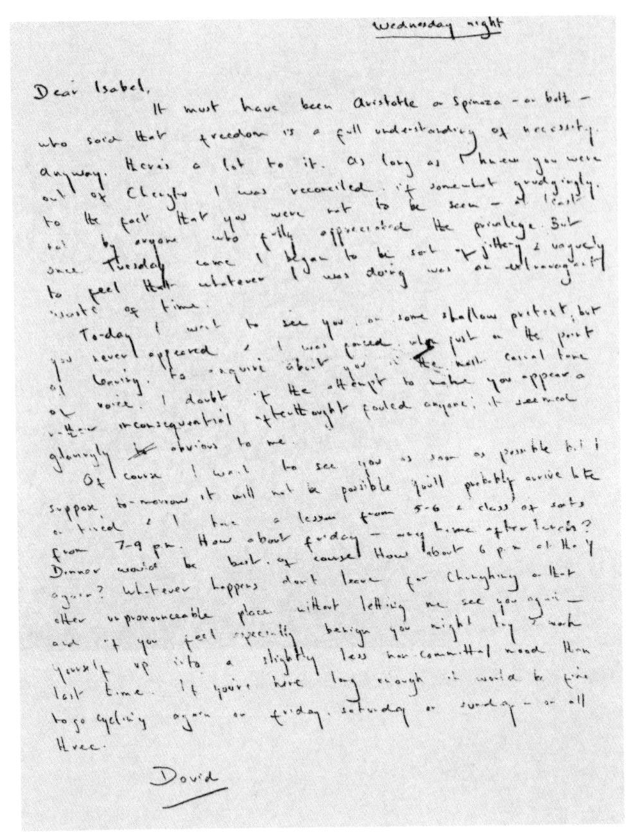

Wednesday night

Dear Isabel,

It must have been Aristotle or Spinoza – or both – who said that freedom is a full understanding of necessity. Anyway, there's a lot to it. As long as I knew you were out of Chengtu I was reconciled, if somewhat grudgingly, to the fact that you were not to be seen – at least not by anyone who fully appreciated the privilege. But since Tuesday came I began to be sort of jittery & vaguely to feel that whatever I was doing was an extravagant waste of time.

To-day I went to see you on some shallow pretext, but you never appeared, & I was forced, when just on the point of leaving, to enquire about you in the most casual tone of voice. I doubt if the attempt to make you appear a rather inconsequential afterthought fooled anyone; it seemed glaringly obvious to me.

Of course I want to see you as soon as possible but I suppose to-morrow it will not be possible. You'll probably arrive late & tired & I have a lesson from 5-6 & class of sorts from 7-9 p.m. How about Friday – any time after lunch? Dinner would be best, of course. How about 6 p.m. at the Y again? Whatever happens don't leave for Chunghing or that other unpronounceable place without letting me see you again – and if you feel especially benign you might try & work yourself up into a slightly less non-committal mood than last time. If you're here long enough it would be fine to go cycling again on Friday, Saturday or Sunday – or all three.

David

柯鲁克写给伊莎白的情书

莎白的态度就更随意了。当时姐妹俩路过我正在打球的网球场，茱莉亚说："看，这就是新来的那个英国人。"伊莎白透过树篱匆匆一瞥："对我来说个子不够高。"就走了。与此同时当地的年轻男人，就像年轻男人们通常那样，议论着当地的年轻女人，一致认为伊莎白是所有女子中的翘楚。不久我问其中一个男人他周末干了点什么。"嗯，上星期天我和伊莎白·布朗一起骑车来着。"我跑去买了一辆二手自行车，下个星期天就是我和伊莎白·布朗骑车了。从那以后我们就一起骑车，至今已近半个世纪。我还追着伊莎白去过她正在做社会学研究

1938年11月3日，伊莎白父母送她出发考察前留影

的重庆附近的村子。在不同时间，杰克·贝尔登也做过同样的事。对此我们交换了想法。"是的，"杰克说，"她很不错。不过老实说，太有个性，吓坏了我。"他说的有道理，但也许我不那么谦虚，或者说更莽撞。1941年夏天，我们一行六人（包括我的一个男学生在内）去当时西康省的打箭炉（康定的旧称）长途旅行。我们徒步了六天，穿过森林茂密的群山，脚下峡谷河水奔流，头顶远山白雪如盖，所走的路和五年前红军长征的路线部分重合。然后我们骑着马，在零星居住着游牧牧民和铺满野花的草地上度过了十天。我们爬到了海拔17000英尺的地方。在那个高度，人比马呼吸得更顺畅，而伊莎白和我比其他人呼吸得更顺畅，我们之间的爱意正不断发酵。这次旅行持续了六周，在此期间我蓄起了胡须。回到成都我刮掉胡子，向她求婚——被

接受了。我将此归功于伊莎白猛然见到我不再像豹子一样胡子拉碴时所产生的震惊。尽管比大多数传教士开明得多，但发现女儿和一个无神论者订了婚所产生的震惊也让她的父母陷入痛苦，更何况我还是个犹太人，是个反对禁酒的人。对于来自加拿大的卫理公会派而言，酒是他们反对的主要目标之一，因为在加拿大烈酒是个社会问题。为了赢得他们的好感，我送给他们一个从藏族小贩手里买来的漂亮银质容器，我想象着那是个茶壶，结果发现是个酒壶。这件礼物引发了关于酒的罪恶的长时间争论，我的论据是《圣经》里经常正面提到酒。最终我们友好地决定求同存异。至于我的政治观点，我未来的岳父岳母是有社会良知的人，他们认为献身于某项社会事业，即使是他们不认同的事业，也比投身于个人利益要好。而我的犹太身份并没有引起太大注意，随着时间推移自然就被忽略了。

而在这一切之前，在那些我和伊莎白并肩散步或骑车的许多个日子里，我们谈了很多，特别是关于宗教信仰的问题。我弃绝犹太教已久，而伊莎白虽然陪着她父母在成都上教堂（我也去，为了能和她待在一起），已经开始质疑她从小浸淫其中的基督教。同时，她对大多数传教士的生活方式也持有尖锐批评，那些人住大房子、仆人众多、享用进口物品的舒适生活与中国基督教同事们低得多的生活水准形成了巨大反差。在我鼓励她的异端思想的同时，她也为我开启了了解中国的窗。我们的旅行团体雇了几个搬运工背我们的帐篷、高海拔所需的保暖衣物和为旅途中没有食物来源的地方所备的军用干粮。这些搬运工都是鸦片吸食者，我们行进的节奏取决于他们在能抽上鸦片的地方的停留时间。我得知这些人大多是无力还债而失去了土地的穷苦农民，他们抽鸦片是为了让痛苦的生活变得可以忍受。用背篓背负我们不太沉的行李对他们而言不算最艰苦的工作，他们常常要走过海拔 10000 英尺的地带，把茶叶一路背到西藏去。每个人都有一根结实的 T 形棍，每向上爬大概 100 码就停下来，活动活动膝盖，将货物放在T形棍水平的部分上。一次，当我们在海拔10000英尺的木屋里避风雨时，遇到一位正在休息的搬运工。我拿起了他的货物想试试重量。当时我年方三十，吃得很好，身体健康。我最多只能跌跌撞撞地从10英尺小屋的一头走到另一头。这让我理解了搬运工们为何要抽鸦片，即使这会要了他们的命：他们不卫生的饮食常常使他们患上痢疾，而当地对此的治疗是鸦片。但当他们变得需要天天抽的时候，治疗失效，生命结束。鸦片的生产控制在大地主手里，他们强迫佃农种植罂粟。鸦片交易则由当地军阀掌控，五年前他们就在我们脚下的这片山里和红军打仗。红军涂写在巨石和悬崖上的反军阀标语仍然依稀可辨。经过泸定桥的时候，我回忆起埃德加·斯诺关于五年前长征中23位跨过这座桥的英雄的记述——他们手拉着手，随着铁锁晃动，腿脚悬空，下面是奔流的河水，抽走了桥面的敌人的机枪从对岸向他们喷吐着火舌。23个人中的一些牺牲了，但冲过去的摧毁了敌人的火力网，为后面的红军部队杀出一条路。

在旅途中我们也走过了那座桥——踩在重新铺好的木板上。当时我们沿着冰冷刺骨的河流向打箭炉攀登。在那儿我们租上马，和马匹的藏族主人一起骑过野花遍地的草地，向着我们的目的地爬去。我们的目标是看到（而不是攀登）贡嘎山，一座海拔25000英尺的山峰，顶部覆盖的冰就像一座金字塔。在海拔17000英尺的高度上，从一个对其保持了足够敬意的距离望去，那座冰雪金字塔从云中露出了真容。八年前一个美国探险队曾爬过贡嘎山。登山者在一座道观里扎营，道士告诉他们山顶有一坛金子。登顶之后回到营地时，道士们问他们是否找到了金子。“没有，”他们回答，“根本就没有什么金子。”“那就说明，”道士说，“你们没爬到顶。”

我必须要详细描述一下这次以我的订婚为结束的旅行里的另一个片段——令我羞愧的片段。当时我们正在崎岖多石的山间小路上小跑前进，我因为自己的平足落在了后面，一个藏族人跟在我身边，

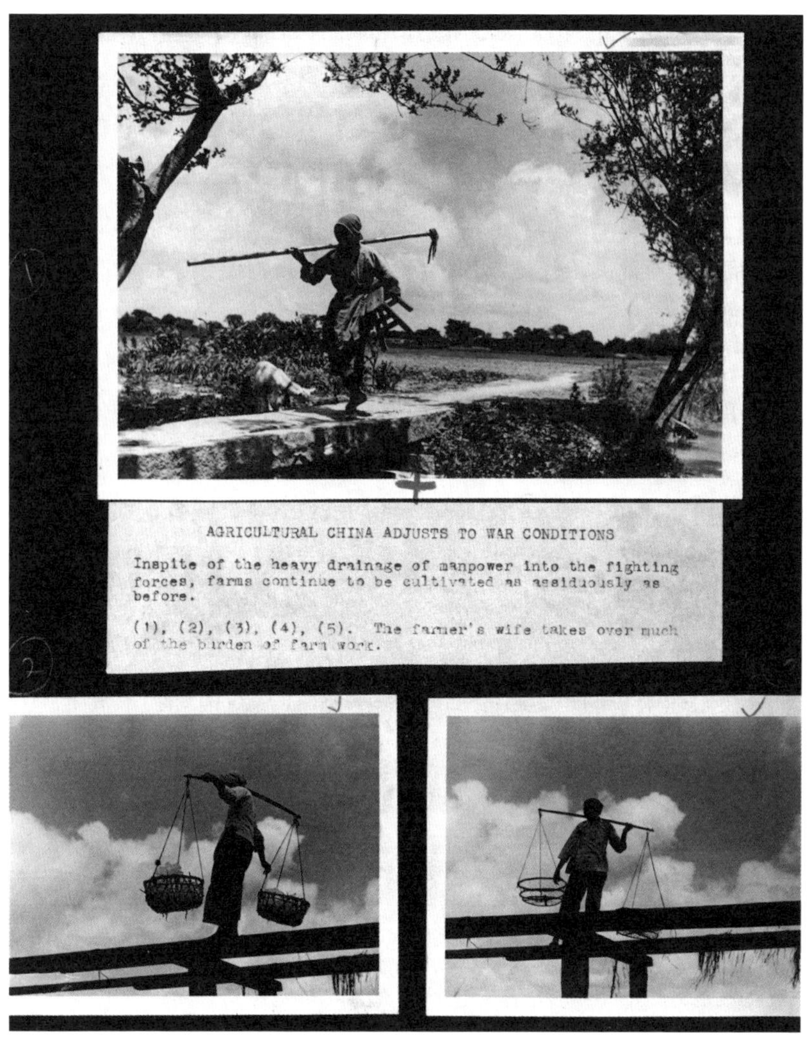

柯鲁克制作的以战时农业为专题的黑卡纸小册子

他的马和前面其他人在一起。一条湍急的溪流横在了路中间，我俯身脱下鞋准备蹚过去。但那个藏族人暗示他可以背我过去——而我竟然同意了！至今我回忆起当时的情景还觉得脸红。

CAPTIONS FOR PICTURES TAKEN IN AND AROUND SHANGHAI BY DAVID CROOK.
(AN-HWEI PROV.)

3. University students doing examination.
4. Sewing women who works on streets doing repairs brought to her by coolies etc.
6. Ditto
7. Making cigarettes from butts picked up in the streets, for sale to coolies etc.
8 & 9 ditto
10 Old woman, wearing padded winter clothing.
11 Pullers of privately-owned rickshaws.
12 Ditto
13 Shanghai Municipal police searching workers landing on quayside, for opium or arms during the period of frequent assasinations of Japanese, Chinese puppets and Chungking agents.
14 Shanghai waterfront (Bund).
15 Member of Shanghai Volunteers - recruited from amongst Western and Chinese residents of International Settlement.
16 Bund.
17 As 13.
18 Stevedores on Bund, landing rice, probably from Indo-China.
19-21 Boys selling Chinese sweets.
22 Stevedores.
23-24 As 19.
25 Cobbler.
26,27 As 13
29 Student of St John's University.
30, 31, 33,34, 35, 38, ditto.
32,36,37 American instructor.
39 Student with child of a university employee.
40,41 Ditto
42,43 Barges on Soochow Creek on outskirts of Shanghai.
44 Shanghai outskirts.
45} 46} Buddha remains standing intact in courtyard of temple at Ta-Tzang, a few miles outside Shanghai; this was shelled by Japanese and later passed back into hands of Chinese guerillas.
47-49 Chinese language teacher.
50,51 Blind man selling flutes and attracting attention to his wares (which include a selection of many Chinese musical instruments) by playing on the fiddle.
58,59 American instructors of St. John's University.
60,61 Courtyard of slum-dwellings composed of bamboo, lath and plaster, inhabited by refugess whose homes have been destroyed or captured by Japanese.
65 Buddha in temple in Shanghai.
72 Peddlar in padded winter garments enjoying winter sun.
73 Sewing woman.
74 Street bookstall corresponding to W H Smith's - with juvenile browsers
75 Barges on Soochow Creek.
76 Schoolboys.
77-79 Countrywoman in Shanghai dicating to public letter-writer news for her folks in the village.
80 Hauling timber. 81. Ditto. 82 (overpage)
83 Women and girls living close together get together for a little sociable sewing.

5

柯鲁克在上海时期为自己所拍摄照片配写的文字说明

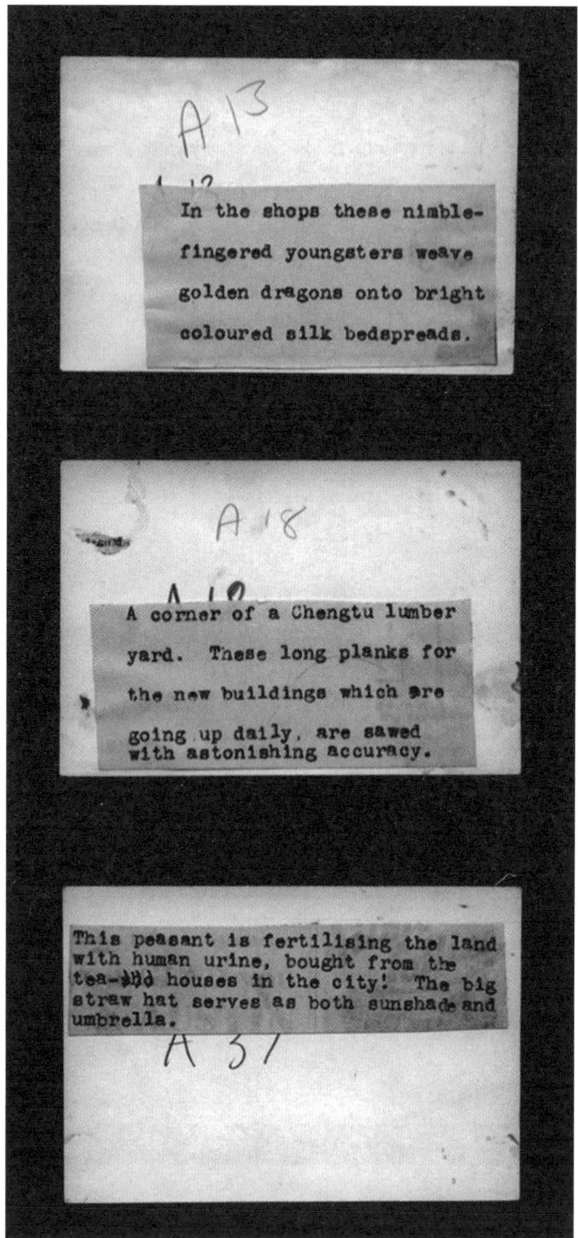
A13
In the shops these nimble-
fingered youngsters weave
golden dragons onto bright
coloured silk bedspreads.
A18
A corner of a Chengtu lumber
yard. These long planks for
the new buildings which are
going up daily, are sawed
with astonishing accuracy.
This peasant is fertilising the land
with human urine, bought from the
tea- houses in the city! The big
straw hat serves as both sunshade and
umbrella.
A 37

明信片背面

在回成都的路上，当我反复琢磨向伊莎白求婚的事时，我不断对自己说："无论如何，我都要回英国去参军。我不会被任何事或任何女人拖后腿。"但伊莎白不是"任何女人"，因某种奇怪的原因答应了我的求婚后，她对于回到战火纷飞的英国去结婚也没有异议。我们在伦敦结婚了，不过那是在经历了一年不曾预见的历险和变故之后。

柯鲁克在上海时期所拍摄照片的冲印小样

元
5 KODAK
PANCHROMATIC 9
10
14
EASTMAN
15
20
PANCHROMATIC
21

第五章　回英国，入空军（1941—1942）

1. 途经珍珠港抵达纽约

和伊莎白订婚只是我们将近一年的分别的前奏，她将回到重庆附近的小村庄里继续自己的乡村调研，直到我们能够在伦敦团聚并结婚。对两个沐浴在爱河中的年轻人而言，这看上去是种奇怪的安排，但当时我意已决，要回祖国去参军。虽然我放弃了（我自认为的）拈花惹草而决心忠诚于婚姻，但排在第一位的依然是政治。我暗自发誓，即使是伊莎白，也不能打乱这样的优先级。不过她从未打算这样做。就当时情形而言，她的妈妈在成都附近爬山时摔伤了背，她必须留在中国照顾妈妈。觉得妈妈恢复得差不多了，她就开始了一段漫长而刺激的翻越驼峰去印度的旅程，穿过南亚次大陆后坐船经过水雷遍布的印度洋，绕过好望角（这样一趟旅行真得靠希望支撑），最后到达英国。而我将从重庆飞到香港，从香港乘船到上海、马尼拉，从那里出发横跨太平洋（在此期间爆发了珍珠港事件）。在美国登陆后我将坐大巴横穿美国，再乘船穿过（同样潜艇密布的）大西洋，最终回到饱受空袭折磨的英国。

我们以战时中国最高效的陆路运输方式——邮政卡车——一起开始了旅程，甜蜜地依偎在一堆堆信件口袋上。到了璧山，我们在一座寺庙的青瓦屋檐下依依惜别，伊莎白将在黎明时分动身前往那个小村庄，而我则向着战时中国的首都、长江畔的山城重庆，继续进发。

从重庆到香港的一路是我这辈子第一次坐飞机。在那架摇摇晃晃的小飞机里，座位没有坐垫，客舱没有加压，为了安全不得不高高飞过敌占区再下降，这是对耳膜的重大折磨。不过我们终究安全抵达了香港。在那里，我付费寄宿在香港圣公会的杰出主教何明华（Ronald Hall）的教堂客栈里。何明华不但是位基督教社会主义者，而且和在成都的“低教会派”北美教友不同，会在晚餐前提供雪利酒。除此之外，他还在自己教区内的拔萃男书院为我谋了个老师的临时职位，我在寄宿教区期间一直做着这份工作，而我滞留香港的时间比预计的要长得多。

我决定途经自己生活过七年、有一些好朋友的美国，从那里回英国。美国总统轮船公司的船会定期往返香港，这本应是段一帆风顺的旅程。不过在眼下这样危机四伏的时刻，战争的阴云已经笼罩在太平洋上，后来证明珍珠港事件在三四个月后爆发了。成都教区给我买了前往香港的机票，还给了我一个月的遣散费，25 美元。我本来就少得可怜的钱财在等待柯立芝总统号邮轮的漫长过程中愈发捉襟见肘，于是那份拔萃男书院的工作可谓名副其实的“天”赐良机。我最终也没等来柯立芝号，于是乘船北上，到了我曾经熟悉并喜爱的上海。美国运通公司卖给我一艘法国船的三等船票，这艘船计划于当年 11 月底到达马尼拉，在那里我可以赶上柯立芝号，前往旧金山。

我在一篇报纸文章中这样描述从上海到旧金山的航程：[1]

波涛汹涌的洋面上，我们的小浴缸原本慢悠悠地前行着。突然，她加快了速度，开足马力一个劲儿向前冲，直到船上的

〔1〕《雷诺兹新闻》，1942 年 8 月 30 日。

钉子都开始吱吱作响。传言四起，据说我们能不能在柯立芝号起锚前赶到马尼拉还未可知。不过，多亏有头等舱里那几位标准石油公司的大佬，我们成功了。此前和此后，我从未对那个石油巨头公司有什么好感，不过我必须承认，那次是它救了我和全船所有人的命。

我们的船于11月27日上午11点进入马尼拉港，下午1点将启航的柯立芝号就停在那里。上帝（至少是标准石油公司）果真站在我们这边。

被高效的菲律宾海关和出入境官员放行后，我12点10分爬上了岸……

"抱歉，"邮轮公司售票处的人说，"我们不卖给西方人三等舱船票，二等舱票还有很多。是的，二等舱票要贵120美元。"

就在我差点要发誓说自己有一半中国血统的当口，我的西班牙舱友出现了，将我从发假誓的境地中解救了出来。他一边冲进来一边飞快地用西班牙语说着"没问题"，他刚刚被告知"可以帮你搞定一张三等舱票"。邮轮公司的职员只好不情愿地表示，既然他行，那我也行……

终于，我摇摇晃晃地走上了跳板。走下船舱后我发现还有将近一百个三等舱的铺位空着，不禁诅咒起邮轮公司区别对待的政策来。然而，他们只不过是反映了西方人对东方惯常的态度而已……

在一艘全副武装的巡洋舰和两艘驱逐舰的护卫下，我们的船小心翼翼地开出了布满水雷的马尼拉港。

最初的十天很平静……

与正常的航线相比，这艘船向南偏离了很远……

突然，一声炸响——珍珠港被偷袭了。日本向英美宣战……更多的传言四散开来……

12月8日，星期一，船长通过扩音器向全船广播："从现在起，任何违反灯火管制的行为都将受到严厉处理。战争开始了。"这五个字的马后炮，便是这场战争最初的宣告……

"海上厨师服务者工会"一致通过决议，承诺全力配合船长，"在这场捍卫民主的战争中实施最高效的行动"。

然而在对政治不那么敏感的乘客中间，却有一位有着迷之自信："我们非把这些黄皮儿小混蛋打得屁滚尿流不可！"他不知道，还有一个黄皮肤的民族刚刚成为了盟友。

珍珠港事件十天后，我们停靠在火奴鲁鲁。跳板上贴着一张不祥的告示："本船一旦接到命令，随时可能启航。"我们心神不宁地上岸游览，不时引颈眺望着……

125名伤员和一些撤退的平民上了船，被遣送回美国本土。50名正前往美国接受特殊训练的中国年轻飞行员立刻让出他们的特等舱，改睡在公共房间的行军床上。

那些曾令我大为气愤的三等舱空铺位现在派上了用场。我和我的舱友换到了更低级的统舱里，一间大屋子里有150个铺位……

燃烧的石油随着海水四处蔓延，把许多伤员烧成了惨不忍睹的人型炭条……

医生和护士像古代特洛伊勇士一般夜以继日地工作着……而那些平日里在加班费上一分钱都不肯吃亏的船员，眼下承担着无穷无尽没有酬劳的额外工作……他们照看伤员、喂伤员吃饭……对于无法自己进食的人，就用勺子一口一口地喂……

最终，在圣诞节那天，我们的船冒着蒸汽从金门大桥下穿过，到达旧金山。通常情况下15天的跨越太平洋之旅足足花了30天……太平洋战争爆发后，我们是第一艘到达美国西海岸的船……

以上这些都应算历史，而非自传。就我自己而言，这是一段打破上下界线的旅程。向上，我跑到二等舱（或许是一等舱？）里去，找个安静的地方写文章，以便在到达美国后用它们换面包。这引起了一位真正的记者、《时代周刊》通讯员的兴趣，我们的偶遇将我引向了人生中的一次重大选择。当听说我正要回国参军，这位记者同行建议："参加皇家空军吧，它是陆海空三军里最民主的。陆军和海军都会做出好些糟践人的事。我在英国待过，知道得很清楚。"当选择的时机到来，我确实听从了他的建议。

向下破界意味着和船员们交朋友，特别是和航运厨师及服务者工会的成员们。他们不仅仅给我盛冒尖儿的冰淇淋，其中很多人还是共产主义者、美国共产党党员，我们聊政治、聊中国、聊这场战争的性质。作为苏联和斯大林的坚定支持者、托洛茨基的强烈反对者，他们使我的精神陷入了混乱之中。纳粹进攻苏联后，我已经在这场战争里站了队，但内心深处仍潜藏着这样的疑问：托洛茨基真像我几年来被教导的那样，是个大坏蛋吗？弗兰克·格拉斯难道不是个诚实而有头脑的人吗？不过，和这些力挺斯大林的海员在一起还是令我很舒服。精神世界里的冲突让我度过了几个不眠之夜。最终，我选择了乔大叔[1]的怀抱，在一个漆黑的夜里把弗兰克·格拉斯敦促我读的那些书从甲板上统统扔进了太平洋，其中有像我一样曾为克格勃工作、但后来叛国的苏联人写的内幕，有安德烈·纪德、亚瑟·库斯勒这样幻灭的知识分子和像路易斯·费歇尔这样的记者所写的作品。我把"血巷"埋进了海底。

果真埋进了海底吗？几个月后我发现它又浮出了水面。

在旧金山一登岸，我就根据一位海员的建议入住了一家西班牙

---

〔1〕"乔大叔"（Uncle Joe）指斯大林。斯大林的名字为Joseph Stalin，Joe是Joseph的昵称。——译者注

人开的小旅店，再去美国运通公司取信。一摞信里夹着一封电报，报告了妈妈的死讯。她才 56 岁，去世那天是圣诞节，她的生日。这位 14 岁离开学校的贫苦犹太移民的女儿，后来打入时尚的邦德街开店，成为服务上流社会的女装裁缝师，她和共产主义根本无缘。但我是她最疼爱的孩子，如果我是共产党员，那么，在她心里，共产主义必定是崇高的事业。自从 18 岁起，我和她在一起的时间就很少，那已经是 12 年前了，眼下，子欲养而……

我前往灰狗巴士公司买了一张横穿美国的打折车票，售票人员建议我以传教士教师的身份买到了那张便宜票！先是乘车南下前往洛杉矶，我在那里有朋友——朋友？一个令人迷茫的称呼。其中一位是我在马德里时就结识并喜爱的斯大林派电影导演赫伯特·克莱恩；还有一位就是菲尔，格拉斯在上海的那个托派追随者。两个人我都见了，也发现自己还没有从复杂的感情和双面生活中解脱出来。我住在赫伯特与他那位漂亮的捷克夫人的家里，然后去见菲尔。他当时为一位好莱坞明星当私人司机，并带我参观了片场，在那里，我看到了双面生活的绝佳展示。三位迷人优雅的年轻明星聊着天，等着为公共宣传海报拍照。摄影师布置团队里的各项工作，摆弄相机，与此同时三位女孩说着话，就像平时一样。开拍的命令一下达，她们立刻换上了最性感的笑容，照片刚拍完，那笑容马上消失。乍看之下，这种能力令人恐惧。转念一想，自从在巴塞罗那工作以来，这不就正是我所做的？只不过目的不同。当菲尔邀请我在洛杉矶见见他的同志时，我又做了一次这样的事，然后将横穿美国的旅程当作了精神上的休息与放松。

这趟旅程先是仍带有一点西班牙风情——至少也是墨西哥风情的西南诸州（一百年前这里还是墨西哥的地盘），车窗外松树上点缀着的白雪在阳光里熠熠生辉。乘车穿过这些松树后我顺便去了大峡谷的边缘，在一家中国人开的餐馆吃了顿饭，当老板听说我从他家乡来，坚决不肯收钱。然后是“赞恩·伯格”式西部惊悚片里的蛮荒之地、亚伯拉罕·林肯出生的中西部，以及之后华盛顿的宏伟的林肯纪念堂——那里的仿古典建筑深深吸引了我。最后，到达分别了六年的纽约。

我急急忙忙冲到位于曼哈顿下城区的英国领事馆，探问在这个动荡的大西洋里潜艇密布的年代，怎么才能回家去。“对不起老伙计，恐怕帮不了你的忙。我们现在已经忙得焦头烂额了。”然后，像想起了什么：“你不是个水管工吧？英国现在水管工短缺得厉害。如果……”不，我不是个水管工。于是我走出了领事馆，给英国大使馆写了封信，信里说我刚从中国出来，对那里的语言和那个国家有所了解，包括通向西藏的内地地区，等等。“非常感谢，”回信写道，“不过你最好还是回家，在英国参军。”在回英国和伊莎白结婚的路上，我怎么会写出那样一封信？——投身政治的信念依然被放在了第一位。

我怎样才能回家呢？眼下又靠什么生活呢？当年做皮毛生意时的一位朋友给了我一个出版经纪人的名字，我带着在柯立芝号甲板上写的文章满怀希望地找到了他，这位在曼哈顿大道上有间大办公室、衔着根大雪茄的大人物。“听着，小伙子，”大概翻了翻头两页后他说，“我们这儿是出版代理商，不是记者培训学校。教你怎么写作不是我们的职责。”

几经辗转，我联系上了在马德里时曾报道国际纵队里由加拿大志愿者组成的麦肯西－帕皮诺营 The Mac-Paps[1] 的左翼记者泰德·阿兰。现在泰德的事业蒸蒸日上，但他依然热情、友好、乐于助人。他将自己的文学经纪人弗洛介绍给我，并说弗洛不会像对待普通顾客一样对待国际纵队的老兵的。确实如此。弗洛认真读了我

〔1〕 Mac-Paps 是 Mackenzie-Papineau Brigade 的缩写。——译者注

的文章，和我一起从头到尾细细捋过，告诉我如何使其精简紧凑，传授给我技巧上的绝招，比如为每篇文章写一个简洁明快、吸引眼球的开头。终于，我的几篇作品被媒体所接受，从面向优雅年轻女性的杂志《小姐》，到学术性的《弗吉尼亚评论季刊》。我的那些照片也派上了大用场：关于上海码头的被卖给了美国军方情报机构以制定空袭计划，关于成都空袭和校园的照片被激进小报 PM〔1〕买去编成图片故事，这家报纸的大部分员工都是我在哥伦比亚大学时的同学。

这样能够勉强糊口，但依然没有找到回家的路径。我需要一份稳定的工作，结果通过美国的新盟友——中国，找到了。中国工业合作社（简称“工合”或 C.I.C.）是一个由中国爱国人士和类似埃德加・斯诺、新西兰人路易・艾黎这样的西方朋友联合创办的组织，意在组织中国内地的手工业难民以工代赈。它在纽约有一间致力于募捐的办公室，将美国工会视为资金的合理来源。美国劳工联合会（劳联）和那时新近成立的美国产业工业联合会（产联）每个月都为国民党统治下的中国各行业工会提供大量资金，而工合国际的支持者认为国民党的各工会是不诚实而腐败的“黄色工会”〔2〕，资助它们就相当于助长反动。美国工人的钱应该帮助中国工人，而不是肥了那些腐败的工会官员的腰包。劳联和产联的资助应该投给工合，而我的任务就是去说服他们。这是一项我很难胜任的艰巨任务，但埃德加・斯诺和其他了解中国工运史的人给予了我专业指导，在他们的帮助下我还是成功说服劳联 - 产联提供了一部分资助。这份工作

〔1〕 PM，某小报的名字，究竟代表什么有争议：Photo Material，Picture Magazine，还是“下午”众说纷纭。——译者注

〔2〕 黄色工会，被资产阶级或其政府收买的工会。1887 年，法国蒙索明市一个厂主为阻止工人罢工，私下收买了工会。于是工人们愤怒地砸碎了工会会所的玻璃窗，工会组织就以黄色纸裱褙挡风遮阳。从此，工人们就称其为“黄色工会”。——译者注

不但提供了基本的生活保障，还安慰了我的良心——虽然已经将反斯大林、反苏联的书都扔进了太平洋，疑虑仍在我心中徘徊不去。

我的社交活动反映着我的思想斗争。我和国际纵队林肯营的美国老兵们取得了联系，他们正痛斥海明威的《丧钟为谁而鸣》，说它将西班牙共和国的英雄形象寄托在一个美国人身上，丑化其中的共产党员安德烈·马蒂，描绘了共和国一方而不是法西斯一方的暴行，并且使整本书从属于一段不真实的爱情故事——这让老兵们给它重新起了个名字："睡袋里的三夜。"我承认他们所言不虚，但也坦承这本书很感人。然后，我把林肯营里当年的参谋悄悄拉到一边，向他坦白了我政治上的困惑。他充满同情地听完我的讲述，给了我一本《联共（布）党史》——斯大林标榜的"历史"。我对这本书的态度在多年里经历了起起伏伏。当时我读了它，但离开纽约时把它丢在了我那间配有家具的公寓里——并非出于偶然。

与此同时，我兑现了在洛杉矶时答应菲尔的事，去看望他的纽约托派朋友。见面发生在纽约市中心一间狭小而烟雾缭绕的旅馆房间里，我对此的唯一记忆就是：这是我最后一次见到托派分子。

这些互相冲突的社交关系反映着我困惑的精神状态，但这都不是最紧迫的问题，最紧迫的是——我怎样才能回到英国？

2. 搭油轮回英国

一天，在纽约拥挤的公交车上，一位健壮结实、面孔饱经风霜的男士拍了拍我的肩膀："到时代广场时请您告诉我，行吗？""行，我正好也要去那儿，"之后我们一起下了车。"一起来喝一杯吧，"他邀请道。于是我们去了一家酒吧，我第一次尝了那口感火烈的混合物"酒鬼炸弹"——威士忌丢进啤酒里。几杯下肚后，我发现他原来是英国某商船的船长，而我正好要回国去加入皇家空军。不巧他的船并不走我的线路，但他为我支了一招：北上去加拿大新斯科舍省的哈利法克斯，直奔港口主任办公室，（在某条船上）找份工作，一路工作着回家。我照办了。

我先到了蒙特利尔，与瑾重逢，她在加拿大妇女辅助军团里当司机。一切和马德里的岁月都不同了。瑾定居于加拿大，她的共产党员丈夫正被关押在这里。而我正在回英国的路上，回家的目的之一就是和伊莎白结婚。但重逢还是很愉快，瑾将她在哈利法克斯的朋友介绍给我。到了那里，我就按照“酒鬼炸弹”朋友的指示去做了。

在港口主任办公室外排队时我和海员们攀谈起来，其中一人说：“不要签英国船，上面有全世界最糟糕的伙食。住宿也很差。巴拿马船最好，他们可真是高扬中立大旗的美国佬。”还有的人倾向于斯堪的纳维亚的船，这也正是我后来上的船。港口主任检查了护照，把我从头到脚打量一番，然后叫我去挪威领事馆。我签约成了一名管家助理，这个听起来还不错的职位说到底就是洗盘子和擦铜器。签完合同正要离开时，我突然想起来：“这是条什么船？”“极地油轮吗？显然是条油轮啊。”我眼前浮现出了在珍珠港被我们捞起来的那些人型炭条，但眼下除此之外别无办法。

我在另一篇文章里描述了这次跨越大西洋的旅程：[1]

搭油轮回家

“这船装的是什么？”我问船上的食堂服务员，他正帮我把行李搬上来。“危险玩意儿，伙计。航空燃油。被打中一发炮弹，你就可以说再见了——如果来得及。滚开的油会把你炸得脆脆的，加点咸咸的海水使你别具风味。”……

我注意到，运输舱甲板涂着铅红油漆，一路上都顶着这个

〔1〕《雷诺兹新闻》，1942年9月6日。

颜色，我心想，这倒成了敌机的好目标。不过，这在当时是最便宜的涂料了……

等了几天把结伴而行的30艘船都安排好后，我们便启航了。

我和其他三人住一个房间，他们当中最大的才19岁……在这个我们大多数人还乳臭未干的年龄，这些小伙子已对生死所知甚多（更不用提酒和女人了）。不过他们的粗粝只有浅表的一层，坚硬的外壳下是既温柔又敏感的心。

我们聊着船和沉船事件。近来大多数沉没发生在美国沿岸，常常在岸上就能望见的海域里（据美国媒体8月第一周的报道，今年1月以来，在西大西洋沉没了433艘盟军的船）。

“我就服了，他们为什么不修一条从得克萨斯到哈利法克斯的输油管道呢，”泵工说道，“要是俄国人早这么干了。”……

除了海军提供的护卫外，船上唯一的自卫武器就是一些口径非常小的枪。机枪手说：“这玩意儿的问题是射程太他妈短了。德国潜艇可以浮到水面上来，你看得真真切切，但就是在射程之外，而人家能把你痛打一顿。”

“其他不说，”17岁的加拿大甲板水手“矮个儿”插进来，“Jerry潜艇在海面上比我们跑得快，轻轻松松就能开到14、15海里。而这些老旧的澡盆子开过12海里就要散架。为什么还不停造这玩意儿？”

幸运的是，这趟航行里并没有检验这些话的机会。不过有几次，我们的护卫舰丢下了鱼雷，水面上腾起了烟雾的幕布。不祥的爆炸声之后，看着嗖嗖飞驰而过的小型护卫舰绕行整个船队倒是件愉快的事，它们尾部喷出的烟雾就像大朵大朵的棉花……

一天晚上十一点，我们站在冷冰冰的枪支旁，在甲板上静止的天光中聊天抽烟。已是行程的第11天了。“敢不敢打赌？”

身高六英尺四英寸、活像一个海盗的斯塔万格说，他的家在挪威某小镇，我们就用镇的名字当他的昵称，“明天我们就能看到陆地了。”

听起来简直不可能，我开始觉得自己已经当了一辈子海员了。

然而斯塔万格说中了。第二天早上六点，当我帮舱友端咖啡到舰桥上时，陆地出现了。虽然只是遥远海平线上露出的岛屿的尖端，却是真真切切的，可以望见的陆地。36 小时后，它就变成了可以踩在脚下的土地……

这就是我当挪威海员的经历。1942 年 6 月 20 日，领了薪酬后，我在曼彻斯特通航运河的埃尔斯米尔港上了岸。吸引我目光的第一幅景象是公共厕所墙上的指示牌：一边写着“欧洲人”，另一边写着“亚洲人”。即使正和种族主义的纳粹德国打得你死我活，我们却仍未摆脱自己的种族主义。

回到家，我送给爸爸在加拿大给他买的半瓶威士忌。爸爸时不时喜欢来点果味烈酒，这在当时的英国很难买到。我们谈到六个月前去世的妈妈，但这个话题太过痛苦，没法长久停留。我和家里人——爸爸、外婆和她两位没结婚的姐妹——聊起了伊莎白，发现妈妈曾经害怕，是的，害怕，伊莎白会是个中国人。她本人没有爸爸在宗教上那么虔诚，但也希望我娶个“犹太好姑娘”，而不是“一个黄皮肤的中国人”！即使是种族和宗教上的受压迫者，也会沾染压迫者的习气。

在约克郡度过了悲喜交集的几天后，我南下去英国中部地区看望我的姐姐。她的丈夫，一位受人尊敬的专业人士、当地社会的中坚，看了我一眼便说：“大卫，你该剪头了。”他开车把我带到了他“惠顾”多年的理发店。那位手艺精湛的理发师是个话痨，自命为业余侦探。“不好意思，先生，”他说道，“请问您是不是外科医生？我注意到您的手经常泡在液体里。”我没忍心告诉他，我手上浸泡的痕迹不是因为外科手术，而是来自洗盘子。

3. 战时婚礼、加入皇家空军

伊莎白的缺席在我重回英国的欢乐里投下了一片阴云。最后，终于传来了她的消息，她将在我到达之后十天来到英国。我急急忙忙跑到伦敦圣潘克拉斯火车站接她，两人有些难为情地在她众多旅伴面前重新团聚，他们陪她走过了漫长而危险的旅途。接着我们去了布鲁姆斯伯里的大英博物馆附近的一家旅店，想着在明天结婚前“未婚同居”一夜。不过我们这种惬意的“罪孽”后来不那么惬意地被迫持续了一段，到了布鲁姆斯伯里的登记处，我们被告知，要想在此登记结婚必须在这个区住满一个月。于是我们倒退回“罪孽”中去，直到那一天，7 月 30 日，终于降临，我们又来到了登记处。

“你们的证婚人呢？必须要两位。”我们一个都没有。不过刚刚走进办公楼时我看见两个正在干活儿的油漆工人。

“好吧，头儿，”听到我想请他们当证婚人时他们说，“乐意效劳。”全世界都喜欢恋爱中的人。于是他们掸掸工装上的灰，把刷子放下，走进屋来，签下名字：W. J. 普里查德，A. W. 吉尔。结婚证书上除了他们的和我们的名字，还有双方各自父亲的名字：伊莎白的父亲、传教士霍默・布朗，我的父亲、皮毛商海曼・柯鲁克。后来我很懊悔没有写父亲那个偶尔会用的、更英国化的名字亨利，这样就掩盖我是个犹太人的事实了。在酒店吃了一顿有黑啤、面包、奶酪、腌洋葱的奢华婚礼早餐后，伊莎白冲到一家职业介绍所去赴约。“你结婚了吗？”收下她材料的那位女士问。“结了！”伊莎白起劲儿地回答，“一个小时前刚结的。”那天晚上我们坐在伦敦西区一家剧院里欣赏《威尼斯商人》，以庆祝我们的结婚。当我听到夏洛克那段慷慨激昂的陈述时，很难不对他产生些许同情：

> 您骂我异教徒、杀人的狗，
> 把唾沫吐在我的犹太长袍上……
> 您把唾沫吐在我的胡子上
> 用您的脚踢我，好像我是您门口的一条野狗一样……
> 现在您却来问我要钱，
> 我应该怎样对您说呢？……
> “好先生，您在上星期三用唾沫吐在我身上；
> 有一天您用脚踢我；还有一天
> 您骂我是狗；为了报答您这许多恩典，
> 所以我应该借给您这些钱！”[1]

接下来将有一系列事情提醒着伊莎白这位基督教传教士的女儿，她嫁给了一位“异端信仰者”。这一点对她从不是个问题，虽然曾令其父母短暂地担忧过一阵子。回到约克郡，爸爸和外婆热情地欢迎着伊莎白——但早已精心策划，他们要让伊莎白皈依犹太教！“你去和她谈谈”，他们对我说。当然，我作为长久以来的无神论者，不想劝说伊莎白信犹太教或其他任何宗教，但又不想伤害我所爱的家人的感情。于是我确实和伊莎白谈了谈，向她解释了爸爸和外婆的感受。谈完后当我下楼时，外婆正守在那儿，等着结果的宣判。“她接受了吗？”外婆问。“嗯……”我支吾着。最后我们同意了爸爸的建议，去咨询伦敦地区的大拉比。在大拉比面前我解释了眼下的状况：我成长在一个传统家庭，父亲是个虔诚的犹太教徒，伊莎白来

〔1〕　见威廉·莎士比亚《威尼斯商人》第一幕第三场，此处引用朱生豪译本。——译者注

自基督教家庭，而我家里人希望她皈依犹太教。“但是，”我总结道，“就我本人而言，我是个无神论者。”那位拉比轻轻捋着胡子，半晌没说话，然后从眼镜上方不动声色地看着我，说：“在这种情况下，皈依或许不是最好的选择。”然后，虽算不上给予我们祝福，他还是向我们说了些关于如何当父母的友好之词。我们取道衬裙巷回约克郡，路上还吃了犹太人店里的盐腌牛肉三明治。去找大拉比的结果让爸爸很满意，按照卡尔·马克思经常引用的天主教的话说，“我说了，并拯救了我的灵魂”，爸爸觉得已经履行了自己的职责。他喜欢伊莎白，东拼西凑了几英镑买了份结婚礼物。至于上年纪后显得更加矮小的外婆，则和比自己高出一大截的伊莎白边洗洗涮涮边兴高采烈地交谈，小心翼翼地把盛过肉、奶的盘子和擦碗布分开放。受她的人类学背景启发，伊莎白和我从唯物主义的角度讨论着犹太人的饮食规定和其他禁忌，或许有点机械地将所有这些都归结于经济学和红海地区气候条件下的卫生需求，摩西正是在那附近得到了上帝的启示。还有我妈妈的墓碑落成仪式，伊莎白觉得这一活动从人类学角度来看极为有趣。总而言之，我的犹太人身份带给她的担忧貌似还不如带给我的多，我们长久而幸福的跨族婚姻就这样开始了。

自 6 月 10 日踏上英国土地的那一刻起，三件事便压在我心头：挣钱生存（结婚时我们的银行账户里一共只有 50 英镑）、解决政治身份、参军。就第一项任务而言，我狂乱地胡写了一通，想方设法发表了其中几篇，内容从战时在中国的旅行、生活、戏剧性场景，到我穿越太平洋和大西洋的航行，刊登这些文章的媒体从保守党的《每日快报》，到左派的《雷诺兹新闻》，再到自由党的《约翰·奥伦敦周刊》。

经济上节俭地过活比面临政治上的清算要容易得多。我先是给表兄查理打电话，他是位老共产党员。查理出生于伦敦东区，将生命奉献给教育贫民窟里的孩子，为读书能力落后的学生编写了生动的教材。在我们的家族里，查理和他的夫人被视为脑袋不太正常的异类，不光因为他们是共产党员，而且并不热衷于挣钱。他们夫妇俩更喜欢沙拉而不是美味但油腻的犹太食物，还会出去露营。不过，尽管有着非正统的日常生活习惯，查理在共产主义政治的问题上可谓极端正统。没有涉及情报工作的细节，我仅仅告诉他自己曾受托派影响，有一段时间共产主义信仰发生了动摇，而现在我希望重回组织的怀抱。查理很谨慎，只是简单地建议我去找党中央，也就是考文特花园里的英国共产党总部，六年前我志愿参加国际纵队时去过的地方。出于某些原因，眼下的我觉得很难走进国王街 16 号。于是，我来到了党报《工人日报》的编辑部，它的主编我在西班牙时也算认识吧。比尔·鲁斯特对于我竟然因为党员立场这样的问题来找他而大发雷霆——他是个记者，竭尽全力扩大发行量的日报主编。他把我打发出门时讥讽到，让我去见监察委员会的鲍勃·斯图尔特。尽管身居令人望而生畏的要职，鲍勃却是个像父亲一般慈祥的老同志。他是如此充满同情地倾听我的讲述，令我放心地对他和盘托出，毫无保留。最后他建议，既然我要去参加皇家空军，那就先不要纠结正式回归党组织的事，而是通过阅读《工人日报》、学习马克思主义和党对托洛茨基主义的分析，紧跟党的政策。眼下英国和苏联在反法西斯战争中结成了同盟，军队中共产党员的任务是：当个好兵，为胜利全力以赴，在如何履行军事职责方面为其他人做榜样，反驳一切针对苏联和英勇红军的谣言（红军正承担着战争中最大的压力），而重新归党的问题可以从长计议。这真的是对参军党员的指导路线，还只是为我量身定做的，以便领导们有时间调查我的情况？对此我并不介意。我已坦白了一切，而鲍勃充满同情地倾听，显然相信我。这移走了压在我心头的大石头。我回家了，浪子回头了。不管国王街方面对此是否欢欣，我的内心充盈着喜悦。

就这样，我重回乔大叔和哈里·波立特的怀抱，“婚姻”幸福，不再欠债。伊莎白回绝了一个开设中国课程的工作后，也开始在伦敦西区一家书店上班了。是时候丢下我的新婚妻子去参军了。我准备着参军的种种，唯独没有考虑这么做可能给伊莎白带来的困难。政治第一。

我听说皇家空军成立了一个分队，专门救治在中国日占区被打下来的飞行员，这看起来是我的好去处。我带着伊莎白手中的一封引荐信，向伦敦大学亚非学院中文系的伊夫·爱德华教授提起这个想法，她转而又帮我写了封给英国航空部G中校的引荐信，后者帮我安排了个面试。当时，我在金士道那间地下等候室里坐了将近一小时，不停地和自己说着中文。中校最后接见了我，考察了我的法语、西班牙语、德语。中文，显然是他不懂的一门语言。不过他把我带到了一位曾经的上海海关官员面前，让他测试了我那最基本的中文知识，填了几张表。表中的一个问题令我惊讶："你是否是纯粹的欧洲人后代？"这问题是针对谁的？有可能同情希特勒的犹太人？来自殖民地的亚欧混血？挪威油轮停靠的埃尔斯米尔港，公共厕所墙上贴的告示又闪现在我眼前。我并不当真地发誓自己血管里所流淌血液的纯粹性，几天后收到了通知，我被派作"特殊任务人员"，此处的特殊任务便是情报工作。

但我先要在圣潘克拉斯的征兵站入伍，并接受被称为"步伐操练"的一般性基础训练。在巨大的征兵大厅里从一张桌子转到另一张，交材料，领装备，然后我来到了制作身份牌的桌前。"宗教？"操着伦敦东区口音的职员问。身份牌上必须显示这个信息，万一需要埋葬你时好把你和有共同宗教信仰的人放在一起，而不是归入异教徒当中。同志们曾警告我，若说自己是"无神论者"则会被怀疑为共产党员，而这在情报工作里可不受欢迎。保险起见，我回答："疑神论者。"那位职员问："什么？怎么写？"我拼给她看。"哦，在我们这儿很少见。"过了一阵子身份牌发到手里，我发现上面刻

柯鲁克服役于英国皇家空军期间摄。1943 年 2 月 22 日

着“英国国教”。我跑去抗议这种粗鲁的转变，于是被不情愿地归入“其他教派”，在行伍里被称为“零星杂碎”。可不能小看这个不大恭敬的名称，它把我从去教堂的队伍里解救了出来。

参军过程中唯一值得记录的另一件事是色盲检查，这对空军而言格外重要。负责的军士翻了一两篇布满彩色小点的书页，让我说出隐藏在其中的数字。翻到第四、五页时我已完全认不出任何数字了。军士咆哮道：“你搞什么鬼！想逃避兵役？”我否认自己在装病，我真是从那迷宫一般的小点点里看不出任何数字了。检查者看了看我的资料，发现我原来是志愿兵而非应征入伍者，不情愿地将我归入“辨色缺陷，安全”。战争到了如此阶段，志愿兵和应征兵之间还要区别对待，志愿军官的翻领上甚至有个写着 VR 的铜牌——志愿后备队。这种做法很快因为搞分裂、不利于团结而被抛弃了。

很快我就出发前往大雅茅斯，菲果提和白鲱鱼的家乡，参加为期六周的步伐操练；而加拿大人伊莎白，新婚不足一个月的新娘，则被留在了异国的伦敦。她辞掉了书店的工作追随我而来，却被告知在海边的雅茅斯镇居住并领取食品配额是违反规定的，英国所有海岸线六英里内都是安全保护区，不对非本地居民开放。当地警察成了她的救星，就像旅游手册上传说中的好心警察那样。他们建议她将自己的居住地定在紧挨着六英里限制区边界的镇子上，每周去那里领一次配给，然后她可以在雅茅斯镇离我兵舍很近的地方寄宿，我每晚悄悄溜出来找她。

六周的步伐操练不但将我领进了皇家空军，还在某种意义上使我了解了行伍中的英国工人阶级，而之前我和他们几乎没有交集。我花了一阵子才适应飞行员们反英雄主义的玩世不恭。正是这批不列颠空战中的英雄，从海边的练兵场上列队回来时唱着这样的歌："就算在家也要好得多"（"家"指孤儿院或疯人院）；而我则回忆起了我们在西班牙唱的"危险的旋风在头顶咆哮"，"我们是无产阶级充满朝气的保卫者"，当然还有《国际歌》。六个星期的步伐操练是对自己英国传统的回归，但它并没有让我融入"英国工人阶级"这一我从未真正属于的群体中。事实上，我费了好大劲儿以免被和另一名同伴画上等号，他是位左翼知识分子，很快就被起了个"教授"的外号，这可不是什么好话。但我依然和"教授"有着共同之处，比如我们和（入伍之前是个饼干推销员的）教育官的对立，这家伙授课时频频说一些反苏的嘲讽话。教授和我这种时候就会引用丘吉尔"我们伟大的苏联盟友"诘问他，眼下毕竟是斯大林格勒保卫战之年，整个英国充满着对苏联红军的赞誉。我自己也融入了这片赞誉的海洋，对斯大林急剧升温的热爱压下了我在上海和托派之间短暂风流的回忆。

总的来说，在雅茅斯的几周是我军旅生涯的愉快开头，有当地居民为我们这些"身穿蓝色的男孩们"提供热水洗澡，有晚间集市上的炸鱼和薯条，还有随后的新婚燕尔的夜晚。突然，晴天霹雳来了，在众多地点当中，我偏偏要被送往爱尔兰北部继续进行训练。因为这和航空部之前所说的相悖，我提出了质疑，很快发现这是个错误，有人将我的"特殊任务"的职位看成了"一般任务"。于是我和伊莎白至少不用隔海相望了——至少暂时还不用。

我的下一处住所是英国的一幢豪华古宅，或者确切地说，是古宅庄园里搭建的一个尼森式半桶型铁皮屋。乔治王风格的古宅造型优雅，或许是某位东印度公司收税员用他的非法所得建造而成的。它体量开阔，坐落于接近英格兰正中心的位置，临近两条罗马路即福斯路和华特灵街的交会处。[1]我们的铁皮屋里住了二十多人，包括几位暂停飞行的飞行员，他们用风趣幽默的语言编造出一个住着小妖怪的仙境，使全屋的气氛轻松了起来。这种在空中飞舞的小精灵恐怕早已灭绝，但当年它们被指造成了飞机的种种机械故障。一想到它们我便满怀感激，感谢它们将那几位胡搅蛮缠讲笑话的人送到了我们这群理智严肃的情报人员当中，他们管我们叫"上不了天的能手"。

在古宅楼上一间改作教室的卧室里，我们很快投入了勤奋的工作。我们首先被领进了各种类型情报工作的神秘领域，从披斗篷、持匕首那种间谍行动（这些被轻蔑地一挥手就归类为"特务题材惊险小说的内容"），到制造假情报，从密码系统、破解密码，再到我们将要隶属的 X 战线（the X service）。因为曾在《官方机密法》上庄严地签下自己的名字，长久以来我都避免提到这个神奇的词语，以防触犯了法律。不过近年来人们已经如此详尽地谈论它，写关于它的文章，我也敢于说出它包含监听和破解敌人电台了。班里的学员是数学家、考古学家、历史学家、语言学家（估计我就被归为此

---

〔1〕 罗马路是英国当时由国家掌管的高速公路系统，是古罗马式的两旁有沟的主干道路。——译者注

柯鲁克与伊莎白　1942 年

柯鲁克与伊莎白在英国蜜月期间

伊莎白在伦敦　1944 年

伊莎白　1945 年

类）和其他多多少少受过教育的人的大杂烩，还有一位偶尔缺课去上议院开会的世袭贵族。我碰巧就坐在议员先生旁边，但发现他不像其他同学那样易于交流、脾气相投，我和他们中的一些人很快就成了朋友。我记得有一位来自曼彻斯特的老师，战后成了收音机节目里的名人，还有一位参加过向摩尔曼斯克运送军事物资的危险行动的苏格兰左翼硬汉。尼森铁皮屋里的老兵教我如何把毯子折成不漏风的睡袋，并告诉我每当遇上前来巡视的长官问我什么时候清理过床铺、晾晒过被子时，不管现在星期几一律都要干脆利索回答"昨天上午，长官"。伙食不错，量也挺大，如果要求的话还可以加，但必须全部吃完，否则就会遭到控告——合理的规定。

我们这些"零星杂碎"不用上教堂，于是每周末我都能见伊莎白。她这时在伊斯灵顿的一家军工厂上班，有时候我也获准出行 36 小时去 80 英里之外的伦敦。伊莎白在伦敦北部一家小军工厂上夜班，她在机器上加工子弹时，我就坐在她身边，然后坐慢车在周一早上赶回去报到，即使算不上精神振奋，但也从未迟到。更多情况下伊莎白会把休息时间攒到周末来看我，这就更令人开心了。在周围村庄里细细寻找提供住宿和早饭的农舍是件有趣的事，这里提供的是有麦片粥、火腿、鸡蛋的真正英式早餐，牛奶和黄油管够，不像战时伦敦的寒酸旅店里的所谓早饭，把你的定量食品掠夺得干干净净。附近的村庄之一蒙克斯科尔比，有一座垂直高耸的美丽古老的英式教堂，和一家开在木结构老农舍里的乡村商店，商店用椽子支撑的屋顶低低的，茅草覆顶，木头作墙。周围一片宁静，我觉得眼下或许比中世纪这所教堂兴建时还要安静。没有在这里找到住宿，我们又来到紧邻的小村庄布洛克赫斯特，这里一位有房出租的女士推销道，"我这里比蒙克斯科尔比安静多了"，后者在她眼里显然是个令人厌恶的喧嚣都市。在那些总嫌太短的周末，我们在起伏的绿色乡间骑车，在小餐馆吃饭，基本上重复着婚礼早餐的菜单：面包、黄油、腌洋葱，就着黑啤一饮而尽。我们觉得这样一餐可与诸神的任何琼浆玉液、美酒佳肴媲美。

最终，几个月的情报课程结束了，我们一个一个地进入教室，进行结业考试。一位大块头的中年男人从布莱切利园的情报中心来到这儿，我猜他在和平年代肯定是名亚述语或阿拉米语教授。他快速翻了翻眼前的资料，问我："你在哪儿学的捷克语？"我抗议道，那种语言我一个字都不会。"这里清清楚楚地写着呢：CH，"那位亚述或其他什么专家坚持道，"哦，CH 代表中文。"于是我便被送到亚非学院去上一门关于日语语音的课程了。

这门课程的目的是让我们二十多位学员在听日本电台时能快速而准确地记下那些单词的发音，只是发音而已——不需要知道意思；只有天才才能在这仅持续九周的速成课程里学会日语。我们记下来的东西最后会交给真正的语言学家去翻译。这门课由著名语音学家 B.J. 弗斯设计，他就像萧伯纳《卖花女》中的希金斯教授的好人版。他懂几种不同的印度语言，能分析并模仿约克郡南方和北方方言间的不同。一天他带我和伊莎白到附近的苏豪区吃午饭，第一道菜吃完时就不再说地道的英语，精准地模仿起伊莎白那"出生于中国西南地区大学校园里的加拿大人"的口音。他其实是个严肃的人，很担心我们这些学生会在几周之内掌握日语语音系统的重压下崩溃。我们当中的一两个确实崩溃过，特别是在长时间的"无意义听写"训练之后。训练过程中我们满耳朵里都是纯正的日语，只不过毫无意义——就像让一个不懂英语的人来一段刘易斯·卡罗尔的"有个滑溜溜很活跃的怪东东，在草地上转圈还钻孔。菠萝鸟呲毛缩脖邋遢又可怜……"。[1] 当为期九周泡在耳机里的语言学折磨接近尾

〔1〕 出自刘易斯·卡罗尔的《爱丽丝梦游奇境记》，为形成诘屈聱牙的效果，其中有很多词是刘易斯自造的。——译者注

声，弗斯变得焦虑不安起来，把我们送出那幢位于马利特大街的建筑时总要提醒我们，左右看过后才能过马路。他不希望伦敦的车流带走任何一个年轻的生命。

实际上我们几乎所有人都经受住了考验，成功地把自己变成了人型录音机。当时录音机这种奇妙的装置尚未问世，但很快将被发明出来——使我们的心血全成了白费劲儿。一上战场，我们就过时了。

日语课程结束后我们又回到了古宅，级别还是去亚非学院前从空军二等兵被提拔到的“跃升士官”，现在我们中的四个人被送到某个委员会面前，看看我们是不是当军官的料。这种面试通常被不无道理地当作笑料，不过到了眼下（1943 年年初），每名军官必须曾在行伍里服役过一段时间。我赞同朝向民主迈出的这一步，而不是以往那种但凡有些身份地位的人，甚至是刚从大学出来的毕业生都可以被直接任命为军官的传统。不过传统的痕迹尚未彻底消失。我记得面试过程中被问到在学校都进行什么体育运动时，我的回答里包括英式橄榄球、壁球和板球，小心翼翼地回避着粗鲁如足球的任何运动。

这种谨慎表明，和某些普通士兵，特别是某些共产党员士兵不同，我希望能当上军官，起码对此不反感。当然，作为一名共产党员和犹太人，我想打败希特勒和他所代表的一切。我反复考量着，觉得自己在这场反法西斯战争中作为一名军官或许比当一名士兵能发挥更大的价值。

因此当命令传来，让我前往军官学校学院训练队报道时，我高高兴兴地服从了。我的同伴是其他三名情报课程的“毕业生”：第一位是头脑聪明、看上去天真无邪的金发碧眼的年轻人，战争结束后的愿望是当名牙科技师。装点他铺位的是他的墙报女孩，漂亮的新婚妻子披着浴袍的暴露照片。第二位是有点阴郁而孤僻的埃里克，他在绝对音感上的天赋使他成了亚非学院日语语音课上的明星学员。

第三位是卡尔顿，一位幽默风趣、愤世嫉俗、善于表达的知识分子，具备牛津大学教师的一切要素。我们四人相处融洽。

我关于军官学校学院训练队最生动的回忆和军事完全无关。在雷金山脚下的一片树林里，蓝铃花铺成了厚厚的地毯，1300英尺高的雷金在英国就可以算得上是“山”了。我们四人在一个周日爬到山顶，极目四望，郁郁葱葱而令人心旷神怡的英国中部土地上点缀着无数兰花。与军事训练相比，此情此景是更愉快而且清晰的记忆。我们帽子上的白布条显示我们不只是空军，还是预备军官，于是军士长和其他非委任（基层）军官一边朝我们大吼着命令，一边不协调地称我们为“长官”：“把你的脚抬到这里！——长官。”而在指挥着同伴们的连、营在操练场上来回行进时，我们不得不吼回去。我们尽量不怯场地完成，实际上更多地把它当成一种游戏或笑话而已，毕竟我们四人组中没有性格软弱之人。我们甚至通过了在餐厅里进行的更苛刻的考试——从盘子边一溜儿排开的刀、叉、勺中选择正确的武器，证明我们可以达到军官专用食堂的要求。最终，仅仅一周后我们就被发放代票券乘火车回到拉格比市附近的古宅了。在习惯的作用下我们坐进了三等车厢，列车员来检票时被搞得很尴尬——我们应该坐头等车厢的。尽管还带着深入骨髓的平民本能，但我们是军官了！

回到拉格比附近的驻地后，委任军官把我们叫了去。我很喜欢这位从普通士兵一路升上来的空军中校。在送我们出发去伦敦做军官服之前，他像父亲一样和我们四个谈了次话。“还有，不要在邦德街上那些时尚的裁缝店里浪费时间和金钱，”他建议道，“去蒙塔古·伯顿就行了。现在是打仗，不是茶话会。”当年采用大批量机械化缝纫方法进行生产、尺码齐全的蒙塔古·伯顿，提供五十先令就可以订制像样的西装，因此被称为“五十先令裁缝”（眼下五十先令连一条领带都很难买到了）。我们很乐意采纳这位军官的建议，剩下的服装在莫斯兄弟的店里解决，这家店与考文特花园国王街里的共产党总部隔街相望，我用余光在那里停留了一瞬。尽管中校本人值得尊敬，他那个马屁精副手却令人厌恶，带领大家在军官食堂里高唱一首原为“考布里大叔”的幽默民歌，但却把歌词里的“考布里大叔”改作“我们的中校长官”。我觉得这真比高唱《天佑吾王》还令人尴尬。[1]

从伦敦回到驻地后我们过了几天舒适惬意的日子，不再睡铁皮屋，每天早饭前还有一位干练的空军妇女辅助军团成员将茶水送到军官的床边。然后，事情突然起了变化，我们被叫到房子周围广袤牧场上的绿顶帐篷里去。派驻海外的命令来了。

首先，临行休假。我和伊莎白在湖区度过了两周，我上次来还是八年前的1934年。蒙蒙雨雾中，我们追随华兹华斯的足迹徒步，对他声称在早饭前就走完的距离感到吃惊，住在鹰钾古色古香的旅店里，这镇子曾是他上学的地方。处于分别的甜蜜痛苦中的年轻伴侣什么样，我们就是什么样。最终，我们离开了湖区春天的细雨与迷雾，伊莎白去往伦敦的工厂，我则前往兰开夏岸边的布莱克浦海滨度假区，我们将从这里启航。镇上随处可见身穿军服的男人和女人在风浪中沿着海边行进（“布莱克浦令人如此振奋”，旅游广告如是说）；频频向我们致以那可恶的举手礼的“其他级别”不断扰乱着我们这些新任军官的生活，因为我们必须不断回礼。登船出发的另一前奏令人不安——建议我们写好遗嘱，交给至亲。我的遗嘱很短：“我的所有财产留给我的妻子伊莎白·乔伊·柯鲁克。”然后连同我的歉意一起寄给了她。这真不是什么令人振奋的告别方式，不过我并未把遗嘱看得太认真。年岁增长，我依然没有摆脱五年前奔赴西班牙时那种刀枪不入的乐观，内心对此毫无疑问：我会回来的。

---

〔1〕《天佑吾王》为英国国歌。——译者注

就政治层面而言我已经回来了，回到英国共产党一贯以来的正义事业中。得知皇家空军将派我前往海外后我联系上了“罗比”·罗布森，掌管军队中党员事宜的中央委员。他来到了我们那间正对大英博物馆的便宜旅店的阁楼房间里。我问罗比，作为一名共产党党员军官我在皇家空军里该如何做，他回答：“你只有一项工作：当个好战士。竭尽全力帮助这场反法西斯战争赢得胜利。”我点点头。心中的疑虑已烟消云散。我再次在乔大叔的怀抱中如鱼得水，而托洛茨基再次成了罪恶的化身。

第六章　印度之旅（1942）

所有人都发了吉卜林遮阳帽，没有人戴过；军官们还有左轮手枪，谁也不曾在愤怒中或平静中扣动过一次扳机。熟悉了枪托上的编号后，手枪就被收上去统一保管了，我们几乎没再见过它，更没有学过怎么用它。显然我们的目的地是热带地区，还有哪里能让我们的日语语音派上用场呢？这段途经弗里敦、西非、开普敦最后到达孟买的海上航程对军官而言相当愉快，但对普通士兵想必是一场灾难。我们这些军官，即使是新晋军官，住在随时可洗热水澡的舒服客舱里，在有空调的餐厅里吃饭，把冰淇淋浸在南非烈酒里享用，酒水一律免税。还可以跟400名护士跳舞——即使对一个新婚不久的新郎而言这也是难以抗拒的诱惑。不过我们时不时变身严肃齐整的军官，肩负着检查士兵宿舍的责任，深入到船体内部的H层舱去。[1]那里的条件足以把任何一个人逼成反抗者，特别是军官的生活方式对他们来说并无秘密可言。这些士兵睡在三种不同高度的铺位上，桌上、地板上、头顶吊床上。洗浴设施严重不足，厕所和浴室外永远排着长队。然而这些人不知用了什么办法，每天开开心心，朝女子辅助军团成员唱着小黄曲，身上自带逆来顺受的、已成为进步一大阻碍的著名的英式幽默感。

〔1〕　H层舱，即船最底部的低档舱位。——译者注

我们在赤道以北不远的弗里敦靠了岸，一场倾盆大雨无法缓解潮湿，但确实减轻了酷暑，德军曾经在这样的雨中洗澡。前往开普敦的航路上天气渐渐凉爽了下来，但还是有很多男兵——以及女兵——夜晚睡在甲板上，有时男女间的界限划分得并不那么严格，这令夜里拿个手电在甲板上潜行检查的、清教徒式的指挥官大为恼火。最后我们到达了将停留五天的开普敦，补充了在实行配给制的英国根本搞不到的好酒、优质食品当补给。

上岸的第一个晚上，军官和士兵们像群蝗虫一样奔向货品充足的水果店，几分钟内把货架买空。除阿非利卡人之外的当地富裕白人对军队很友好，开着车带我们参观当地名胜，还把我们请到自己家去吃丰盛的大餐。[1]关于当地人请客，我最喜欢的故事发生在一个来自美国的人家——不过其真实性可疑。这户人家发来的请柬里有条附注："犹太人除外。"到了约定时间，五名士兵来到门口，管家一开门见到了五张黑人面孔。女主人说是不是搞错了，而男主人说："不会错的。我们的上校从来不犯错，他又不是科恩上校。"[2]

我直到在这个港口停留的最后一天才接受了这样的邀请。上岸第一天我买了份报纸，发现这是家带有反法西斯甚至左翼色彩的报纸，于是一路找到了报社所在地。在报社里我解释说自己想了解一些当地生活，关于普通人的而不是大农场主的。记者们很高兴地带我四处转，将我介绍给当地人，包括"有色人种"（不同人种的后代）。其中一位医生告诉我，他的孩子们从小和白人孩子一起玩儿，但一到十岁他就禁止他们再和白人孩子玩儿了，他想当那个先说"不许和这些人一起玩儿"的人。我的新朋友们还为我介绍了一位博

---

〔1〕　阿非利卡人，旧称"布尔人"，是南非白人种族之一。以 17 世纪至 19 世纪移民南非的荷兰裔为主，融合法国、德国移民形成的非洲白人民族，不喜与外族人交往。——译者注

〔2〕　科恩是最典型的犹太姓之一。——译者注

学的导游，他带我去了一家很棒的博物馆，馆里用真人当模特展示不同的种族：俾格米人、霍滕托人、半游牧的闪族人（在南非被称为布西曼族人）——据说他们吃进去的食物都储存在肥大的臀部里。整个展览既科学又美观的陈列设计让我相信，在南非，还是有一些人对非白人文化心存敬意的。

这并不是说在开普敦我没有面对过种族隔离制度。我们的船上有一群技术高超的工程师和工人，他们是刚从英国接受完技术深造正要回家的“殖民地居民”，这一计划由英国工党劳动部部长厄尼·贝文支持、主导。我和他们中的一位帕西人成了朋友，很想上岸后和他一起吃顿饭，在船上的军官餐厅里这件事不可能发生。开普敦的朋友们告诉我，整座城市里唯一能让两个不同肤色的人坐在一起吃饭的地方是六区，而那里正是我们被明确要求不准进入的地方，危险、肮脏、名声不好。不管怎么说，我俩还是去那里吃了饭，什么不幸都没发生。

担任我们这个小分队教育和福利官员的过程中，我逐渐了解了我的帕西朋友。这是个志愿性质的工作——多干活不拿钱，大多由自由派、社会主义者特别是共产党员自愿担任。在海外三年，我干了三年。在船上我给空军士兵们讲课，组织他们讨论关于印度的种种问题，它的人民和历史。我当然不是这个领域的专家，但或许比船上其他人知道得多一点。不过我依然需要尽可能地向书本求援，包括尼赫鲁的自传，还要向船上的印度人请教。英国人虽然和种族主义者打过仗，但显然还没有完全摆脱种族主义的影响，正是这样的状况使我主动承担起这份工作。在亚非学院时我学到了“Wog”这个词，关于它的起源众说纷纭，是丑八怪（golliwog）的简写吗？抑或代表（其实是贬义的）“值得尊敬的东方绅士”（Worthy Oriental Gentleman）？不管从哪儿来，这个词是驻扎东方的英国军队里流行的对非白人的蔑称，接下来在东方的三年里它将不停地在我耳边响起，让我厌恶。

一旦登陆孟买，这个词出现的频率立刻高了起来，连同从英国军人嘴里说出的、令我意外的口号：“印人治印！”这并不是什么反殖民主义宣言，而是英国式的反讽，翻译过来就是越早离开这鬼地方越好。这种情绪在下面这首广为流传的歌里得到了呼应：

人们说运兵船刚刚离开孟买
驶向英国老家的海岸，
满载着役期已满的士兵
归心似箭，翘首以盼。
等着退役的空军一堆堆，
排起申领救济金的长队。
在大洋的这边
升职提拔想都别想，
伙计们干杯：
让他们全滚蛋。

这类充满了戏拟的不满口吻的歌带有典型的英国风味，就像所有英国人心知肚明的那样，不用太当真。

在孟买我探索着熙熙攘攘的市场，用芭蕉叶做成的“用一次就扔掉”的盘子格外引起了我的兴趣——再也不用浪费时间在洗洗涮涮上了。这里的神牛们大摇大摆、目空一切，甚至掀翻摊位、把可怜的货物踩个稀巴烂，看到饱受贫穷折磨的当地人对此泰然处之，我就更惊讶了。不过，我想，这难道比我从小浸淫其中的某些犹太教规矩更荒唐吗？

和这种古老的迷信形成鲜明对比，我在一家书店的橱窗里看到了一本简装的《列宁论文学》。我走进去，发现自己置身于一家共产主义书店。尽管身穿英国军服，我还是受到了热情欢迎。我感受到的友好并非没有来由，印度共产党将当前战争描述成一场人民战争，印度在其中不是被剥削利用的殖民地，而是英国的盟友，抗击共同的敌人日本。而那位毫无疑问是共产党员的书店店员，将尼赫鲁说成“资产阶级最优秀的儿子”！我们相处愉快，有一次在书店浏览后我被邀请到这座楼顶层的共产党活动中心一起吃饭，我的第一顿真正的印度餐。在门口脱鞋，用大铜水罐里倒出来的水洗手，盘腿坐在垫子上，用手抓饭吃——更准确地说，只用右手，左手用来做其他不卫生的事情。饭菜简单，但辣得可口，是我离开四川一年来吃到的最好的。这些穷人的善意令我感动而惊奇，他们不应该将我当作间谍，至少也是个敌人吗？不过更令人惊诧的还在后面。离开孟买前我接到邀请去参加党的书记 P.C. 乔什的婚礼，新娘是身材高挑、容貌出众的卡普娜·达特，曾经的无政府主义者、现在的共产党员卡普娜在看契诃夫的独幕剧《求婚》时既开心又尴尬地笑着。真是群不一般的共产党员，我心里想，不过他们真应该加强安全防范意识才好。

在孟买待了几天后，我们这个由 120 名空军、指挥官和 7 名军官组成的小分队乘坐军用列车去往约 1500 英里外、当时属于印度西北边境省（现属巴基斯坦）的阿伯塔巴德。在被几个世纪的残暴殖民统治所蹂躏的“土邦”土地上，我们的火车貌似永无止境地缓慢爬行着，酷暑难耐，大汗淋漓。

到达阿伯塔巴德后，作为小分队的福利官，我向基地指挥官报告这一路的情况。阿伯塔巴德是英军在印度的驻扎点之一，而我作为资历尚浅的皇家空军新晋军官还是鼓起勇气礼貌地建议，从孟买到此地又长又热的旅程中的食物配给并不适合眼下的气候，主要由罐头牛肉构成，而六个人一天只能分一罐水果。指挥官对我鲁莽的建议大为惊骇，他不以为然地盯着我看了一阵，然后开口：“我亲爱

柯鲁克（第二排右一）与其他下级军官们合影 1943年，印度

的朋友，这些配给从1893年就定下来了。你想改变它吗？”我心里犯起了嘀咕。在饮食改革方面，我真不配做母亲的继承者。

阿伯塔巴德是一个人口15000人左右，海拔4000英尺的美丽地方，以作为疗养胜地而闻名。不过距离苏联边境只有80英里使其具有了重要的战略意义，同时因为临近尼泊尔，这里是长久以来在印度和英国军队里当雇佣兵的廓尔喀族人的集结地。[1]使这些人出名的除了他们的勇敢，还有——在英国人眼里的——愚蠢（或许在廓尔喀族人眼里英国人亦如此）。有个故事广为流传：某个团的廓尔喀族人将被空降到某地，他们认为这个任务听起来可有点危险——直到有人向他们解释，会发降落伞的。这个故事反映了在印度的英国

〔1〕 廓尔喀族人是尼泊尔土著民族，19世纪时英军曾与廓尔喀人交锋，惨败，因而非常欣赏廓尔喀人的军事才干，遂放弃武力征服而改为出资雇佣，建立“廓尔喀团”，英军沿用至今。——译者注

柯鲁克在印度　1943 年

军官的普遍态度，少数族裔就像可爱的孩子，只要像父母那样照顾他们就行了；而正是该死的无知闯入者，比如我们这样的战争时期的非职业军人，打破了英属印度完美的宁静和甜蜜。得教育教育我们。

我们被告知的第一件事是需要雇一名当地仆人在餐厅为自己服务，也处理我们的其他紧急需求。仆人的职责之一便是早晨起床前伺候我们，把奶茶送到床头，以及下午 4 点在部队营舍的下午茶。为了这些餐饮仪式，必须让仆人买来茶盘和一整套茶具，包括茶壶、茶杯、杯托、糖罐、夹糖的钳子、装牛奶和热水的水罐，等等。在餐厅时如果没有专属仆人而依赖那一两位餐厅服务员，你的饭菜肯定上得又慢又凉。作为整个分队七名军官里最年轻的四名新晋空军少尉，我们对此都很反感，但又无能为力。毕竟我们都很年轻，有着好胃口，不想在军队的食堂里饿肚子。整个食堂都处于上

143977 P/O D Crook, 370 WU, RAF, India Command, November 2nd, '43. Number 19.
Darling, I've just come back to my old place after being away for a couple of weeks
seeing Maurice and being on duty at the same time. Two of your AMLCs were forwarded to
me there (Sept. 2?th and Oct 4th) and there were threee ordinary mail (July?th & 18th)
which had been addressed to the first A.P.O. number) waiting for me on my return here.
That pretty well fills in the gap except for August 8th to 28th; those will turn-up in
time I suppose. I make no comment on the postal system. It would be just as well for
you to number your letters as you suggested; I can't vouch for the accuracy of my own
numbering but its a fairish guide. I've also received the enclosed letters from Maurice
(after having seen him in the flesh) and from Paterson (after having received an AMLC
direct). While on the subject of letters, I've also received a brief one from the Brit-
ish Embassy in Chungking saying that the RAF had refused the British Council's request
for my release in order to work for the Council in China. I don't quite know
how to feel about this. The Council job would probably have been the sort of thing I
could do best and would certainly have been interesting and of some use. My present job
is of course more directly involved in the war effort and is of importance, but the par-
ticular type of work is not the kind to appeal to me especially. Still there's hardly
been time to judge it yet and I may find it more congenial later. I wonder if that's
what Cripp's enquiry about my address was connected with. His friend Air Vice Marshall
Collier is now back home, as you may have seen from the papers, so I just missed seeing
him. The journey back here was different from the one going down but still not lacking
local colour. The train left at night and I was put into a 4-berth carriage all by my-
self. My slumbers were interrupted in the middle of the night at some small station by
a couple of Indian soldiers eyeing the empty berths enviously and me most dubiously. I
beckoned them in and was a trifle surprised to discover that the party consisted of one
man well handcuffed and chained and an escort of three. Still, we spent a most satis-
factory night, the prisoner (thoughtfully unchained for the night!) especially, in far
greater luxury than he must have foreseen. I hope it doesn't convince him that crime
pays after all. I had an excellent lunch sent into the carriage from the Hindu tiffin
room, on a gigantic metal tray strewn with small dishes - all for 14 annas (including,
no doubt, the extra charge for white sahibs). My fellow passengers were all Indian offic-
ers. With two of them I skirted delicately around the question, which had cropped up in
thir talk, as to whether the Indian army was a purely mercenary one. Later on I fell into
conversation with a major, an extremely intelligent person, about Indian industrialization
or the lack of it. There is apparently a vast amount of untapped oil here, among other
resources. He'd spent some time in China and had a realistic understanding of the situat-
ion there. Finally he began to tell me, most vehemently, how monstrously cut-off from
real Indian life were all members of the British forces, how absurdly artificial, isolated
and secluded our existence is. He scarcely gave me time to agree with him. Still, my
brief stay in Delhi afforded a few glimpses at new things. I went sightseeing each Sun-
day. You've received the report of the first expedition. On the second we cycled to
Qutb Minar, about ten miles from the city. Do you know it? A most graceful fluted tower
240 feet high (the guide-book says) and it seemed so as we climbed it. Incidentally the
prospect of so much cycling and climbing had scared Maurice off; he worked Sunday and got
off Monday, the day I left. There was a lovely view from the top. The remaining arches
and cloisters of the Muslim mosque are extremely graceful and might be compared with
Fountains. The byke ride itself was delightful, past the extensive ruins of earlier cities
of Delhi which stand amidst the now cultivated fields. We stopped several times - once to
look close-up at some irrigation work; a deep well from which water was drawn up in a ski
four oxen being used in alternate teams of two. They pulled down a steeply graded run
ending at the exposed roots of a tree. There the rope was unhitched and as the first team
climbed up to the starting point again the second team pulled up another load. We follow-
ed the water along its channels and onto the fields where we talked with the landowner.
Later we watched ploughing and sewing, the sower following the new furrow and pouring the
grain into it through a long hollow tube. Further on we watched bullocks threshing mille
- just treading it as they walked round and round a post, not blinfolded, and occasionally

BY AIR MAIL
AIR MAIL
LETTER CARD
IF ANYTHING IS ENCLOSED THIS CARD WILL BE SENT BY ORDINARY MAIL
Y.W.C.A.
Central Club, Gt Russell St
Mrs David Crook WC1
to Canada House
Trafalgar Square
London
ENGLAND
D. Crook

In ENGLISH
From:
143977 P/O D. Crook
RAF
India Command

adding to the mineral content of the grain in a way you can guess; that will be whole-
wheat flour with a vengeance. The last day, before catching my evening train, was spent
with Maurice in Old Delhi. We walked along the main shopping street, Chandni Chowk (and
some of the less main ones) window shopping and actually buying a little. Maurice tried
on almost the entire stock of one shoe-dealer in an unsuccessful attempt to find shoes to
fit his flat feet. They seem to run in the family. He's about as bald and considerably
fatter than I, even though the justice of these insults may not be immediately apparent
from the picture you will eventually receive. We had one taken by a street photographer,
against the most garish oriental background imaginable - enough to make Kublai Khan seem
an unimaginative statement of dull fact. We lunched in an excellent Indian hotel recomm-
ended by some of Maurice's office clerks, with a palm-treed courtyard and all the usual
stage effects. The only things I bought were books, some for Li and some for myself. This
lead to quite an animated discussion with the bookseller and another customer on the sub-
ject of histories of India (for me). The Indian verdict was that there were really no
good histories in English for reasons of security (personal, as applied to the writer). It
would probably not be difficult to get to know a few Indians at least fairly well, though
my present occupation and the uniform itself are now an almost insuperable obstacle. Li,
by the way is interested in music (did I tell you that he'd produced a modern Chinese op-
era in Chungking) and would be most interested in 'The Background of the Blues'. Do you
think you could send it? How do you like Tsui Chi's Chinese history? No more than I did,
I trust. I shall have the same difficulty trying to get an intelligent approach to India
n history, I can see, but I did get a couple of second-hand ones, one by E.W.Thompson,
which seems not too bad. I've been thinking that if it weren't for the war we'd have got
married at the end of 1941 and been together ever since. Instead, we've never had more
than three consecutive months. But its given me a taste of what could really be - like a
man-eating tiger that's tasted blood, though that may be a flatteringly incongruous simile.
Anyway I'll try to give you a rough idea of how I love you in the next letter. That's all [illegible] now, [illegible] David.

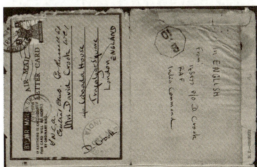

柯鲁克 1943 年 11 月 2 日写给妻子伊莎白的信

Port Rowan, Ont.Sun.,Sept.I2,43.

Dear David;

This past week brought us at last news of your safe arrival, Three weeks ago a letter from Isabel had reported seven weeks of separation and still no word from you, and it was cheering to get the letter from her telling of several messages from you, Then we received your steamer letter of July 20, a good newsy letter in spite of all the things one cannot write of these days, and yesterday your airgraph part I and part 2 . We are very grateful to you for these direct messages for our thoughts are much with you. And I greatly appreciate your birthday greetings to me.

You will probably have learned from Isabel before this arrives that we took a circuit July I, Port Rowna is a little village about mid way on the northern shore of Lake Erie. As places in Ontario go it is old, One of the first settlements in Ontario was here by Long Point , a peninsula jutting out parallel to the shore south of us. The circuit has two other appointments,both in villages on good roads five and seven miles away, one north,one south. The church at one time was very strong and there are many fine families-- (I suspect that phrase means more in England than it does here) But for quite a number of years the church has been losing ground and at present this is not a sought after appointment. That was one of the main reasons Homer took it. He says he has been trying for years to get the older preachers in China to be willing to step out of the city churches and take the less desirable ones and that now he must be consistent and do likewise. But also he took it because he feels, I think, that there is less strain than in a city churh and as there is very little program in any of the churches he is free to initiate the kind that appeals to him most. As the young people are pr pretty well absent from the church services he is working hard on a plan to get the young people to-gether for a Church week end at our beach at Long Point. Three cottages and the pavillion have been put at his disposa Three ladies are taking charge of the home and food problems and he seems to be working up a good program largely from the talent in the three communities. He is drwing leadership from all the churches. Fortunately the interdenominational relation is exceedingly friendly. All help each other. --This morning in S.S. the superintendant leaned over to a little fellow pla ying with his coppers and said,"Those will be rolling on the floor in a minute, Give me the one for our collection and put the Baptist copper in your pocket where it will be safe." Baptist Sunday Scho comes immediately after ours and it seems quite a number of children attend both. Some even atten three as the Free Methodists is held the hour before ours. A friendly town.---- The program centres around three mai n topics.The Bible, The World Situation, Personal Problems. One of Homer's nephew's has just sent hima fine volley ball to help with recreation.

As Homer is one of two resident pastors in a ten mile radius it would seem quite a few of the weddings will fall to our task, Civil marriages are not yet legal in Ontario, I think.Three out of the four we have so far had are very young couples, eighteen to twenty years old, and not church folk. In one case at least we would have liked to urge against so early a marriage. So far the best we can do is to insist we

柯鲁克的岳母 1943 年 9 月 12 日从加拿大寄来的信

校的统治下，他总是带领大家在吃饭时干杯：“先生们，为了国王，干杯！”除了这一切之外，几天后我们又被告知，离出发去真正的行动基地还有点时间（我们算是当地驻军的客人），建议我们前往附近的克什米尔，舒服地躺在船舱里，由船夫撑着船顺流而下，穿过无与伦比的山区美景。我们愤怒了。战争正在进行，祖国空袭不断，食物紧缺，更不用提那里还有我们的妻子和家人。我认为应该做点什么，于是某天在食堂留言簿上针对当地仆人问题长篇大论了一通，题目就叫“下去吧，吉夫斯”。[1]可惜主人们并不欣赏我的幽默，皇

〔1〕 吉夫斯是作家佩勒姆·G. 伍德豪斯系列小说《万能管家》（*Carry on Jeeves*）中的人物，是个能干的仆人，后用来代指理想男仆。作者为了幽默故意给自己的留言拟了个“Carry OFF Jeeves”的题目。——译者注

家空军和当地军队的关系更加紧张了。

我意识到应该把精力集中在更重要的事情上，于是设计了一系列关于印度历史的讲座，突出印度文明的辉煌和悠久，并非处处落后于我们。对此反应不一，有些人赞赏，有些人依然把印度人当作、称为“Wogs”。不过，Wogs 还是有用的。不少士兵很快就躺在床上由印度理发师理了发，而军官们则呷着早茶。这是一套让人难以抵御的系统，特别是当没有什么或只有很少工作要做的时候。军官和一些资深下级士官会去听课，进行和情报工作相关的能力倾向测试，在这个离苏联这么近的有战略位置的监听点，情报工作其实已经进行了一段时间。在亚非学院弗斯教授的语音课上我曾是明星学员之一，但在这里的密码系统等课程上只是成绩平平。

总之，时间愉快地向前流去。我在附近干燥、荒凉、多石的山区漫步，想了解一些当地的生活，但在语言不通的情况下很难比“观察农民的贫穷”做得更多。偶尔我们也去镇上看电影，这让我对印度人的时间观念有所领教——当然类似的事情还有很多。所有电影无一例外地延迟开场。当我和影院经理提及这个问题，他说：“你看，电影院就像火车站，乘客没到齐，火车不会开；顾客没到齐，我们就不能开始。”

我和军邮站的几位永久居民成了朋友。其中一个，出人意料的是中国人，平日穿便服，估计是做翻译类的工作。能见到去过自己国家、会说一点自己国家语言的人令他很高兴，他用中国人的传统方式表达了自己的好意——请我去家里，用他那位漂亮妻子做的美味中餐招待我。另一位朋友是名尊重印度人、从不像对待 Wogs 或孩子那样对待印度人的英国中尉，仅此一点便引起了我对他的好感。正是他让我意识到不论自己多么痛恨种族主义，它仍残留在我的身体里。有一天晚上我们一起喝酒时来了位印度少校，一个个子高高、胡子浓密的锡克人，谈话过程中我的朋友时不时称呼这位客人为“长官”。这为何会让我感到惊讶？一位作为下级军官的中尉称呼作为上级军官的少校为“长官”既正确又得体，然而不知怎的，看到英国白人称他的深色皮肤客人为“长官”还是，起码在一瞬间，令我吃惊。将近三十年前，妈妈曾让我吐掉从“那个讨厌的脏黑鬼的口袋里”拿出来的糖；这么多年过去了，我还是没有把它的遗毒彻底清除掉。

这样的自我质疑很快就显得不那么重要了，向着东南方，我们又开始了一次1500英里的火车旅程，那个小镇在接下来的九个月里将是我们的驻地。比利巴坦在印度的东海岸，在马德拉斯与加尔各答之间。它是三个村庄的聚落，中间的村子是市场和古老的港口，两边是渔村。我们小分队进驻的精美木质房屋始建于17世纪，曾是荷兰东印度公司在当地首领的住所。小镇后面升起一座山，山腰上一座刷成雪白色的印度庙宇在阳光下熠熠生辉。在那里，我结识了我的第一位印度朋友阿南德。他任教于当地学校，说着流利的英语，我们在闲聊了几句天气后还讨论了其他问题——之后谈话贯穿了我在比利巴坦的九个月。二十五岁左右的阿南德是位婆罗门，和一位同样是婆罗门的十四岁女孩结了婚，两人星象相合。她是个甜美的孩子，但没受过什么教育，因此两人的关系就是一个心甘情愿、满怀爱意的奴仆敬仰着她那博学的丈夫。阿南德接受了她，但渴望着有个哪怕不能和自己齐平，也能当自己伴侣的妻子。当我俩足够熟悉之后，我建议他必须亲自教育妻子，把她变成自己喜欢的样子。但阿南德已经爱上了一个女人，他的学生，他会去她家里给她上私人课程。但他的爱人属于比婆罗门低两个等级的吠舍阶层，或者说商人阶层。我充满同情地倾听他的故事，某天，在事先安排之下我见到了他的爱人，一个正走过沙地的迷人倩影，比利巴坦的微风将她朦胧的纱丽轻轻吹拂。阿南德曾在家将妻子介绍给我认识，和他的妻子相比这位女士与他年龄相仿，他们之间的爱即使谈不上更伟大，无疑更加心意相通。但在这个种姓决定一切的社会里，对于这类时不时发生的故事又能如何？临近离开比利巴坦时，阿南德给了我比结识他的妻子、爱人更高的荣誉——他和我这个异类共同进了餐。不是在他自己家里（那简直无法想象），而是在一位朋友家，我们两人坐在同一张桌边，我和一位神圣得遥不可及的婆罗门一起吃着饭。

我并非小分队里唯一和印度人交朋友、对印度文化感兴趣的人。在阿南德就职学校校长的帮助下，我办起了泰卢固语学习班，这种当地语言据说是印度语言中最具音乐性的。学习班反响热烈，但令我惭愧的是我本人远算不上什么好学生。如今我唯一记得的一句话是 Na alawattu kaadu，意为“这不符合我们的传统”，还是在学习班之外从一位印度基督教徒那儿学到的（我通过当地一位美国浸礼会传教士结识了他）。这位印度基督教徒邀请我到他家，我们蹲在夯实的土地上，用手从芭蕉叶里抓辛辣的咖喱吃。我觉得自己必须有所回报。得知肉类在这里是奢侈品，我从驻地的商店买了些牛肉罐头带给他——毕竟，请客的主人都是基督教徒嘛。但他们礼貌地拒绝了我的礼物，吃牛肉不符合他们的传统。我为自己的无礼道歉，暗自思忖，有一些不信教的犹太人依然不吃猪肉，我早该猜到印度基督教徒是无法欣赏牛肉之美的。

另一个和吃有关的故事值得一记。因为牛在印度社会的神圣地位，有规定十岁以下的牛不得宰杀，即便在伙食通常很好的英国军队里，优质新鲜肉类也相当紧缺。一天，从我们采购供给的、位于附近维萨卡帕特南的海军基地传来消息，那里有上好的澳大利亚和新西兰羊肉，只要开口，免费赠送。一艘前往斯里兰卡（当时的锡兰）的冷藏船被日军鱼雷击沉，但船上货物被安全运上了岸。因为缺乏如此大量货物的冷藏设备，这些东西必须马上被处理掉，不然在炎热的天气里很快会腐烂。造成这种状况的历史原因是，英国政府把主要精力放在了印度北部，比如我们之前驻扎过的西北边境省，在那里兴建了不少基础设施，因此气候相对凉爽的地区反而有充足的冷藏设备。但在气温要高一倍的南部，却没有。所以……“去，弄一批回来。”无须多说，我们的军士厨师拉了一整卡车回来。于是我们连着吃了很多天的羊肉和羔羊肉：羊排、炖羊肉、烤羊肉，总之各式各样的羊肉。即使如此，依然剩下了很多，一天厨师找到我：“抱歉来打扰，长官，但如果我们不赶紧把这些羊肉消灭掉，马上在维萨卡帕特南都能闻到它们的臭味儿了。现在已经够味儿的了！”军士埃利斯是土生土长的伦敦人，一口伦敦腔。

我突然有了灵感，要用这些羊肉来改善种族关系。我跑去找那位经营着一所男校的浸礼会传教士，建议他为学生和我们的空军战士组织一场真正的印度聚餐。需要多少羊肉我们都提供，只不过羊肉必须以纯正的印度方法烹饪、上菜，再以标准的印度进餐方式被吃掉。这位可敬的先生同意了，聚餐如期举行。学校里所有的男生和几乎每位空军士兵都参加了，围绕着学校操场的木质走廊上摆满了芦苇垫子，大家一起坐在垫子上。一码又一码的芭蕉叶铺在垫子上延伸开去，大锅里咕嘟着足够的咖喱。对出席这次聚餐的大多数空军战士而言，这是他们有生以来第一次（毫无疑问对很多人来说也是最后一次）体验真正的印度餐。英国工人和士兵所来自的“下层中产阶级”在饮食习惯上相当保守，但乐于有机会尝试新鲜事物，这顿饭在之后多年里都将成为他们的谈资和家信的内容。更重要的是，聚餐激起了他们对印度传统文化的更大胃口，就连埃利斯军士也对此发生了兴趣，尽管他仍然称印度人 Wogs。事实上，他是对印度人最恶劣的冒犯者之一。作为厨房的掌管者，他控制着一群随军杂役，这些没什么技术专长的可怜人极其瘦弱，肋骨好像就要刺出胸腔。他们慢吞吞地抬水、洗洗涮涮、干点其他杂活，每天得到 8 安奈的报酬。[1] 埃利斯经常咒骂他们，甚至为了让他们干活而

〔1〕 安奈，英属印度时期的辅币，是世界上价值最低的货币之一。——译者注

踢打他们。当我抓住他这么做时斥责了他，而他却为自己辩解："看看他们那懒洋洋晃晃荡荡的德性！"他抗议道，"简直一群该死的乌龟！""让你吃着他们那样的伙食，拿着8安奈一天的工钱，你能干多快？"有史以来第一次，我们那一口伦敦土话的军士没有怼回来。

在试图改变他对Wogs态度的这件事上，我抓住了一个机会。邻近村庄发生了一起火灾，着火的房子是用芭蕉叶搭成的圆锥形棚屋，屋顶覆盖着茅草，几千年来印度农民和奴隶都住在这种旱季里一点就着的"别墅"里。得知这场灾难的消息后我为村子的重建发起了募捐，反响热烈，而埃利斯被选为代表，将募捐来的钱交给村庄五人长老会——五位虚弱的老人。要么被我们周围的惨状、要么被五位老人高贵威严的仪态震住，我有生以来第二次看到这位伶牙俐齿的伦敦佬舌头打了结。把钱交给五老会，埃利斯嗫嚅着："嗯，给你们，拿着——"然后不自在地赶紧逃开了。这趟邻村之行，移交捐款以及亲眼目睹过火房屋的惨状，给所有人留下了深刻印象，而两个世纪的英属印度为"Wogs"带来的进步切实可见。我想到了马克思的文章《不列颠在印度的统治》，马克思可不是位感伤主义者。他认为前社会主义时代对印度次大陆的剥削是其现代化进程中无法避免的，又引用歌德的四行诗来描述前进道路上必然的阵痛：

我们何必因这痛苦而伤心，
既然它带给我们更多欢乐？
难道不是有千千万万生灵
曾经被帖木儿的统治吞没？[1]

---

〔1〕　卡尔·马克思，《不列颠在印度的统治》，译文引自《马克思恩格斯全集》第9卷（人民出版社，2006年）。

英国对印统治的显著标志之一便是俱乐部的建立。为方便当地黄麻商人开展社交生活，即使在比利巴坦这个小地方也有一家俱乐部。那是一座美丽的、延展开来的白房子，建造在俯瞰孟加拉湾的悬崖上，有着餐厅和服务员、台球室，柳条编成的躺椅充当英国上等细麻布躺椅的替代品。这些椅子的扶手上开出一道凹槽，以便主人在眺望海上日出或渔民张网捕鱼时放他的掺水威士忌。我们在当地的 1943 年，整个俱乐部只有一名成员：身材肥胖、喜好锦衣玉食的 S 先生。在 30 英里范围内确实还有其他白人，但他们不够格，俱乐部只面向麻布作坊或生意的管理层，而那些人只是会计一类。不过我们小分队里的七名军官倒是被欣然接受为荣誉会员，甚至被邀请到 S 先生的山间别墅去进餐，饭后又收到另一份邀请，共同观看他收集的印度色情幻灯片。

在如此丰富多彩的社交生活之下，我们是否进行过任何工作成了个好问题。我们确实工作，轮班地、不眠不休地，在夜里汗流浃背地和蚊子作斗争，在清早等待凉风到来。清晨的凉风从未爽约，定时把我们的机密文件吹得四散飘零。不过我们也发挥了作用，留心观察，或者说留心收听日本空军的行动。作为活人录音机我们已过时，但仔细研究无线电报员不断发给我们四位情报官和几位军士的飞行日志，还是能获取不少情报。世界各地的无线电报员付出的艰苦努力为反法西斯战争的胜利做出了突出贡献，而我们这里的电报员带着湿乎乎的笨拙耳机，每天长时间地工作，饱受蚊虫困扰，汗水像小溪一样流淌在身上。

当然，作为英国人，他们边工作边抱怨，火力集中于啤酒问题上。印度酿造的啤酒常装在小木桶里送到驻地来，而这种木桶让其本身成了个下流的双关语。[1] 我常常被邀请来瓶啤酒，这种邀请不

〔1〕 原文是 in kegs or firkins。firkin-fucking？

单单出于好意，更主要是想让我认同“这玩意儿尝起来就像醋”。确实如此。我个人更喜欢亚力酒，一种从椰子汁里提炼的烈性酒。这种酒如果用新鲜柠檬汁稀兑并大口快喝，还是可以接受的，而在如此炎热的气候里新鲜柠檬汁貌似是唯一合乎情理的饮料。

我和空军战士的关系相当融洽，只不过作为军官有点麻烦。我并不是一个军人作风很强的人，但仍需要时不时地向他们发号施令，而他们必须唯命是从。我讨厌称呼上级军官为“长官”，但依然得这么做，这些空军战士也应该以同样的方式称呼我，起码在执行任务时如此。我觉得，我们双方对此都很厌烦，特别是眼下的1943年，军队里的民主高潮已初见端倪。有一次我不得不对一名士兵的故意傲慢提出指控，我觉得自己别无他法，不然就要颜面尽失了。作为仁慈的指挥官，只给了他很轻的处罚，在宿舍关三天禁闭。但我仍觉得过意不去，希望我们能坐下来，就着一瓶“班加罗尔醋”好好谈谈。总体而言，军官和士兵相处融洽。因为偶尔会收到《工人日报》，我的左派思想并不是什么秘密，那些情报官同伴们经常以此开我的玩笑。我们四人是个小团体，和另外三名军官没什么交集。而指挥官是名在上海当过警察的常规军，向我们炫耀自己曾在中国的学生游行队伍中打碎过他们的脑壳，后来又在阿富汗边境用炸药、用机枪蹂躏过帕坦人的村庄。[1]他说，空军们都随身携带着“睾丸便条”——向当地人许诺，若移交被击落而未受伤的空军将有大赏的文件，用普什图语写成。“没有这玩意儿，”指挥官一脸严肃地说，“他们早就切掉我们所有人的睾丸了。”考虑到他兴致勃勃讲述的淹没在火海中的村庄，这或许是真的。

我一直希望在这些空军中找到社会主义者或共产党同伴，但少之又少。令我自豪的是，他们当中在我看来“政治最进步”的是我

〔1〕　帕坦人，住在印度西北边境的阿富汗人。——译者注

们的明星无线电报员，一个苏格兰人。乔克能把最快的电台信息准确无误地记下来；或者说，最快的人工信息。不久后机器发报的时代来临，只能用机器——也就是录音机——来处理了。与此同时，乔克和其他最优秀的电报员可以从发报员的手法中判断出敌方的发报机，就像音乐家可以听出钢琴演奏者的风格。在敌人更换了频率后，这种天赋使得辨识出敌军组织依然可能。除了乔克之外，我只找到了几位声称自己投票给工党的人——或者说，有机会投票的话他们将投给工党的人。其他人貌似更在意足球和女人（一对儿不冲突的兴趣），几个人实实在在交了印度女朋友，至少是情人，那些女孩子都是贫苦渔民的女儿。

固定和整理浮标是渔民们一项既需要技术、也需要体力的工作。他们乘坐由三片绑在一起的木板制成的圆底筏子出海，回来后解开绳索，将三片木板分别拉到涨潮线以上，以免被潮水冲走。渔民们站在这样的筏子上乘风破浪，用桨划着水出去调整浮标，他们保持平衡的能力让我大开眼界。我也买了这样一副筏子，让人帮我做了一支双叶桨（渔民们都用单叶桨），不惧鲨鱼和骄阳，出海游泳，在树荫下日光浴。得到这么一副筏子令我喜不自禁，于是傻乎乎地开出（以啤酒兑现的）奖赏：第一个学会掌控它的人，也就是说能在上面站稳的人，可以赢得这份奖赏。不幸我自己成了那个拿奖的人，显然所有人都懒得理睬一位自命不凡的空军少尉提出的挑战。对于一个至少被认作“知识分子”，甚至被视为英国公学学生、大学毕业生的人而言，“与群众打成一片”并非易事，一和军队挂钩，情况就更复杂了。一招不行又出一招，经过苦心尝试，最终我或许在某种程度上获得了成功——即使身为军官，也被认为至少无害吧。

到达比利巴坦几个月后，指挥官提议由我前往西南方向600英里处的班加罗尔运一些设备回来。作为一个从那时起就无可救药的旅行狂，我对这个机会雀跃不已，更何况高原城市班加罗尔风景宜

大卫·柯鲁克与弟弟莫里斯于印度　1943年

人，古迹众多，对此难道还能有更多要求吗？还真有。我能早点出发，去德里的军队看望我六年没见的弟弟吗？——只要时间不长，就可以。

莫里斯当时是皇家陆军医疗队的一名军士，负责文职工作。他曾经不那么认真地想过是否要成为一个（因道德原因）拒服兵役者，但最终以参加皇家陆军医疗队作为妥协。我们对印度历史有着相同的爱好，面对那些环绕着首都的古老城市和古堡，莫里斯是个好导游。我们参观了有千年历史的德里红堡和阳光下的大理石宫殿，这是今天老德里贫民窟居民的劳动结晶。之后我们坐在一起用手从芭蕉叶里抓咖喱吃，莫里斯说这是他的士兵手册严令禁止的。我们聊到了家。其他都平平常常，唯一令我吃惊的是莫里斯正涉足报告文学的写作。他的文字拥有一种温和的讽刺意味，外加微妙的幽默感。多年后当他结了婚，靠推销软色情电影维持家庭生计时，我又想起了这一天。他本可以把生命用在更有意义的事情上，但那份活儿是收入来源，而他有孩子们需要抚养。

那天晚上我向莫里斯借了辆自行车，在摸黑骑回住所的路上经过大片大片的九重葛，道边花树散发的甜香在暗夜中更加馥郁。我抬起头，发现一位印度青年正骑在我身边。我们聊起天来，他邀请我去他家，见见他的家人，喝喝茶。我便去了，受到了热情款待。这个故事没有高潮，我只不过用它来代表我在东方遇到的许许多多即兴而来的友谊与善意。被殖民者对他们的“领主和大人”的感情似乎常常是爱恨交加。

第二天我前往班加罗尔，搬走了我的器材。所谓的“搬走”只是个比喻，真要搬动它可超出了我的能力范围，金属器材放在一个厚重的木箱里加起来至少有 1 英担重。[1]我不行，但印度铁路搬运工可以。在几位同伴的帮助下这位搬运工把箱子顶在了头上，带着这件直立的货物优雅自如地向下一跃，跳下了站台走向行李车。我惊得目瞪口呆，部分出于对他的同情，部分出于万一箱子掉在地上摔坏了里面的贵重器材我可怎么办的担心。这种不幸并没有发生，而且至少就当时来看，重压下的搬运工并无异常，他显然对此习以为常。我心里想，对他来说更大的压迫多的是。对一个营养不良的身体，长年累月这样的重压会产生什么后果？安全地将宝贵的货物运到比利巴坦，我长长地松了一口气。

我又回到了波澜不惊的日常生活中，直到某天晚上明知不可取地接受了指挥官和其他军官的邀请，去海岸线方向 30 英里外的海军基地维萨卡帕特南参加军官俱乐部举办的舞会，并喝上几杯。“来

---

〔1〕 1 英担大约相当于 50.8 公斤。——译者注

吧，老伙计。有漂亮的‘英国’护士和大量的免税苏格兰威士忌。”事实证明，这种描述很准确，但聚会并不怎么有趣，直到……一个喝醉的英国军官试图对一位印度军官的女朋友动手动脚。英国人满口脏话，称那位印度军官为“黑杂种”。印度人回敬道“你个大白猪”，往后一闪，出其不意地给了他一记上钩拳。没有发生什么种族暴乱，大多数人都认为英国人罪有应得，而印度人的拳击技术值得赞叹。之后我们就坐上吉普车往回走了。

临近午夜，比利巴坦的交通一如既往的繁忙，此时正是牛车拉货去市场的时候。那些公牛认路，赶车人就在他的货物顶上睡大觉。指挥官想出了一个恶作剧的点子，悄悄把牛车调个头，让它回家去。对此我提出了无效的抗议。“正好收拾收拾那混蛋。”指挥官哈哈大笑道。我想着他在上海打碎学生头骨，他写给帕坦人的睾丸便条，恶狠狠地希望某天夜里他的飞机摔在开伯尔山口，身上没有便条，被切掉了睾丸，那将是无数人为之奋斗的战争令人欣慰的结果。

到印度将近一年后我又获得了休假的机会，这次我觉得自己理所应当得到它。

我首先去了 1942 年饥荒后不足一年的加尔各答，那里的情形即使以印度标准衡量也可谓人间地狱。这里的贫民窟想必是全世界最悲惨的贫民窟之一，穿过它时我看到皮包骨头的人无精打采地呻吟着，可怜地祈求着施舍。这就是印度最大的城市，而印度是“英王王冠上最明亮的宝石”。通常我都对身上这身制服感到骄傲，但此时它令我芒刺在背。我很高兴能够跑回车站，登上去西里古里的列车。到那里后我换乘了一趟窄轨列车，车头车尾各有一个体积不大但动力强劲的引擎，在一路爬陡坡、急转弯驶向终点的过程中这些引擎不断地发出咕噜声。在窄轨火车的终点我又上了一辆邮政卡车，沿着密林里开辟出的崖边山路惊险刺激地急转弯，一路开向甘托克。

在甘托克，我试图向英国驻锡金政务官古德（Sir Basil Gould）

表达敬意但没有成功，我听说他是位西藏及相关文化的学者。不过他的秘书，一位身穿长袍、一只耳环不对称地晃荡在一个耳垂上的藏族绅士，转达了他的歉意。我有些失望，但安慰自己道，起码他还派了秘书出来，而不像某些老夫子面对不愿见的客人时用听得见的声音说："告诉他我不在家。"

于是我开始了山区徒步之旅，没有饱学之士向我介绍当地的雷布查人的基本情况，只有两名挑夫背着我的行李，装着一些为高海拔地区准备的暖和衣物和一点食物。行李并不沉，而我才 32 岁，我明明可以把它们放在背包里自己搞定的。为何没有这么做？或许我仍没有摆脱白人在亚洲的优越感，更不用说自己还是名皇家军官了；或许我也被卷入了"大人""阁下"的体系，即使曾在食堂留言簿上洋洋洒洒地写过"下去吧，吉夫斯"。

这条徒步线路被分成几段，每段以一处邮政平房为标志。第一阶段很轻松，只有 15 英里且大多是下坡，从海拔 4000 英尺的甘托克到海拔 2000 英尺的迪克丘。迪克丘山谷里草木葳蕤，白色、粉色、紫色的杜鹃花在 50 英尺高的树上怒放。我于中午时分到达，早到的喜悦加上当地小米酿成的啤酒的一番痛饮冲昏了我的头脑，在刚刚开始徒步、尚对其一无所知的第一天，我决定完成两段路程。黄昏降临时离下一处邮政平房还远得很，而我又饿又累，已经步履蹒跚。我跌跌撞撞地走进一处农舍，用手语和我那少得可怜的印度斯坦语词汇表明，我很饿。接下来这顿饭令我终生难忘。切成两半的鸡蛋和火辣辣的红咖喱夹在煎蛋卷里，就着几品脱的牛奶吞下，牛奶多少减弱了那火一般的混合物的威力。吃了那顿美妙的饭后我恢复了些许体力，但天已经开始暗下来，我连滚带爬地紧跟在背夫身后，晚上十点左右到达了下一阶段的终点。

当我走进平房时，迎接我的是响亮的鼾声，还有那明晃晃的火堆前满满一桌食物的美好景象。我朝客厅周围的卧室里看了看，从军装判断是英国军士的四个人正睡得像木头一样。我切了一大块自己向来无法抵抗的邓迪水果蛋糕，留了张道歉的字条，解释了我的窘境。第二天早上军士们对此一笑置之，说我应该再切得大一点。他们正在离开这里的路上，希望减轻负担，于是高兴地将多余的食品罐头卖给了我，告诉我“路上能买到羊肉”只是个谣言。一顿丰盛的英式早餐后我们走上了不同的路。

离开前我应要求在来客记录上签字，发现一对供职于印度文官机构的索尔兹伯里夫妇的行程只比我早一天。一天又一天，当我越爬越高，杜鹃花越来越少、颜色越来越淡，他们总在我前面。在某个地点，我用冰凉的高山溪水冲洗疼痛的脚，透过连绵起伏的山脉轮廓的缝隙，凝视着世界第三高峰干城章嘉峰的顶端。

就这样到了徒步的第四天，我走进一片泥泞而倾斜的山间空地，牦牛啃食着野生的大黄。远处的天际线上有我折返前希望到达的最后一处邮政平房，在那里我终于见到了索尔兹伯里夫妇，一对和善的中年人，对这个国家所知甚多。晚上，我们围坐在炽热的柴火堆边聊起文学。不是佛经，在这个离西藏如此近的地方谈起它倒是很相宜；也不是锡金人都爱的印度史诗；而是“现实的”文学，索尔兹伯里夫妇广泛阅读的英国文学。我们谈论着特罗普洛、菲尔丁、笛福、狄更斯，然后我愚蠢地提到了巴尔扎克。“当然，”索尔兹伯里先生说，“不过他的小说都是关于法国人的。”整部《人间喜剧》就这样被排除在外了。

除此之外，这趟旅行中仅有的与西方人的相遇，或者说差点成功的相遇，便是与一位苏格兰女传教士了。我在甘托克时听说了她，徒步过程中恰好路过“她的”村庄。她的房子有着刷成白色的尖桩篱笆，在特威克南可以见到的那种。我走上前去，向正好在院子里的印度仆人打听情况。那位仆人能说一点英语，告诉我那位女士身体不太好。我送进去一张字条，询问是否能有所效劳，并进去拜访一两分钟。“谢谢，免了。”手写的回答这样递了出来。此般情景与其说让我受伤，不如说令我吃惊：在这个人口稀少的地方，英国同胞给予我的第二次社交拒绝。她一定是位思想独特的女性，或许认为皇家空军是个不信上帝的机构。

我爬到了山间的庙宇，从那里发出的号角声在整个山谷回荡。那些号角有几英尺长，舌簧在一位年轻僧侣的嘴唇上，喇叭则由跪在前面的男孩托在肩上。有人带我参观了僧侣们诵经的院子，他们不时翻动由皮带绑起来、以竹子作封面的羊皮纸书页。然后我围着寺庙转起圈来，欣赏着山区景色。转到寺庙后墙时我看见了野草莓，便停下脚步去采摘。陪着我的老和尚不安起来，明确告诉我这些草莓之所以长得这么好，是因为女人会到这里来小便。想必男人的小便也有相同功效，但我还是就此作罢，不情愿地扔掉了那看上去美味而性感的、夏娃玷污过的禁果。

喜马拉雅山区之旅标志着在印度十个月时光的终点。一回到比利巴坦我就发现，我们的小分队即将转移到锡兰（现斯里兰卡）去。

第七章 “远东评论”（1943—1946）

1. 乐 土

两千万苏联人民于“二战”中丧生，但对于身处远东的英国X战线成员而言，正像歌中所唱，这是场“可爱的战争”。这是由我们工作的高度保密性造成的，我们的任何文件或设备绝不能落入敌人之手。因此离开英国前我们就得到了保证，只要和前线有关的任务，我们的口号是“最后上场，最先撤退”。

就这样，我们接下来的转移目的地是科伦坡，锡兰在当时以“乐土”闻名，还没有成为内讧上演的舞台。代号为“安德鲁斯”的驻地被五彩缤纷的灌木九重葛、木瓜和棕榈树环绕，皇家海军女子辅助服务队队员身穿剪裁合体、蓝白相间的清爽制服，更成了这里的一道亮丽风景。如果你像我当年那般意志薄弱，这将是一段愉快的日子，我曾特别为一个名叫菲儿的姑娘着迷。菲儿不是个政治性很强的人，但她的人生观带有工人阶级的底色，我们都喜欢在附近海滩游泳，在那里，浪花冲刷着珊瑚礁。她是个身心都很独立的女性，不像皇家海军女子辅助服务队的其他队员，要靠“我未婚夫是拳击教练”的老套策略才能保护自己。我想，若没有她在身边，我或许能更加全身心地投入工作吧。

到达锡兰后，我们四位“新晋”空军少尉被提升为空军中尉。

我们的分队又驻扎在了一个联合行动基地，这回是皇家海军的客人，不过没有像在印度阿伯塔巴德的空军驻地时那样，遭受强加于人的当地奴仆、被伺候喝茶那一套所带来的麻烦。刚到不久，我们就和无线电报员一道，被送上了航空母舰，向被日军占领的荷属东印度群岛发起进攻。对我们这支皇家空军的小分队而言，此次出击风平浪静，我们将获得的情报告知海军航空部队，目送他们从航母的飞行甲板上被弹射升空，再看着他们归来降落。一切显得刺激而危险。这些年轻的飞行员从未被保证能安全归来，他们对此处之泰然，让我想起了在拉格比时听说的那些疯狂的小妖怪。我们的情报工作得到了舰队指挥官的赞扬，飞行员报告对日目标打击成功，舰长于是下达了“痛饮庆功”的命令：世界上较好的海军朗姆酒的每日定量，多加一倍。没有战斗任务的日子里，舰长邀请我们这些皇家空军的低级军官和海军军官一起，晚饭前喝两杯。他拥有雅致的住所，我简直要相信军需主任所说的话了——海军补给包括以下物品：盆、卧室专用、镶金器具、海军司令，按需供给[1]。军官和士兵生活条件上的差异再一次令我震惊，当得知士兵间通常称呼军官为“猪猡”时，我已不感到奇怪。不过，我们的住处并不奢华。我被分到一处五层上下铺的第四个铺位，房间里空气污浊。为躲避炎热和过高的床铺，我在甲板上支了张行军床，躺在上面凝视着我此生从未见过的星光璀璨的热带天空。

任务完成，我们被送到了锡兰东北海岸的亭可马里，此处距西南海岸线上的科伦坡直线距离150多英里。我们这些皇家空军的旱鸭子在回到“安德鲁斯”的基地前没有任务了，而航空母舰绕锡兰海域航行到达此地还需几天时间，于是我请了假，开始陆地旅行。这是我在斯里兰卡一系列搭便车之行的起点，我想对这片“乐土”

[1] 这些补给物品清单反过来读就是海军司令专用镶金尿盆。——译者注

有所了解。事实证明，它名副其实。

道路在斯里兰卡人民为之奋斗了几百年的丛林里蜿蜒，搭了几段大多是海军的维修养护车后，夜幕即将降临时我被困在了一个前不着村后不着店的地方，只好坐公共汽车前往最近的镇子，位于中央省某地。在车上我和一位干瘦、皮肤深褐色的老者攀谈起来，他行动自如，开朗健谈，说着相当不错的英语。我告诉这位退休的护林员，我正要去科伦坡，但不赶时间，当他发现我对他的国家和人民抱有兴趣时，便当即邀请我中断行程，到他的森林隐居所过一夜。我欣然应允。我们在他的镇子下了车，开上他停在那里的老爷车，这车虽然少了一两个汽缸，照旧顺顺利利地开到了他的小屋。这是一处被棕榈、木瓜和面包果树环绕的林中空地，开出了一片菜园。我受到了热情款待，先是在井边洗澡，用一桶桶水从头上浇下来，我遵从东方的端庄传统，洗澡时仍穿着内裤，然后穿上一件借来的有不同颜色方格图案的棉质纱笼。晚饭是用椰子油烹饪的咖喱野猪肉，我们边吃边聊，我的主人告诉我，传说中的神猴哈奴曼象征着原住民委陀人。到了睡觉的时候，主人坚持让我睡他的床。第二天早饭前，他把我带到河边进行晨泳，保证这片水域里没有鳄鱼，顺流而下时倒是遇到了一两只大象加入我们的行列。这段从亭可马里到科伦坡旅途中的插曲只是我感受到亲切善意的例子之一，这种友好来自即使对我们不憎恨、至少也该认为我们可疑的人民——毕竟我身上的军服属于占领了这片土地一个半世纪的国家。

在锡兰的十个月，这种友谊经常可见。在安德鲁斯我们按照三种时段、每种时段 8 小时的方式工作，两天上午 8 点至下午 4 点的时段，两天下午 4 点至午夜 12 点，两天午夜 12 点至早上 8 点。最后一种时段的第二天干完，可以休息 48 小时。我通常不会倒头大睡，而是梳洗一番便搭车去岛上各处名胜古迹，在此之前先把它们的历史临时抱佛脚地学习一番。

我很想参加网球俱乐部，最好是辛加人开的，以结识当地人民。某天我正好骑车路过一个这样的地方，便进去咨询入会事宜。我在俱乐部的台阶上等了一阵，直到一位威风的锡兰先生出现。他站在台阶顶端俯视着我，手里拿着加苏打水的威士忌，用极棒的英语向我解释俱乐部不接受英国人，只有锡兰人可以入会。这种排外主义我可以理解，且无异议。我们聊了聊，我向他说明网球并非我的唯一目的。最后这位先生递来了他的名片，他是位律师。他建议到一个更合适的地方继续我们的谈话，于是把我请到家里吃晚饭。在那里我了解了一些这个国家的历史和传统，默契地对英国的殖民主义避而不谈。我们还聊到了其他话题，包括一个即将到来的生日，佛陀的诞生日。在卫塞节这天，虔诚的佛教信徒们只要有可能便会前往位于锡兰中部、科伦坡东南部的亚当峰进行朝圣。我对此表示出了兴趣，我的主人便将他那配有专职司机的戴姆勒轿车供我使用。

那天夜里我被叫了起来；要借着满月的月光爬上 7350 英尺的山峰，才能在黎明时分到达山顶，而黎明显然是佛陀诞生的时刻。山路陡峭，不过在临近山顶的最险峻路段有铁链可以抓扶。在狭窄的道路上，我的前前后后全是身穿白衣的人，长袍飘逸，令我觉得自己的卡其布短裤很不相宜。不时有钟鸣从山顶传来，我后来得知虔诚的朝圣者每完成一次朝圣便会敲一下钟。天光微曦，可以看到周围的圆锥形山峰刺入棉絮般的云朵。我登顶，休息，蹒跚着回到山脚，找到了那辆轿车及司机。他说，他很死板，不信佛教这些胡说八道的玩意儿。我和那位律师的友谊继续着，对其他文化的尊重并不能将殖民行径一笔勾销，但它使我在东方的日子收获颇多。

我的社交并不局限于能买得起戴姆勒的人。某天骑车时我看见一块工会办公室的牌子，进去后一旦表明了我的支持立场，对方毫不怀疑的开放态度再次令我惊讶。不久后我就被介绍给了在剑桥受过教育的共产党总书记彼得·克尼曼。我们之间的关系很快带上了政治色彩，值夜班时我大胆地从办公室偷带关于印度半岛的情报出来，在他看过后再悄悄放回去。

克尼曼是个 Burger，辛加人和荷兰人的亚欧混血后代。他的家世显赫，家中一个兄弟是首席大法官。克尼曼向我描述了椰子种植园工人的危险生活。虽然这些工人能以惊人的灵巧爬上棕榈树顶（我曾亲眼所见），但每棵树都爬上爬下太劳累、也太费时间了。于是他们在树与树间系起了两根平行的绳子，一根比另一根高三英尺，形成一道带扶手的凌空绳索。有时候绳子断了，工人便从几十英尺高的地方跌落到地上。对种植园的工人提供保护是共产党领导下的工会组织的主要目标之一。

我还曾在一次周末旅行中对橡胶种植园工人的生活有过浮光掠影的了解。就像在比利巴坦当地俱乐部的那名唯一成员一样，此地的英国种植园主渴望山巅的别墅里有更多的社交生活，对英国军官发出了邀请；而我则渴望一窥他们以及他们工人的生活。在那幢精心布置的别墅里，物质享受一应俱全，种植园主的贵妇夫人指挥着到处都有的仆人。然而对种植园的参观却令人反感至极。战争时期，制造轮胎所需的橡胶十分珍贵，于是种植园主们纷纷采用“屠杀式割胶”。与和平时期控制割胶频率和天然乳胶提取数量的做法不同，眼下他们不放过任何一滴。这样在短时间内确实能提高橡胶产量，但很快就会使树木死亡，或许也会要了割胶工人的命。种植园主说：“他们都是泰米尔人，僧伽罗人太他妈懒了。只要他们有片地，有棵面包果树和木瓜树，他们就一丁点儿活儿也不干。但这些泰米尔人没了地才从印度跑出来，我们想让他们干什么就让他们干什么。”他想让他们干的是“苦力”，长时间劳动却领着微不足道的薪水，住在破烂窝棚里，这样的窝棚连成了农村的贫民窟。我错误地把自己放在了客人的位置上，因此保持了沉默，只是没有接受女主人发出的“下次再来”的恳切邀请。

当然，我在锡兰的任务不是观光，而是空军情报。我相信自己的工作完成得还算合格，但或许仅此而已，尽管离开英国前共产党的老鲍勃在政治动员谈话中要求我在反法西斯战争中全力以赴。回望当年，我觉得要不是对锡兰的人民和历史如此迷恋，或许我能更好地完成工作——更别提分在女兵身上的心了。

其他官员有着其他兴趣，比如购买珠宝，好在三年海外服役结束时走私回国。分队的副官被派去印度执行公务，顺便办了点私事。他发现锡兰严重缺乏缝衣针，于是在去马德拉斯时买了整整一箱。回到锡兰，海关官员充满怀疑地问，这个格外沉重的木箱里装的是什么？他向海关官员耳语："你听说过雷达的，是吧？"雷达当时是极端机密的东西，那位官员可能听说过，也可能没有。不过他会意地点了点头，在箱子上画下了神秘的粉笔记号。箱子没被打开，没被征税，而这位副官在锡兰的缝衣针市场上狠狠地赚了一笔。

而分队的指挥官却与此截然相反，诚实到了几乎过分的程度。当时我喜欢打曲棍球，偶尔将自行车放在服务货车上拉到球场附近，然后自己骑剩下的一段路。指挥官听说了此事，怀疑我让货车绕路，浪费了宝贵的汽油。把我叫过去询问此事时为了让我放松，他让我坐下，不要叫他"长官"，而是推心置腹地谈一谈。我向他保证，货车从未在我的命令或请求下偏离既定路线。为强调这一点，我告诉他自己为了回国参军，在一艘油轮上打工跨越大西洋的经历。指挥官是名曾服役于海军的常规军，他相信了我，我们在融洽的关系中互相道别。他值得尊敬，我的下一名指挥官亦是如此，不像在比利巴坦时谈论"睾丸便条"的那位。

2. 通往曼德勒之路

在锡兰十个月后，我又和无线电报员们一起被派出海，这回是乘巡洋舰。我们冲向马六甲海峡，走到一半路程时发现海面上出现了一个小斑点。日本潜艇？不，原来是一艘小木船，上面有被太阳晒得焦黑、骨瘦如柴的三个人。我们把他们救了起来，接到巡洋舰上。风吹日晒和饥饿使他们变得极度虚弱，甚至无法爬上绳梯。附近的安达曼群岛是一个流放地，他们显然从那里来，或许是越狱的犯人。我对他们无比同情，但无能为力。直到今天，他们的样子还印在我的脑海里。我们安然无恙往返于马六甲海峡，透过望远镜看着山石嶙峋的美丽岛屿和沙滩。突然，传来了命令，让我们向仰光进发。

巡洋舰首先驶向阿拉坎海岸上的阿恰布。在那里，绵延开去的金色沙地上升起10000英尺的高山，到处是崭新的水陆两用车，我们便愉快地搭乘——如果愉快能和这些怪模样的东西联系在一起的话。然后我们前往仰光，据说仰光形势相当平静，日本人已经远远撤到缅甸“胡子”的南端。与我想象中的不同，这座城市的人口有三分之一中国人、三分之一印度人，只有三分之一是缅甸人；而在比较富裕的城区，英国的影响显而易见。我们小分队和皇家空军同一中队的其他人一起驻扎在高尔夫球场里，军官食堂设于附近一处归英国人所有的空闲宾馆里。从阿萨姆邦开来的英国非洲殖民军和日军后方缅甸游击队领导的起义实际上已经结束了日军在这个战区的抵抗。因此除了无线电监听外，军官们的主要任务是把食宿地捯饬得尽可能舒适优雅。当地的佛教徒渴求涅槃，通过禁欲达至极乐，而皇家空军军官追求快乐的方法不尽相同：想方设法地享受欲望，主要靠美酒、美人和唱歌。

葡萄酒不成问题，对士兵来说也有啤酒可喝。作为教育和福利官，在码头监督啤酒卸货是我的职责。这种啤酒是产自澳大利亚的好东西，比现行法律规定的最高酒精含量4.5%要高一些。我的任务是检查送到商店里的啤酒和清单数量相比没有明显不足，有几瓶“破损”当然不可避免。时不时地，我还得检查参加卸货工作的人数，那些不见了的人从来都在卡车底下被发现，正呼呼大睡，睡到酒醒。不过和军官们的那些所作所为相比，这些都只是小过失。

仰光没有英国皇家海军女子服务队，但这里有不少缅甸女子辅助服务队成员。她们是英国－缅甸混血，娇小、精致、皮肤泛着金褐色的光，但荷尔蒙是色盲，我们一致决定：需要舞厅。宾馆的楼上显然是个曾经覆盖着地毯的宽敞大厅，我们到来时地板上光光的，露出了缅甸盛产的又好又结实的木料，但是对跳舞而言不够光滑。一位“缅甸通”想出了解决办法，雇十几位苦力，每人发一个空啤酒瓶，让他们以 45 度角用瓶底刮擦地板。于是那些印度人（缅甸人和中国人不肯干这种活儿）从早到晚蹲在地上，用玻璃瓶刮来刮去，从巨大房间的一头到另一头。他们按照随军杂役的标准领工钱，经过连日的艰苦劳动，原本粗糙不平的地板变得如同镶木地板般光滑。接下来由分队里的电工布置柔和的灯光、角落里的吧台，地板边缘处摆上小小的桌椅。最终，一个标准的豪华舞厅建成了，而且还没有平常的那套准入限制。缅甸女子辅助服务队的护士、打字员和秘书被她们的英国女总管介绍过来，对我们这群西方异教徒而言，仿佛天堂近在咫尺。不过还有一些小问题，需要一架钢琴。“缅甸通”说：“这个简单，解救一架出来就行了。”后来发现，“解救”的引申义是去撤退的富豪家的空房子里偷。运输服务和印度空军战士组成的工作组一旦有了着落，我很快发现自己卷入了一种全新的福利工作——抢劫。

当时我的良心并未受到谴责，这些雅致的湖滨庄园的主人都是缅甸大型轮船、石油、宝石开采和木材公司的负责人。事实上，我还曾犯下毁坏木材的罪过。我们位于宾馆底层的寝室里放着巨大的餐柜，有一整间屋子那么长，以缅甸闻名遐迩的上好柚木制成。我们觉得这些餐柜太长了，想把它们分成几段，每个房间一段，于是就开始锯啊锯。幸亏后来发现木头根本不向锯子屈服，最终也只不过是在木头表面留下了刻痕而已。

除了自告奋勇的教育和福利官身份，我还曾承担司务长的职责。不过因为一系列的失误，这一头衔没戴多久就丢了。我先是发现钱柜里总有多出来的钱，我仔细检查了账本，仍然搞不清楚这些额外的钱从何而来。我向中队的会计求助，但他也没能解开谜团。最后我们只好向中校报告了这一问题。像在科伦坡时的指挥官一样，他也是从多年的行伍中被提拔上来的，稍微有点严厉，而且对战争期间才开始从事情报工作的不接地气的知识分子不无看法。作为一个诚实正派的人，他对我的财务困惑表示了同情，但对问题本身也无能为力。最终还是我自己在一个无眠的夜晚灵光一闪，解开了这个谜题：某项常规收入或支出要么没有计入，要么计到错误的名目下了。另一次出丑有关在当地市场的蔬菜采购。我偶尔会和军需主任一起去当地市场，在那儿发现了几种我曾在中国吃过的蔬菜，如茄子和豆芽。我想，或许它们能丰富以肉类和土豆为主的传统英国菜谱——结果发现，这只是我的一厢情愿。“这什么鬼东西？”才是大家的真实反应。如今中国餐馆遍布英国每个村镇，而当年那些异域的蔬菜只有素食主义者和怪人们才会知道。于是我们又吃回了土豆，一天两三顿。

不过我的最后一次错误才是最严重的。在镇上一家埋藏着特罗普洛和亨利·詹姆斯的宝藏的书店里，我和几个美国人聊了起来。我们很谈得来，而且根据他们制服上花花绿绿的肩章判断，应该达到了某个可以被请到军官食堂一起用餐的级别。第二天早上我就被叫去问责了，面对的不是担任技术军官的中校队长，而是负责情报中队的空军少校。“你把这些下级军官美国佬带到英国军官食堂里来干什么？”他就像一位发现至圣所被玷污了的大祭司一样，正义凛然地问道。看来，我的美国朋友们只是上士，而我很快就卸下了司务长的担子。

少校的愤怒背后是英国军队里普遍存在的反美情绪，而我作为一个曾在美国生活过的人则对此幸免。事实上，我最好的朋友里就有几位美国人，但我只是个特例。在食堂度过的那些快活的夜晚里，每当酒过三巡且没有女性在场，大家就开始唱歌。有一首最受欢迎的歌奇怪地借用了《共和国战歌》的调子，歌词宣扬的就是英国轰炸小队的英勇，以及美国军人的懦弱：

> 我们的空中堡垒 4 万英尺高（重复三遍）
> 我们有足足的弹药和一枚小小的炸弹。

然后是典型的英式机智回应：

> 我们的兰开特轰炸机零英尺高（重复三遍）
> 我们一颗子弹也没有，只有一个大得见鬼的炸弹。[1]

这其实是个彻彻底底的谎言，我的以上引述并不代表我认同它有丝毫的真实性。但它反映了当时的普遍情绪，包括训斥我的少校。还有一些关于其他民族的歌，比如南非。歌里唱道，当英国人在北非抗击意大利时，他们却安全地躲在家里：

> 4 万只跳羚挤在德兰士瓦，
> 马特鲁港却一只不见。[2]

---

〔1〕 空中堡垒（Flying Fortress）是美国“二战”中著名轰炸机 B-17 的别名，这款飞机动力强劲，航程远且防御能力强，是“二战”中投弹最多的飞机。兰开特轰炸机（Avro-Lancaster）是英国的主力轰炸机。——译者注

〔2〕 德兰士瓦共和国是 1852—1877 年和 1881—1902 年间布尔人在现在的南非共和国北部建立的国家，首都比勒陀利亚。跳羚（SpringBoks）是荷裔南非人的别称。马特鲁港是埃及的城镇，位于埃及西北部。——译者注

但这首歌却饱含深情地以布尔人的老歌“莎利·玛丽”的曲调唱出，而且中队里的布尔人少校也被视为我们当中的一员。我对粗鲁的反美情绪嗤之以鼻，依然邀请美国战略情报局的人前来参加由我们几个左派成立的东西方联合会的会议。这件事说来话长。

突然被派到仰光时，我对当地人一无所知。不过我阅读了英国军政府在当地发行的业务通讯上有关反法西斯人民自由同盟的内容，显然这是个有着广泛基础的缅甸抗日统一战线，而能出现在这样的刊物上说明它一定很重要。我怎样才能和它取得联系，比待在食堂和高尔夫球场里更多地了解缅甸的抗战呢？我有一台老式禄来箱式相机，于是以拍摄“当地生活”场景为借口冒险进入了仰光的集市区和贫民区。我一句缅甸语也不会说，但猜想缅甸知识分子应该会说英语——而且戴着眼镜。在试图和几个戴眼镜的年轻人攀谈后我的好运来了。我故作不明就里地谈起，我听说有个叫“反法西斯人民自由同盟”的组织，那位年轻人充满怀疑地打量着我，不过还是给了我一个地址。到了那儿我得到了另一个地址，最终见到了德钦丹东。

德钦在缅甸语中是“主人”之意，德钦党这个缅人党以反讽的方式运用了这个词，表明缅甸虽是英国殖民地，缅甸人才是这个国家的真正主人。到我结识丹东时，他已不再是民族主义者，而成了缅甸某支共产党力量的首领。他和一位朋友因婚姻关系成了连襟，那位朋友就是昂山，著名的缅甸抗日游击队领袖，曾在英国主导的非洲部队从北方挺进缅甸的过程中捣毁日军武器，发挥了重要作用，为此蒙哥马利曾给昂山发贺电，称其为“阁下”。这一切，还有其他许多都是丹东向我讲述的。这是个充满英雄气概的故事，我问他是否愿意把它讲给我们飞行中队的战士，他的英语相当不错，实际上他曾抱着成为教师的愿望在一所师范学校学习过一年。丹东热情地答应了，认为有必要赶紧让英国士兵知道缅甸同盟的存在。我装作无意地向中队长（中校）谈起这件事，有点言过其实地告诉他我偶遇了“一位缅甸老师”，他希望能就“缅甸游击队的活动给伙伴们做个演讲”。“不会说什么反对英国的话吧？”“不会的，长官。”

于是我召来一位思想开明的陆军少校和一位左派陆军中士组成了特别委员会，少校同意担任委员会主任。那时正值1945年7月工党政府在英国成立后，海外英国军队的民主浪潮高涨之时。同时期在开罗召开了“军队议会”，在加尔各答的军队中成立了“东西方联合会”。如此背景下，依然只有25人来听丹东在高尔夫球场俱乐部里发表的演讲。但他讲得非常出色，作为全程的幕后支持人，我发表了简短的致谢感言，提议我们应根据加尔各答的东西方联合会的精神，今后再举办此类活动。全票通过。负责组织工作的小组成立了，三周后我们又举办了一场由丹东的连襟昂山致辞的会议。1300人出现在了仰光基督教青年会的礼堂里。正如“东西方联合会”这个名字，关于会议的宣传做到了缅甸人、印度人、中国人和英国军队里去，某天骑车时我看到了美国战略情报局的标牌，于是把当时进行军事情报收集和针对轴心国搞破坏工作的这些人也请了来。昂山在缅甸当地人中是当之无愧的名人，在东西方联合会的西方人间很快也变得闻名遐迩，而联合会在当时的政治气候中逐渐发展壮大起来。我们每两周就在基督教青年会开一次会，由东方和西方人轮流发言，话题从缅甸历史、戏剧到英国的政治形势，不一而足。关于英国政治形势的发言人是下议院议员、工党党员汤姆·德赖伯格，当时他正访问仰光。每场演讲后都有听众提问和讨论的环节，这使得相通的心灵寻找同伴成为了可能，我自己就发现了三位正在军中服役的前国际纵队队员。听众中的东方面孔除了缅甸人、印度人和中国人外，还有克钦和克伦族这样的少数民族。克伦族听众大多是上过教会学校的基督徒，说着流利的英语。他们邀请我们中的一些人到城外几英里的小村庄去，那里的房子建在高高的柱子上，周围是用无法穿过的荆棘筑成的灌木高墙。他们为客人唱起了英国歌曲，包括《一百个风笛手和所有人》（*A Hundred Pipers and All*），他们又惊又喜地发现我们把歌录在了笨重的钢丝录音机上，正是这件新奇玩意儿让弗斯教授在亚非学院日语语音课程的毕业生被历史所淘汰（没有录音机之前只能靠语音学学生记录日军电台信息）。还有一次我们把一所华裔女子高中的合唱团请到了高尔夫球场来，身穿雪白衣衫的女孩子们立刻就俘获了我们空军战士的心。

东西方联合会丰富了我们的社会文化生活，远强于军官餐厅俱乐部，尤其是能让下层官兵参与。但是协会一些活动不受军方的欢迎，主要是军警政工部门。丹东和他的伙伴在东西方联合会的会议上几次散发了有关缅甸抵抗运动的传单后，这种敌意就更明显了。

在如期到来的假期里，我向缅甸朋友征求意见，然后踏上了前往曼德勒的旅程。尽管拥有众多宝塔，曼德勒仍然令人失望，它在战火中受损严重，不过护墙内的堡垒倒是依然屹立。但我和一位左翼佛教杂志编辑、反法西斯人民自由同盟成员相见甚欢。他那看上去纤巧精致的妻子抽着玉米芯一样粗的雪茄，掉落的烟灰把我的裤子烧出一个银元大小的洞。为对这次火灾表示歉意，他们带我在伊洛瓦底江游览，看那些船用长长的桨狠狠地激起水花，边竞赛边互骂，作为节日的庆祝。在无数细碎的记忆中我至今没有忘记一顿美味的家庭午餐，同一把汤勺轮番进了家庭成员和客人们的嘴里。我苦苦思索着，缅甸人何以在如此不卫生的行为中保持健康，谈笑风生。事实上，他们拥有“东方爱尔兰人”的称呼。在缅甸人诸多令人喜爱的特质中，其中一条便是显而易见的性别平等。女人毫无疑问掌控着家庭的财政大权，而且并非过分拘谨。日落时分，她们会在街上的井水边冲洗身体，一桶桶水让纱丽紧贴皮肤，将她们的曲线塑造成了一尊尊苗条的雕塑。然后她们从容优雅地蜕下湿衣，换上洁净干燥的新衣服。

不过我关于曼德勒的回忆并非全是美丽的景致。我新结识的编辑朋友带我参观了一所监狱。“监狱”用在此处恐怕都言过其实——“人类动物园”更恰切。十几个犯人被关在铁栏杆铸成的边长二十英尺的笼子里，有的人抓着栏杆站着张望，好像眼巴巴地等食物，其他人或蹲或躺在盖住地面的薄草上。犯人们的头发长长地结成一团团，想必缺乏最基本的卫生条件。我绕着这个连给猴子住都不“人道”的笼子走了一圈，不敢看那些笼子里投出来的目光。回到仰光，我给新上任的工党首相克莱门特·艾德礼写了封信，讲述当时仍属英国殖民地的地方还存在如此非人道的情况。石沉大海，渺无回音。

从曼德勒出发，我前往西南方向 100 英里处的蒲甘城，一座古老得多的都城。这一建于 9 世纪的佛教圣地庙宇宫殿无数，13 世纪时被忽必烈占领，14 世纪时又遭缅甸的山区民族——掸族焚烧。然而是水而不是火，导致了蒲甘城的最终衰落：城市原本建在伊洛瓦底江的江岸上，江水改道后它因远离要道而被废弃。但那些宫殿和庙宇隔着几英里便能望见，在阳光下像白色大理石般闪着光。这其实是种幻觉，它们用砖块建成，外面包裹着厚厚一层珐琅材质的白色涂料，散发出夺目的光辉。

从蒲甘城我回到了曼德勒。几天前在蒲甘城时我和反法西斯人民自由同盟青年部的成员见了面，他们组织当地青年的爱国运动，其中的领导者曾是抗日游击队的成员，与此同时在公社过着清苦的生活。我给公社捐了点钱，令我尴尬的是他们把这笔钱的大部分用来办了一次我不情愿地被推为贵宾的宴会。回到曼德勒后，我找到当地的皇家空军会计办公室，支取回仰光的火车票钱。因为某种我已忘记了的原因，就是一分钱也取不出来。怎么办？我必须按时归队。我向那位左翼编辑借钱，但和所有诚实的左翼编辑一样，他也一文不名。别无他法，只有厚着脸皮向穷得叮当响的青年部把我的捐款要回来一部分，并保证一回到仰光就还钱。这真是一次极其没

No 192. Nov. 6th. Darling! Just after I had finished posting my last letter to you, plaining of not having heard from you for some time, your letter of Oct 16th arrived. Since then I've also received the one of Oct. 22nd. (Outside the office door two airmen are discussing the usual subjects - repat & release; they're agreed that they can't see why married men's tours should be shorter than single men's. That's a subject on which I invariably see red. No wonder so many marriages are failures if so many people, including the policy makers lack so elementary an understanding of its significance; and of the fact that for most young single men to be away from their parents and seeing something of the world is an excellent thing). -I'd been meaning to come into the office this sunday morning and write you two or three letters again but the C.O. fixed up a tennis match which kept me on call all day, so all I could do was hang around and read Trollope in between games. This one is 'The Claverings' and is in some ways superior to Barchester, I think; less amusing but it has a wider, non-ecclesiastical scope and shows the old boy to have a very shrewd understanding of society with a big S and not a little of the broader term. Trollope has an especially nostalgic appeal for me, for reasons of which you are well aware. And while we're on the subject of nostalgia I may as well confess that for the last few days and nights my dreams have been dominated by the subject of your weight - and all that it implies. I should think 134 must be just ideal for you and I dwell upon the subject with utterly abandoned lasciviousness. Send me a picture of you in a bathing suit - or out of one if you can find a suitable photographer. This makes the subject of repat more acute than ever, but I still fear that at the best it will fall little short of coinciding with my release, which is to say next June. -The tennis match went off only moderately satisfactorily as we wiped the floor with the opposition, none of our three pairs losing a single set. There were major social complications, too. The opposing team included a number of airmen. As I've discovered to my cost (in connection with the two G.I.s) it is quite, quite impossible to have other ranks in an Officer's Mess. Personally I'd have thought that if ever exceptions were made in an English mess they would be in the case of sport; they are. to some extent made, in the case of sex, I'm glad to say, as no one objects to other rank Wrens or WAC(I)s. I'm not quite sure where the airmen ate lunch but I know that at tea time they were segregated behind the mess canteen bar, in a the little store room. This is directly adjoining the main dining room, so four of us junior officers conspicuously carried our cups of tea behind the barrier, while the bara sahibs ate in official splendour. -This letter, I fear, cannot be written with the quiet and concentration that I'd hoped. I came into the office early (I share a little cubicle with the Station Welfare Officer, a most conscientious, hard-working, and on the whole capable but astonishingly verbose and muddle-headed person. Still, he does a hell of lot for the lads on the station and thats what counts). To-night we are having a jumble sale to raise money for Xmas festivities. Last night I managed to extract quite a bit of stuff from the officers. We have a most aptly chosen and named auctioneer, a lad called Bernie Goldstein, who has dabbled in the job in civilian life. When I went round dunning Charlton (you remember the gangling, Huxleyish intellectual with whom we once had beer and cheese in the Round House after seeing Hedda Gabler) said! I always did suspect you of suppressed social worker tendencies. This is just like the old vicarage days (his father is vicar of Uttoxeter). And anyway (perhaps a trifle irrelevantly), what is communism but glorified social work?" Thats the sort of thing I have to put up with. Well, Burton the Welfare bloke has left the office so peace and quiet reigns again and I have a chance to look at your two letters again. I'm terribly systematic about answering them, I fear. During one of my adolescent affairs in the states I was accused of being a most unimaginative and non-creative romantic correspondent, merely subjecting the love-letters I received to a rational analysis and criticism. Have I outgrown that? (fishing again). -Repat in Canada sounds an excellent idea; the only thing is, don't cut it too fine. If release is speeded up still further its possible that I'll be back before next June and if you're not repatriated till January you'd have to apply for almost immediate release in England, of which a slightly dim view might be taken. Still, it is an excellent scheme and there ought to be a good chance of its coming off. But for you to be in Canada when I return to England would be more than either of us could stand.

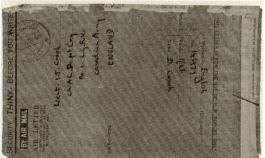

there seems to be no possibility at the moment of my being released or going home by way of Canada but I'll look into it. There's no saying that I'll end my tour here. For a while there seemed to be a chance of getting down to Singapore for a spell, but thats passed. -I'm afraid you've been thinking about post war plans more concretely than I have; its probably more difficult to get down to them out here, cut off from the places and people where the arrangements will eventually be made, and living in a social and intellectual vacuum - in some ways, tho' not others. But the idea of our both studying anthropology together for a year or so has been in the back of my mind. It would certainly be ideal to combine it with some specific job, say in colonial service or the F.O. or the British Council, and to do some journalism on the side. If only I could get to China now. Tremendous things must be happening, which need some people with the right approach to interpret them. I bet Jack and Eppy and Snow and such people are itching to get back - and may be there already. I'd no idea that Jack had written another book; as a matter of fact I've never managed to get hold of the first one. I'm certainly delighted and should think that the creative effort must have done a lot to restore his confidence and balance. -There's not enough room left to discuss the complicated subject of promiscuity but I'm sure we see eye to eye on it; physical but not emotional or intellectual entanglements. You'll know how I detest being as womanless as I've been for the last six months; and no prospect of a change. Fortunately I'm kept usefully busy these days. -A good stack of papers etc arrived last friday; I certainly need them, tho' now and then when I might be reading them I escape to Trollope. Have been seeing somebody who was with me, without my actually knowing him, in 1937; its good to see something of such congenial people (he enjoys things like Trollope, too); as he's an officer, which a number of other congenial people are not, he's able to come into the mess, too. -Darling, there's so much more to write, besides the fact that I love you and miss you so, and visualize that added 20 pounds, but I really must start work: accounts, scrounging stuff for the canteen (the airmen have not been getting their due proportion of some stuff, [illegible] David.

1945年11月6日，写给妻子伊莎白的信，信中提到了两人战争结束后的计划面子的经历，尽管后来我以最快的速度连本带利还上了钱。

回到仰光没多久，我就被转派至香港。

为什么调动的如此突然？例行公事抑或有什么政治上的深意？马上就会见分晓了。

3. 香　港

我被转到了同一中队在香港的某个规模稍小的分队。作战行动室和宿舍在一幢房子里，军官食堂在附近的另一幢，两座房子都位于俯瞰维多利亚湾的太平山上，整片殖民地最高级的住宅区。当时中国人不被允许住在这里，仆人除外。我们的食堂是一处布置奢华的私宅，马桶圈上套着让人觉得痒痒的绿色台面呢罩子，此地的热带气候即使没有这种刺激物，已经令人浑身不自在了。

和日本的战争已经结束，虽然还有偏远地区的点滴通讯往来需要监听，工作并不繁重。于是我拜访了基督教社会主义者、香港教区的主教，他曾在 1941 年为我安排过一份临时的教书工作。当我告诉他自己希望结识进步、爱国的中国人后，他帮我联系上了新中国官方新闻社新华社的当地代表。新华社不但为英国当局允许运营，还受到了后者的些许赞许和尊重，这一切都缘于新华社在当地的领导者黄作梅。抗战时期黄作梅曾担任东江纵队国际工作组组长，解救过被击落的英国飞行员，使其免于落入日本人之手，带领他们穿越敌人的封锁线到安全的地方去。见面后，我发现黄作梅是个活跃、聪明、言语机敏、风趣幽默的年轻人，他愉快地把我介绍给了和住在太平山上的人差异巨大的一群人。于是我从情报小分队狭窄的生活范围内解放了出来，那里不但工作清闲，谈得来的同伴也少，虽然作为初级技术官员的苏格兰指挥官性情可爱、专业能力超群。

我到香港几周后，指挥官把我叫了去。“我收到了一个传给你的信号，柯鲁克，但不知道写的是什么。给你。”他从书桌上递给了我。“空军上尉柯鲁克（我和我的同伴们在仰光期间从中尉升职了），将立即到新加坡空军总部报到，乘飞机，不得有误。”军队文书中对将来时的使用总让我感到好笑，每当上级说什么事情将会发生，就像神圣寓言一般，不可能有变数，这是事实发生之前对事实的肯定。我笑了。不过眼前的形势并不可笑，指挥官说他不知道这件事因何而起，我想我清楚得很。

这件事有两个紧密相关的原因。一是军队中的政治警察肯定正在调查东西方联合会，特别是其与丹东和昂山这类“颠覆分子”的关系；二是香港情报分队最近的监听对象已不再是日本，而转向了苏联。丘吉尔刚刚发表了富尔顿演说，其中提到“不久刚被盟国的胜利所照亮的大地，已经罩上了阴影。……一幅横贯欧洲大陆的铁幕已经降落下来”。“我们英勇的盟友”已经成了下一场战争中的敌人，而高层机构中的某些人显然认为我不可能改变自己的立场。

4. 新加坡——大量的威士忌

于是我动身前往新加坡。传达给我的信号简洁明确、不容置疑，“乘飞机，不得有误”，但它并没有考虑到一名小小的（临时）空军中尉面对超负荷运转的空中交通管制人员和过载的飞机，并没有多少影响力。我在途经西贡时不得不耽搁了十天。

在下一班飞往新加坡的航班旅客名单上写下自己的名字后，我住进了为中转的皇家空军军官提供的宾馆，宾馆里到处是法国商人、他们的女伴，以及自称是瑞士人的一群人。置身欧洲氛围和食物中，远离皇家空军的食谱换换口味，令人愉悦。探访西贡时我惊喜地得知它其实是两个城市，其中的堤岸是座中国城。我想买个闹钟，发现这里的店主将香烟当作硬通货。在西贡街头漫步，满眼的法国士兵突然令我意识到英国并非在东方唯一的殖民势力。更令我惊讶的是一队以普鲁士式的精准迈着步子前进、说着德语的士兵。他们是前战俘，隆美尔的非洲军团成员，现在被编入了法国外籍军团。法国兵们对此做何感想，我心里盘问着。我们昨天的盟友苏联眼下被视作敌人，法国曾经的敌人如今成了共同对付越南的盟友，这世界果真处于动荡和重新站队的过程中。而我，很快就会发现自己在其中的位置了。

抵达新加坡后我前往空军总部报到。我被领进了一间办公室，对方礼貌地请我坐下。桌子那边的中队长把我从头到脚打量一番，翻了翻面前的几张纸，然后再次注视着我："柯鲁克，你做了什么有损自己声誉的事？""一无所知，长官。"眼前这一幕让我想起了中国戏曲中的场景，两个人互相撒着谎，他们都知道对方在说谎，也知道对方清楚地知道自己知道对方在说谎，但他们依然装腔作势地打着哑谜，给彼此留面子。东方人和西方人偶尔也有共通之处，西方人也喜欢留面子，甚至不时也入中国戏。"好吧，你只剩几周就能完成三年的海外任务了，"中队长中校说，"把这个带到军官接待中心去，"他边说边写了张纸条，"他们会在你回家前给你安排点事儿干。当然不是情报工作了，所以你会被降到你实际的中尉级别。"果然就像事情经常发生的那样，真正的重点在括号里。我谢过他，敬了礼，去了军官接待中心。在那儿我被安排掌管将要到来的啤酒和烈酒补给，也就是说掌管新加坡空军总部酒品进货的重要职位。与其说伤心，不如说我松了一口气。我思想中关于托洛茨基和斯大林的纠结与起伏并未影响我对苏联红军的景仰，当红军从斯大林格勒一路打到柏林时，这种感情与日俱增。我无法像丘吉尔那样，从把苏联当作"我们的伟大盟友"迅速转向认定其为敌人。对它进行监听对我来说就是背叛，监管啤酒和烈酒都比那样做来得高尚。

我的第一次工作是监督日本战俘从船只上卸载啤酒。我好奇地看着眼前人：矮小，健壮，神情淡然，貌似农民。这就是 1937 年南京大屠杀里的那群恶魔吗？在缅甸修建“死亡铁路”时魔鬼般的监工？我的朋友波默罗伊就死在那条线路上。马克思曾说，社会存在决定社会意识；而眼前的情形或许需要把那句话不敬地改为“战争能使和平时期的正派人变为魔鬼”。我这么沉思着，那些战俘搬着啤酒，偶尔发出费力的哼声。

尽管已被安全踢出了反苏情报阵营，我想独来独往还是没戏。我发现自己在军官接待中心要和一个叫费瑟斯通的中年男人共处一间宿舍，这个人对当地生活的了解令人惊叹，他在市场里将美味的马来食物沙嗲介绍给我，熟悉市场周围的道路，还能说广东话。显然这不是一名普通的战时军人，我很快就觉察出了他那双监视的眼睛。于是在向他了解当地生活的同时，我想方设法不让他跟在身边，不管是出去办私事还是找乐子的时候。

我先是找到了从仰光转到新加坡的军队朋友，他们已在此建立起东西方联合会的分支机构，帮我联系上了马来西亚开明人士，并给了我马来亚人民抗日军的地址。和昂山领导的缅甸游击队一样，他们在“痛饮威士忌的种植园主”逃跑或被捕后在丛林里抗击日本军队（那个形容词是丘吉尔说的，他本人就是个酒仙）。不再是军队的教育官而变成了一个名号好听点的酒保，我无法像在仰光时那样组织起关于游击队行动的讲座，但我从马来西亚朋友那里了解到了一些。[1]

与此同时本地的东西方联合会得知英国工党政府派来了一位工会专家布雷热，他将针对工会应该如何运转给出他的专业意见：新

〔1〕 几个月后在伦敦的胜利游行时我又见到了他们。最终他们在反游击队战役中被英国人杀害于马来西亚的丛林里。

加坡工会的斗争性太过强烈，实在要好好学学运输大楼里的风格。[1]东西方联合会决定热烈欢迎布雷热，请他在联合会的会议上发言。会场上挤满了能说英语的当地工会人士，马来人、中国人、印度人，以及英国军人。我被任命为会议主席，主要任务是控制布雷热的发言长度，好留出充足的提问与讨论时间。会议开始前我被告知，提问环节听众举手时要选那些能反驳布雷热的改良主义路线的左翼人士。我的朋友们准备充分，给了主讲人好一段难熬的时光，如能回到运输大楼那温和得多的环境里，他想必很开心。

就这样，我在新加坡的几周时间愉快而有趣地向前流逝，直到一艘军队运输船离岸，“驶向老布莱克的海岸”。[2]三年的旅程结束了。更重要的是，“二战”也落下了帷幕，不论在西方或东方。几周之内我就能回家了，我想回到伊莎白身边。

我的远东三年或许看上去更像一次旅游，而非在一场投放了两枚原子弹到日本的血淋淋的反法西斯战争中做到尽忠职守。美国将军谢尔曼曾说：“战争即地狱。”对大多数人而言，这永远是真理，而我只不过“实事求是”地讲了我自己的战争故事。

---

〔1〕　运输大楼是英国工党总部所在地。——译者注

〔2〕　“布莱克”是俗语，在海外服役的英国军人用其代称英国。——译者注

第八章　从布鲁姆斯伯里广场到太行山（1946—1947）

1946—1947年是我和伊莎白生命的转折点，正是在这一年我们决定回到中国。我们原计划在那里停留18个月，而现在我们已经在中国度过了五十年，预计也会在那里走完人生的历程。中国对许多西方人都有着神奇的魔力，从13世纪的马可·波罗到16世纪的传教士利玛窦，再到像伊莎白和我这样不出名的"中国小白"。

我对于从新加坡回家的航行没什么印象，或许因为我的心早已从甲板上飞回了英国伊莎白的身边。在我被派往印度之前，我们结婚不足一年，而且这一年也并不能时常相守。当然在日夜思念伊莎白之外，我也反复咀嚼着残酷的战争已经完结、正义最终获得了胜利这一事实。对我而言，这场战争并不怎么残酷，与其说是种创伤不如说是次环球旅行。相比守在家门口直面空袭的人们——包括伊莎白在内，我的境地反而更安全。除此之外，我很高兴能了解一点亚洲社会，这片世界上人口最多的地方。

在船上度过朝思暮想的几周后我到达了英国，伊莎白却不在，她被送到她的祖国加拿大，以便从加拿大陆军女子部队退役。幸好等待她归来的煎熬并不算长。

1942年，伊莎白带着和一位中国同事进行了一整年的田野调查的资料来到英国，一到伦敦就联系了著名的雷蒙德·弗思教授，后者是伦敦政治经济学院人类学系系主任。弗思给予了伊莎白帮助和鼓励。而到了 1946 年，从军队退役的伊莎白获得了加拿大政府的奖学金，她热切希望能继续自己的人类学研究，并把当年搜集的材料整理成形，于是申请并被录取为弗思的博士生。

而我在 1946 年也获得了退伍军人奖学金，供我在同属于伦敦大学的亚非学院学习中文，因此我也被允许旁听弗思的讨论课。他的课堂上有后来成为杰出人类学家的埃德蒙·利奇、芭芭拉·沃德、莫里斯·弗里德曼和其他人。没有被这些聪明博学的头脑吓住，也不顾自己只是个旁听生，我曾冒失地问："人类学的真正目的和用处是什么？"言外之意是，这是一门为殖民主义服务的学问。我的问题引发了热烈的讨论，伊莎白和我认为这场讨论里最引人注目的参与者是来自中国的访问学者费孝通教授。费孝通当时——直到现在依然——积极参与中国政治，或许正是弗思的访学邀请使其免于落入国民党暗杀小组之手。伊莎白和我曾读过他的《江村经济》和《乡土中国》，他这次带到弗思教授讨论课上的是《中国士绅》。对这篇文章我们自作聪明地表示赞同，在我们看来它向马克思主义的分析方法更近了一步。

我在亚非学院的中文课程同伴则不那么"星光灿烂"，而且正是在亚非学院时期我犯了一生中语言学习上的最大错误：不学习汉字。看到那些书法性的弯弯曲曲笔画的第一眼，我就认定自己永远不可能将其掌握，也从未试图去掌握，直到二十年后的铁窗时光。在那时，我把亚非学院中文系主任西门华德博士编纂的汉英词典都"翻烂"了，而在 1946、1947 年时，这本词典我几乎看都没看过一眼——对此我后悔不已。并不是我对西门有任何意见，对于他能克服言语缺陷而成为杰出的语言学家我一直心存敬佩，不过我怀疑他对我有些看法。1947 年出发去往中国前我向他告别，他说："你有什么好担心的。"这话听起来不那么友善，意思是：你是那种在任何情况下都能想办法安然脱险、全身而退的人。西门作为一名从纳粹德国逃亡出来的犹太人经历过相当多的苦难，但对中文的热爱是他永远的慰藉——正如我二十年之后那样。亚非学院时期给我留下深刻印象的另一个人是奥托·范·德·斯普伦克尔，他的中国历史课就像他本人一样惹人喜爱。他是位引人入胜的老师，由他呈现的历史常常带有讽刺戏谑的风味。若依据“不发表则灭亡”的标准来衡量，他博学但并不高产；从这个意义上说他确实“灭亡”了。但在我的回忆里他是一位才华出众的密友，可以大声朗读并解释清楚大段大段詹姆斯·乔伊斯的《尤利西斯》，而我在自己读这部书时一头雾水，不知所云。伊莎白和我都很享受和奥托及其夫人西比尔的友谊。

在亚非学院六个月的学习告一段落的时候，我在皇家空军的服役期也即将结束，于是1947年年初我前往复员中心报到。复员中心曾经用作一处美军基地，是兰开夏郡荒凉平原上一堆尼森式铁皮屋的丑陋集合。但对我们这些即将过上平民生活的人而言，那便是美丽和欢乐之所在。我们在巨大的棚子里“购买”免费发放的便服，领取补发工资，而我更是捡到了大便宜——皇家政府负担的回中国的免费行程。

当时我正排着队——整个遣散过程就是一个队接一个队——直到前面的人和他朋友所说的话改变了我后半生的轨迹。“国王令××号正合我意。如果你是从海外回到英国参军的，可以被免费送回你的出发地。我从缅甸来（他的父亲是缅甸某红宝石矿的雇员），所以就能拿到一张回缅甸的免费票。”我曾在其他队伍里遇到过这个人，当时觉得他相当讨厌，现在却屁颠屁颠地凑上去询问那个国王令的详细信息。看起来我可以申请免费回中国的旅程，不但为我自己，还可以带上伊莎白。我们俩一直以来都热切地讨论着再回中国，但无论如何也找不出能负担旅费的方法。眼下我毫不犹豫地登记了自己的名字，我们有一年时间来决定是否真要接受这个机会。

伊莎白听到这个消息后也欢喜不已，但这是迈向不可预知的未来的一大步，于是当另一种风险小些的预期到来时，我们确实也考虑过。或许是通过雷蒙德·弗思，我们与斯塔福德爵士和克里普斯夫人熟稔了起来，克里普斯先生当时是工党政府的重要成员，未来有可能当上工党政府总理。我猜他把我和伊莎白看作在外交领域，特别是在中英关系方面有前途的年轻夫妇（我和伊莎白分别是 36 岁和 31 岁）。克里普斯先生介绍我去见外交部副部长赫克托·麦克尼尔，向后者陈述我对蒋介石的看法。或者是让麦克尼尔对我审查一番？我怀着崇敬和鄙视相杂糅的复杂情绪来到了白厅，被领进了那位大人物的套间。[1] 他当时正在洗澡，不过很快就从私人浴室里出来了，身穿真丝浴衣，手里拿着一杯兑了苏打水的威士忌。我想起了另一位工党总理凯尔·哈迪，当他在 19 世纪 90 年代前往下议院参加会议时，总是坚持戴着他的工人布帽。麦克尼尔给了我一杯加苏打的威士忌，我回报以自己对蒋介石的看法：他腐败、奸诈，1927 年背叛自己的同盟者时杀害了成千上万的工会成员和共产党员；他囤积美国提供的抗日军火，以备来日和共产党作战之用。总之，蒋不值得信任，而且必将输掉中国内战，英国最好把希望寄托在毛泽东和中国农民身上。当我叙说上述观点时，麦克尼尔盯着我看，边听边呷着他的威士忌。我仰头喝光了我的杯中酒便离开了白厅，随酒而尽的还有在外交部工作的任何希望。我必须承认，自己曾认真考虑过这样的工作，想象着一旦占据外交部的有利位置我便“打入了敌人内部”，或许能以某种方式为共产主义做贡献。幸亏这样的机会从未到来，否则可能会落得金·费尔比和他的同类一样的下场。[2]

---

〔1〕　白厅是英国伦敦市内的一条街，这条街及附近有国防部、外交部、内政部、海军部等一些政府机关，因此人们用白厅作为英国行政部门的代称。——译者注

〔2〕　金·费尔比，一个打入英国情报部门最高层的苏联传奇间谍，身份暴露后逃亡至苏联，被缺席判处死刑。——译者注

与此同时我和伊莎白还过着另一种政治生活。我们想办法在伦敦最可爱的梅克伦堡广场租到了一间（为低收入者提供的）房租管制的房间，作为布鲁姆斯伯里的核心地带，这里曾经是伦纳德·伍尔夫和弗吉尼亚·伍尔夫的家。但对我们来说，它意味着共产党圣潘克拉斯支部的组成部分，每周三早上七点我们都会在圣潘克拉斯火车站的边门卖《工人日报》，想办法和顾客攀谈，试图说服他们从报纸购买者进一步变为党支部成员。实际上，根据选区而不像以往那样根据党员工作地点划分党支部是个组织形式上的大错，因为这使支部变得分散无力。购买者在兜里摸索着硬币的当口儿，我便像诗中那位古老的舟子般，目光炯炯地盯着他们，问他们对于报纸的看法。[1]有些人躲闪着："那个，我只是为了看赛马预测"——毫无疑问很多人确实如此，因为《工人日报》的赛马情报提供者凯顿有着所向披靡的胜率纪录。但有时我确实能把话题引向外交政策、国内事件，偶尔还涉及共产党。星期天早上我们会在多角楼公寓的铁路工人宿舍区卖周六特别版，这个住宅区的建筑阴沉可怕。星期天是报纸销售的关键时刻，因为许多人会待在家里进行每周一次的扫除，或者赖在床上"读点什么"，等着吃周日晚餐这顿一周里最丰盛的饭。对我们而言，周日晚餐的重要性亦是如此。食物依然实行配给，我们攒了一周的肉都留给周日中午。在厨房里——只有一个房间的公寓里隔块板，板子后面那几平方英尺的地方——把整块肉放进高压锅，开着小火，我们就去多角大楼区挨家挨户地按门铃敲门了。许多铁路工人都有爱尔兰天主教背景，一次一位独居的寡妇热情地把我请进家门，嘴里说着："快请进，快请进，神父。"误以为我是牧师。最终她出于善良买了一份《工人日

---

〔1〕　这一典故出自英国诗人柯勒律治的《古舟子咏》，诗中写道老水手用"炯炯的目光将行人摄住"。——译者注

报》，希望这不会给她带来太大的经济负担和神父的斥责。还有一次我自己受到了斥责。“我们可不想再打仗了，”那位倚在拖把上的女主人说。“当然，”我表示同意。“但你们这群人不就是危险分子嘛。”“我们？您什么意思？”“什么意思？你们这些俄国人啊，这还用问吗！”《工人日报》，共产党员，俄国人，战争。这就是她的逻辑，而这无疑受到了丘吉尔的“铁幕”影响。也有一些住户没把我们想得那么糟。某天我的一位老主顾格外热情和急切地欢迎了我：“谢天谢地你总算来了！我刚刚还和我家老婆子说，那位《工人日报》的先生会知道该怎么办的。”原来，像许许多多寡妇或鳏夫那样一人独居的隔壁老妇人前一天晚上死了。邻居们把她从地上抬到那张廉价的铁皮床上，把她的双手合在胸前，盖上一张床单。但接下来呢？我给当时工党势力强大的圣潘克拉斯自治市委员会打电话，他们保证尽快赶来。

售卖《工人日报》使我们和工人阶级有了接触，虽然这样的接触相当肤浅。伊莎白和我创下了一个星期天卖出80份报纸的纪录，得到了党支部的表扬。但我们很久之后才意识到遵照党的要求全力扩大报纸流通量的弊端：对政治话题的讨论不够重视，只顾着发展新订阅者而忽略了发展新党员。

卖报纸并非我们在党内唯一的工作。作为具有中国背景的人，伊莎白和我自然成了远东委员会的成员，每月开一次会。会上我们讨论远东形势，每当有什么事件发生便快速写出一份参考材料。其中一次事件便是前缅甸抗日游击队领袖昂山到访伦敦，我们当中的有些人在缅甸时就认识他，当时他曾在东西方联合会发表演讲。远东委员会中有一位“同志般的”成员是缅甸学生，为了讨好昂山便告诉他，我和伊莎白以及其他一些伦敦朋友都是共产党员。这位前游击队领导对此显然毫不惊讶（他自己的连襟丹东就是缅共的书记），这件事对我们的关系没有造成任何破坏，却给我们上了有关安全意识的一课。昂山在回到东方后被刺杀了，后来同样遭此命运的还有其他英国殖民地的杰出盟友，这些人都曾是马来亚人民抗日军的领导，我在新加坡短暂停留期间和他们结识（当时我是掌管威士忌和啤酒的总司令）。现在在伦敦我听说他们应邀来参加胜利游行，在肯辛顿花园宿营，便跑去找到了他们，老友重逢，相见甚欢。尽管英国军队的靴子令人痛苦，他们依然骄傲地走在了游行队伍里。游行结束后他们回到祖国，继续为马来西亚的独立而斗争——这场斗争的对象曾经是日本人。他们在世代生活的丛林里，先是和日本侵略者、后是和英国殖民者做斗争，最终，被派去“平息叛乱”的英国武装结束了他们的生命。

我们参加的另一个比远东委员会学术性更强的马克思主义组织是史学家小组，参与者有出生于澳大利亚的历史小说家杰克·林赛，和《自由大宪章》的专家约翰·莫里斯（西班牙内战时期我曾把自己的日记委托他保管）。五十年后的今天我还能记得我们讨论的话题之一是古罗马的奴隶制度。我不确定我们是否把它和英国现状相联系，但当年和后来的史学家小组里曾有研究 17 世纪英国革命的杰出学者、著名的克里斯托弗·希尔，后来担任牛津大学贝利奥尔学院院长；还有不那么学术的海米·费根，他的《剑出鞘》是一部以通俗语言写成的、关于英国历史上武装起义的经典著作。

20 世纪 40 年代中期的伦敦没有任何武装或其他形式的起义让我们参加，倒是有支持房屋占领者的游行，这些人在共产党的领导下纷纷搬进无人居住的房屋。这类房屋要么是在“二战”期间曾被政府征用，如今已空置；要么是富裕人家空闲的多余房产，而与此同时许多人正无家可归。房屋占领运动为刚刚搬进这类房子住下的家庭赢得了广泛的支持，虽然最终他们中的大部分（不是全部）被依法驱逐，但他们富于战斗性的行动强化了租金管控条例，我和伊莎白顺带从中受益。没有这个条例，我们无论如何也不可能负担得起住进安妮女王时期的、房子依然完好无损的梅克伦堡广场。[1]我记得有一次占领者游行发生在伦敦西区中心的莱斯特广场，当骑着马的警察前来驱散游行者时，人群里响起了嘲讽的喊叫："哥萨克人来啦。"

共产党还组织了呼吁关注纽伦堡审判的游行活动，接受审判的纳粹战犯包括戈林、罗森堡、赫斯等。为提高民众意识、增强对审判活动的支持，共产党呼吁犹太党员及其同情者单独组成一个犹太老兵方阵，佩戴着勋章参加游行。我在皇家空军服役期间获得过三枚勋章：缅甸之星、国防勋章、战争勋章，就我而言它们与其说是对格外英勇的奖赏，不如说是对服役经历的官方证明。令我惭愧的是我并没有加入犹太老兵的队伍，即使和共产党员在一起时，我仍对自己的犹太身份感到不自在。

与此同时，其他不确定性也折磨着我的内心，即关于前往中国一事。若"遣返"果真到来，眼下客轮的紧缺、熬人的官僚手续、能否从国民党的领事馆拿到签证，诸此种种，均是问题。因此当我在亚非学院的奖学金到期时，我决定找一份工作。眼下教师紧缺——若考虑其工作时间之长、报酬之低，再加上额外的工作负担，这种情况并不稀奇，然而我很享受在上海和成都的短暂的教师经历，于是向教育部发出了申请。填表时我突然意识到一个该死的事实，我的学位是哥伦比亚大学的，一所美国大学！即使哥伦比亚大学 1754 年就由乔治二世资助成立，这个文凭也绝对不会被承认。我必须参加教师培训课程，拿到一个得体的英国文凭，与此同时靠微薄的津贴生活一年或更长。我放弃了这条路，决定成为工人阶级的一员。一番寻找之后，我得到了在伦敦北部一家地下血汗工厂磨镜片的工作，每周薪水 7 英镑。能和斯宾诺莎从事同样工作的吸引力

---

〔1〕　安妮女王（Anne Stuart），英国女王，1702—1714 年在位。——译者注

想必战胜了我对硅肺病的恐惧，他是父亲当年为我树立的榜样（而忽略了他被逐出犹太教门的事实）。巧合的是，斯宾诺莎45岁时正是死于肺部疾病。在我即将开始工作时，“遣返”令下来了，使我免于同样的结局。如果没有前往中国成为一名教师和写作者，而是留在伦敦磨镜片，我的生命将是怎样一番景象？

1946到1947年在我生命中不但关键，而且愉快，在英国南部海岸的黑斯廷斯举办的关于“乌托邦”的周末学校为这一年画上了愉快的句号。尽管已神游黑斯廷斯多次，但这还是我头一次真正踏上这片土地。被公认为英国第一部“无产阶级小说”的《穿破裤子的慈善家》就将背景设置在黑斯廷斯，小说描述了20世纪初油漆工们衣不蔽体、食不果腹的令人心痛的生活状况，小说作者罗伯特·特莱塞尔就是他们中的一员。作为一名“丧失了社会地位的中产阶级”，他被挤到了无产者的行列，因此对自己所写内容的理解既有知识背景又有生活经历作为支撑。小说是个悲剧，但（在未删节版里）亦含有希望。大量运用讽刺的文风则有明显的狄更斯味道，包括书名本身——在作者看来，劳动过量、薪水过低的油漆工相当于把大部分劳动果实拱手让给了老板，这就是他们的慈善。于是他们被称为“mugs”（傻瓜），而黑斯廷斯就是书中的“马格斯镇”——这就是我亲自到黑斯廷斯之前对它的了解。

然而我和伊莎白去往中国前见到的那所学校却与特莱塞尔书中描绘的迥然不同。学校位于一所布局宽阔的乡村老房子里，物质条件相当不错，能提供足够的朴素的农村食物，而在文化上它算得上奢侈——与情投意合的学生们共享了一场精神的盛宴。主讲人和讨论主持人是A.L.莫顿和道格拉斯·加曼，莫顿是马克思主义著作《人民的英国史》的作者，这本书几十年后我在中国上历史课时还曾用到；加曼是共产党的教育部长。这次在学校讨论的话题是“英国的乌托邦”，莫顿几年后就此写了一本很棒的书。几天以来，我沉浸在对“更完美英国”的长达几个世纪的期望和奋斗之中，特别关注莫尔的《乌托邦》和威廉·莫里斯的《乌有乡消息》，这是即将到来的中国时光的完美序曲，我希望在那里先学习、后讲授20世纪的英国何以能成为一个全新的乌托邦。

从利物浦踏上P&O公司的轮船时，我们做梦也没想到将要在那里度过余生，十八个月是我们的计划。从中国回来后伊莎白期望着回到伦敦政治经济学院完成她的博士研究，而我一直以来希望能靠写作解放区的生活成为一名记者，那里生活着中国三分之一的人口。于是出发前我在舰队街（伦敦新闻社聚集处）到处活动，想办法成为了《泰晤士报》和路透社的特约记者。我终于成为了一名记者！

在新加坡空军总部从情报工作变成保管威士忌和啤酒的降职并没有剥夺我的军官身份，即使不算高官，我仍是一名军官，因此我们坐的是头等舱。但战争刚结束时客运运力依然严重不足，在这艘按照运兵船管理的船上，像（我被降职到的）空军中尉这样的低级职位涉及住宿问题时实行男女分离。整段航程中愉快的回忆之一是通过苏伊士运河。这通常谈不上愉快或不愉快，但因为英国从埃及获得苏伊士运河的方式——就像我爸爸乐于讲述的那样——这条运河在童年时曾对我有着特殊的浪漫吸引力。据爸爸说，埃及人在1875年一个银行放假的周末把运河投入市场出售，必须赶紧把钱付清，不然法国人就会抢走一部分份额。但在银行都关门的情况下，怎么办得到呢？当时的总理迪斯雷利叫来了他的朋友罗斯柴尔德，后者用个人信誉担保了所需的钱款总额，对埃及总督而言这就够了。爸爸从这个故事里得到了巨大的愉悦感——两个犹太人联合起来为帝国效力，骗过了法国人。他想传达给我的信息是：“你看，我们犹太人多么聪明，多么团结。当你长大后，我的儿，让这成为你动力的源泉。”同时爸爸对那些又吃青蛙又吃蜗牛的法国人带有一种伦敦东区人典型的非恶意的轻视，他的通俗歌曲保留歌单里还包括可以追溯至19世纪初的反拿破仑歌曲。但我1947年和身边的伊莎白一起快速穿过运河时，头脑里的想法和父亲的并不相同。当我们看到光着身子、被晒得黑黑的埃及男孩在相隔仅几码的运河岸上朝我们这些西方白人乘客做出不雅动作时，我们笑了。不到十年后埃及总统纳塞尔收回了运河主权，大迷糊（英首相）和罗斯柴尔德的交易就此作废。

因为直到北平（现在的北京）的旅费都由皇家空军承担，在香港时我们花皇家空军的经费住进了一家小小的宾馆。[1]

在香港宾馆里我们做出一副退役军官应该有的样子（伊莎白曾任加拿大陆军女子部队中尉），晚饭前在酒廊里啜饮着杜松子酒和柠檬汽水混合而成的饮料。我们还联系上了一对有趣的年轻人，乔冠华和他的夫人龚澎，并把带在身边的介绍信交给他们。乔冠华后来成为了中国的外交部长，龚澎当时作为中共在重庆的发言人已闻名于新闻界。他们带我们外出晚餐——数千年来，吃饭在中国社交和政治生活中扮演着极其重要的角色。很快，就有一位身穿雅致的白丝绸西装的中年绅士到我们下榻的小宾馆来了。他是章汉夫，当时在中共外交机构里担任乔冠华的上级，后来成为了外交部副部长。换句话说，在向被封锁的解放区进发之前，我们已被检查了一番。

我们乘坐一艘英国的沿岸贸易船前往北方的港口天津，船长给了我们和他共坐一桌的荣幸，有意把自己和船上的其他西方传教士乘客隔绝开来。如果知道伊莎白的双亲都是传教士，想必他不会待我们如此热情。

---

〔1〕　名称问题容易让人困扰。北京意为“北方的首都”，但由于蒋介石定都南京（南方的首都），他就把北京改成了北平，意为“北方的平静”。美国人为了表示对新中国的不承认，多年来坚持使用北平而非北京称呼新中国的首都。英国人发现自己处在了一个外交上更正确的位置——不过仅仅是因为迟钝。他们自1927年就理应将北京改称北平，但从未实施。1949年的历史证明了他们的正确。

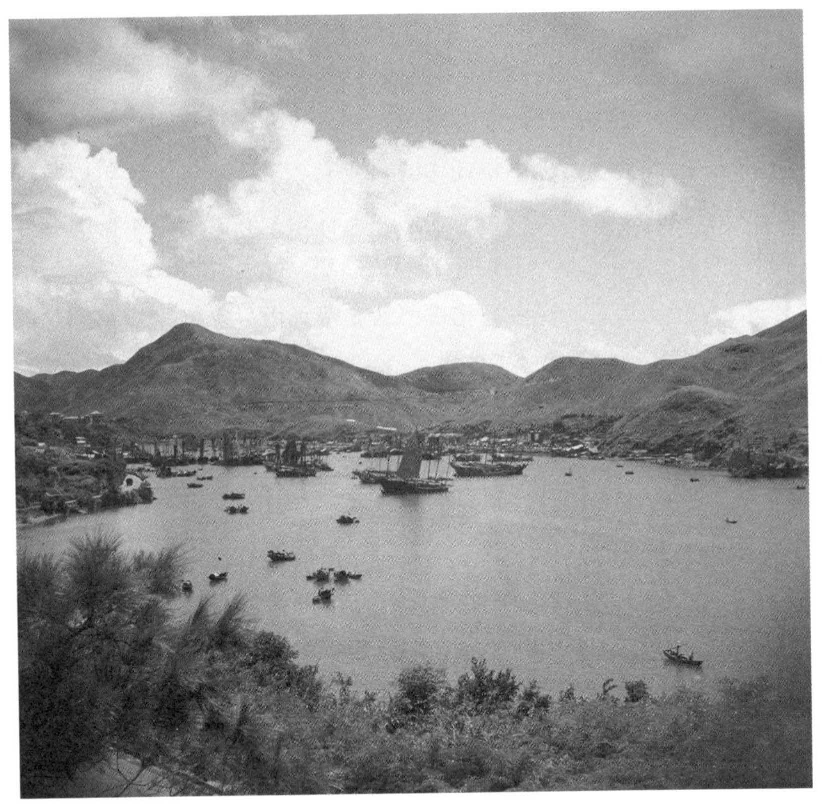

沿途所见　柯鲁克摄，1947 年

途经上海时我们做了短暂停留，1938—1940 年间我曾在这里工作。处于蒋介石的国民党统治下，这里的租界和以往看起来没什么不同：富豪云集，贫富对比触目惊心，乞丐和妓女在南京路上随处可见，做货币兑换生意的人以极高的膨胀汇率交易纸币与银元。到了夜里我们去见杰出的女共产党员廖梦醒，她的家庭与孙中山关系紧密。廖梦醒仔细审查了我们的介绍信，深入追问了几个尖锐的问题，然后在乔冠华和章汉夫写于香港的介绍信上加上了自己的背书。

回到船上，在驶向下一个港口天津的过程中，伊莎白和我合

沿途所见　柯鲁克摄，1947 年

计着要采取什么措施才能避免在国民党的海关遇到麻烦。我们决定只留最重要的身份证件，其他全部丢弃，以免引起怀疑。我将自己要销毁的撕成小碎片扔进马桶，冲进了中国东海。伊莎白则撕碎之后开始从船上往外扔——但没有注意风向。风把最初扔出去的纸片吹到了下层甲板上，那里挤满了带着货物的统舱乘客，看上去像一片漂浮的水上街市。我们赶紧停止了这种鲁莽的丢弃行为，祈祷没有拼图侦探把那些足以治罪的碎片重新拼接起来。到达天津后，我们在海关官员检查我们的书籍时又经历了一番焦灼的等待。海关官

沿途所见 柯鲁克摄，1947 年

员拿起了我们小心翼翼用牛皮纸包好以掩盖书名的《马克思主义手册》，翻阅着，热切地盯着。他翻过了《共产党宣言》、《资本论》节选、列宁的《帝国主义论》，以及类似的颠覆性论著。翻完最末一页后他放下了书，开始检查我的袜子。这时我们才意识到他是在找美元。我们确实一分也没有，即使在《资本论》的那些书页里。

在这一系列令人心惊肉跳的经历后，依照国王"遣返"令的要求，我们向英国领事馆报到。说明了想去解放区写作的意图后，我们被介绍给了新闻官。我的名片上印有"《泰晤士报》"和"路透社"

这样吸引眼球的字样，只消一瞥，新闻官便决定款待我们，带我们游览了天津。这里，我默想着，就是杰克·伍尔夫当年计划让我作为他的代理来的地方了。[1]感谢 1929 年华尔街的破产，使我免于这样的命运。

天津是全中国最丑的城市之一。20 世纪初镇压了反抗帝国主义的义和团运动后，十四支列强势力强行在此建立了各自的“租界”，使得整个城市成了建筑风格的大杂烩。为我们导览的新闻官理查德·哈里斯曾经是一名受过专业训练的建筑师，声称“众楼皆笑柄”。确实如此。这些建筑从模仿帕特农神庙的银行到酷似威尼斯歌剧院的楼房，不一而足。除了建筑学上的分析之外，这位新闻官还好心地主动提出，只要我的文章能偷偷从解放区送到他的手中，他将负责把它们转交至英国。他果然信守了诺言。

与此同时，我们根据在香港和上海得到的建议联系了联合国善后救济总署，看看他们是否能帮我们打通去往解放区的路。根据章程，救济总署被委托向国民党和共产党提供无差别的援助，他们死抠法律字眼而不顾其精神地执行着这件事：98% 的援助物资送到蒋介石处，2% 送到共产党处。尽管如此，这样的安排依然对我们有些便利：中国共产党在国民党占领的天津可以派驻两个合法代表，以处理救济的相关事宜。当地救济总署的大多数官员就个人而言公正无私，通过他们，我们联系上了那两位共产党代表。级别较高的代表不懂英语，他的副手韩叙充当了翻译。韩叙是个英俊的年轻人，沉着镇定，风度翩翩。三十年后他已是外交部的资深官员，最终担任了驻美大使。这两位代表朋友告诉我们，救济总署正在组建一支包含两辆吉普车的小队，要运送物资到解放区边境线内的补给站去，恰好缺一名司机，我立刻就被选中了承担这一任务。

---

〔1〕　杰克·伍尔夫是作者刚到纽约时的雇主，从事皮毛生意。详见第二章。——译者注

在等待救济总署的车队安排妥当的时间里，我们抓住机会游览了中国的古都北京。如今从天津到北京需要两小时的火车路程，当年需要四小时，因为要从游击队的领地穿过。我望见田野里穿着鲜艳红衣的年轻妇女，兴奋地将其当作共产党活动的证据指给伊莎白看，而她却向我解释，这只不过是年轻新娘依然穿着婚礼时的衣服而已。火车没有因游击队的活动而脱轨，安全到达北京，这多少令我们有点失望。在北京我们向英国领事馆报到，我们的“遣返”之旅已结束。谁知那位领事竟没有采取不再过问的态度，而是将我们转交给了英国文化教育协会，后者把一辆长长的、插着英国国旗的黑色豪华轿车提供给我们使用。于是我们威风地把车开到了位于西郊的清华大学，去拜访费孝通教授，一年前在伦敦政治经济学院我们曾参加他的研讨课。他友好地接待了我们，向我们介绍了中国的现状。作为一位有政治头脑的学者，当时他采取的是介于国民党和共产党之间的中立路线，希望中国能建立起类似于英国或美国的民主体制。我们对于中国的期望不同，但会面充满了真诚的情感。

清华之行让我们得以一窥北京作为帝都的风采，美丽而且辉煌，当时的北京仍包围在高高的城墙与耸立的城门内。

回天津一两天后，1947 年 10 月底，救济总署的车队准备就绪。回忆当时情景，我至今仍然感到汗颜，货物中相当大一部分是我们自己的行李，包括后来够我用到了 50 年代中期的笔记本活页纸。不过这些家当里已经没有了那套银餐具，我们曾像大流散中的犹太人那样，把它作为流动资金带在身边。担心钱不够用，在船上时我们把它处理给一位诚实的旧货商了。事实证明，不论活页纸还是卖银器的小心谨慎都是杞人忧天，事态的发展远比我们预想的快。十五个月后我们回到了已经解放的北平，1949 年 10 月 1 日这里宣布成为中华人民共和国的首都。而在这之前，我们将住进农村，亲眼见证另一历史巨变——十里店村将土地重新分配给耕种者的运动。

第九章　农村生活的智慧（1947—1948）

在《共产党宣言》里，马克思和恩格斯曾提到“农村生活的愚昧状态”，但至少对我而言（伊莎白之前就在中国农村生活过），十里店村的八个月是一段启发心智而非闭目塞听的时光。

伊莎白和我曾写过三本关于十里店及附近村庄的书。第一本书的前言、序言和后记摘选部分如下：

> 中国共产党和国民党内战中期，笔者乘驳船沿京杭大运河航行，穿过无人区，进入解放区。1947 年 11 月底，到达了十里店，包含十里店在内的一系列村庄便是晋冀鲁豫边区政府所在地。
>
> 从东边二十多英里处的武安县城往十里店走，土路沿着鹅卵石散布的河床蜿蜒，河水一年里有九个月是干涸的。河谷渐渐变窄，山坡随之陡峭，坡的低处是辛劳开垦出的梯田，坡顶经风吹日晒而荒凉——“像和尚的脑袋顶一样光秃秃”。临近村子，道路和河水都向南转去；这里的石头地约四分之一英里宽，河谷底部大部分的肥沃土壤都被往年的洪水冲走了。
>
> 远远望去，眼前貌似是两个村子而不是一个。河谷低处横跨大路的是村子的主体，人们通常叫它“下街”；东北方向沿着山坡爬上去的是“寨上”，地主们曾经的寨堡。

寨上所有院子的门都朝里开，房子背面光秃秃的，后墙上很少的窗户又小又高，令人生畏。

寨子较低的那一边，山坡呈断崖状，将寨子围墙衬托得更加高大威严。寨上现有两道大门，当今仅有装饰作用，但靠近山坡的那条道只通狭窄的人行步道，面向下街的那条道则连接着陡峭的S形石头堤路，由大路上轱辘轱辘而来的带轮子的车辆至今只能望寨兴叹。寨堡的建筑形式诉说着地主和农民关系的种种过往。

我们于1947年11月底到达十里店。玉米秆还在村周围的田地里挺立着，不过玉米棒子已经被掰干净了，金灿灿地堆在村子外围土压的打谷场上，在寨上和下街之间也能看到晾晒在灰色水泥房顶上的玉米沐浴在秋日阳光里，间或露出一些优美但没有实际功用的曲瓦屋顶。

我们的骡车颠簸进了下街别致的南门，这座不和任何墙相连的门与其说是为了起保护作用，不如说是为了起装饰作用；因为下街——不像寨上——自古以来就是没什么财富需要保护的人的家。优雅的拱门上方用白色大字写着旧时流行歌曲里填的新词“毛泽东是中国人民大救星”。

以上就是笔者对1947年11月的十里店所做的介绍。

在村子安顿下来后我们被要求提交一份书面计划，说明我们在解放区想干什么。我们所提交的是一份对某村土改进行深入研究的大纲。

与此同时我们应邀住进设在十里店村的边区政府招待所。这看起来没什么特别，但其实离我们的目标近了一步：“招待所”由散布在不同村民家的屋子组成。我们在某一家睡觉，在另一家吃饭，在又不同的一家和边区政府的工作人员见面。加之我们被允许在村里自由活动，这样就有了相当多非正式观察的机会。不久后我们得到了进一步许可，边等待对研究计划的正式批准边对村子开展初步调查。

土改工作队到达之前、进驻期间、离开之后的八个月里，我们在十里店村收集资料，这意味着彻底融入农村生活。对伊莎白和我而言，十里店成了世界的全部——真实的世界，而非我早先想象中的理想化边区。通过国民党的封锁线先是进入无人区、而后进入解放区时，我曾天真地以为一旦踏上梦想中的乌托邦，就连普通的田地也会看起来更可爱。其实不然。先乘吉普、后坐骡车经过村子时，我做梦也想不到眼前带泥巴墙的拥挤的平顶房子里，或是瓦片覆顶的灰砖石房子里，生活是何等复杂。我曾以为这里的生活即便算不上愚昧，至少也是简单的。很快我发现我才是头脑简单的那个。要详述我的启智过程就相当于我们三本著作的内容简介了，我只讲讲自己学到的几课吧。

我首先领教的是贫穷的含义，因为自己的无知，我从没预想在解放区会面对这样的贫穷。

一个十来岁的矮个子男孩被打字机的声音吸引，不请自来进到了我们屋里。他没有敲门然后等待“请进”，个人隐私的概念在中国封建传统中闻所未闻。打字机的嗒嗒声令他惊奇不已，然后他看见了墙上讲述“白毛女”故事的连环画。“嘿，这些人我都知道：这是杨白劳同志（一个年老的贫苦农民），这是八路军同志（女主角的未婚夫），这是地主同志。”我们纠正了他混乱的阶级概念，注意到他指着连环画的煤球一般黑的手指头，于是我问他为什么不洗洗脏手。他惊讶地望着我。你难道不知道这儿多缺水吗？不知道水得从井里打上来，装在五加仑汽油罐里，在扁担两头晃晃荡荡地抬着？还有，如果你在冬天洗手（当时是 12 月），手会皴的。“那你可以往手上涂点儿东西啊。”我说。我很得意自己没有建议雪花膏，而是我认为他

冬日里的华北村庄十里店（摄影师柯鲁克将自己的影子留在了画面里）

十里店村的南门
柯鲁克摄

柯鲁克与伊莎白在十里店期间所借住的人家　柯鲁克摄

伊莎白和郭锦荣在院子里聊天（因为当时农村房间里普遍较暗，伊莎白通常坐在光线最好的屋门口工作）　柯鲁克摄

伊莎白和村里的孩子们
柯鲁克摄

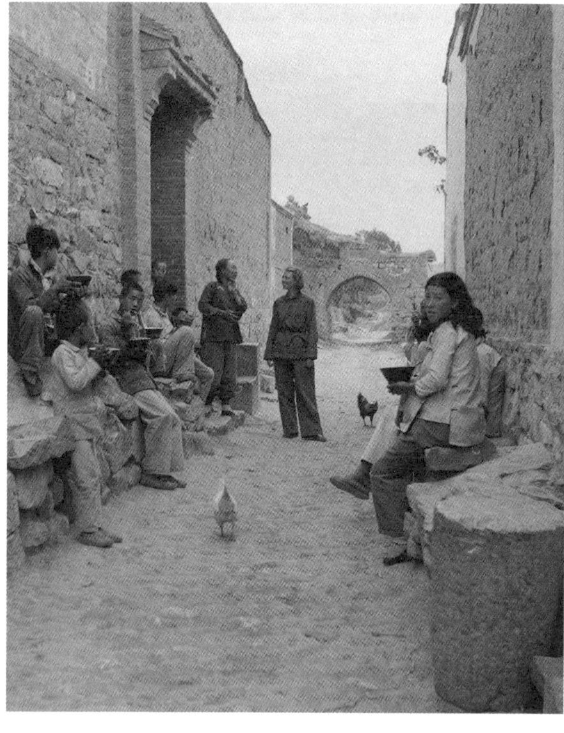

村民们在寨上的街道上吃饭，伊莎白和他们聊天　柯鲁克摄

村民为伊莎白念东西，伊莎白做记录　柯鲁克摄

李棣华（中）为韩丁（左一）和伊莎白念报纸　柯鲁克摄

伊莎白（右一）在十里店期间与其他共产党工作人员一起吃饭　柯鲁克摄

可以负担得起的东西："一点儿猪油。"这下他看着我的眼神仿佛在说，如果要说愚昧的话，那愚昧的肯定不是农民们。"就算有猪油，也要省下来过年包饺子。"过年是农民们一年吃一次肉的时候，不是牛排那样整块吃，而是和圆白菜一起剁碎后当饺子馅。就算吃得起，肉也要留给春耕时补充体力用。而春耕到来之前的农闲寒冬，农民们保存体力，用多多睡觉的方式抵抗饥饿，就像冬眠的动物。

我最初不理解的贫穷的另一产物是农民家里又少又小的家具。我奇怪，为什么用这些只有大约四英寸高的小凳子而不用更舒服的椅子呢？村民们耐心地向我解释：做个小凳子更省木料，而木头又少又贵。我 37 岁了，是大学毕业生，多少学过点经济学，却从没考虑过这类问题。农民的房子光线昏暗，窗户上装的不是玻璃而是"草"纸，只比上厕所用的纸稍好一点点。到了晚上光亮来自油"灯"，不是带有长长的玻璃罩子的那种——在旧时那是地主用的，现在是给像我们这样的外国友人用的。农民则在碟子里放上棉籽油，碟子边上伸出一根灯芯，这样的灯芯时不时就需要挑。我们自己偶尔也用这样的灯，不过是奢侈地点两根草芯而已。

夜晚农民睡在炕上，炕是用砖垒起来的中空的平台，内部是烟道，烟道的出口上方是高粱秆燃起的小火苗，水在这儿烧，饭在这儿煮。厕所在院子里，是个放了陶瓷缸的五英尺深的坑，让人感觉它可能是阿里巴巴的藏身地。只有地里需要的时候厕所才会被清理，里面的粪被当成肥料运到田里播撒，因此平日坑里的粪总在慢慢升高，蹲在上面时里面的东西有时简直要碰到屁股了。

在"被世世代代以来的负担压弯了腰……背着整个世界的沉重"的生存条件下，现在解放了的农民生活着、劳作着。我曾看见一个十到十二岁的男孩挑着两桶从井里打上来的水大摇大摆地走着。"让我试试。"我说。结果水的重量压得我几乎站不起来。还有一次，我们那死了丈夫的房东老太太请我帮她一个忙。她有一些谷子装在一个窄长的口袋里，看上去就像我外婆床上的垫枕。我能帮她背到鹅卵石窄路之上的磨那里去吗？当然，我自信地回答。我弯下腰，费劲地把货物放上肩，一口气站了起来。一粒谷子大概有一颗大头针的平头大小，装袋的时候压得实实的。这袋东西简直是我不能承受之重。尽管当时处于盛年，我仅能跌跌撞撞地走到磨那里去。眼下，近四十年过去了，十里店的三位农民刚刚来访过，带来的礼物中就有一袋小米，他们轻轻松松就搬到我们家厨房里去了。这件礼物让我想起了寡妇老太太的口袋，和另一件事——王文盛，这位在我们目睹的土改复查运动中被新选为村干部的人，曾在一次饥荒中被他父亲以一袋谷子的价格卖给了别人。

即使村里许多妇女都恢复了天足——从幼年开始的缠足直到民主运动到来才被解放（年长妇女的脚还是因缠得太久无法"解放"的"三寸金莲"），因为要下地干活，女人比男人更加苦命。除地里的农活之外她们还承担家务，做饭洗衣，操心孩子，她们往往都生很多孩子，盼望男孩以养儿防老。因为落后的医疗卫生条件，有的女人生出十来个孩子可能只养活了一个。

正如毛泽东在20世纪20年代所写，妇女遭受着双重压迫。她们仍在为平等而斗争。"太阳从西边升起"——共产党游击队从太行山而来赶走地主、国民党和日本侵略者——之前，女人并不被当成人看待。一位妇女曾对我们说："如果有人到家门口来要见当家的——当然是男人，他会喊：'有人吗？'假如男人不在，屋里的女人就会说：'没人。'共产党来之前，我们女人不算人。丈夫脱下鞋来打我们，没有谁觉得这有什么不对。在共产党领导我们成立妇女委员会为我们撑腰之前，境况就是如此。"

然而，就在这种贫穷落后、艰辛压抑的环境中，农民们依然保有令人肃然起敬的自尊自重、幽默感、妙语连珠的口才，和我无法比肩的足智多谋。在八个星期的土改复查运动后，每一片土地都需

村民们在李家祠堂门口附近聊天　柯鲁克摄

走在村外道路上的村民　柯鲁克摄

邻村的集市 柯鲁克摄

妇女们在院子里把散开的棉线聚在一起，准备上织布机 柯鲁克摄

在院子里干活的妇女　柯鲁克摄

春节期间，去给长辈拜年、祭拜祖先或参加节庆表演的村民们正从下街走向寨上，准备进寨上的门　柯鲁克摄

春节期间聚集在李家祠堂门口的村民　柯鲁克摄

春节期间的马戏团表演　柯鲁克摄

乐队表演　柯鲁克摄

老村长王喜堂母亲葬礼上出殡的队伍　柯鲁克摄

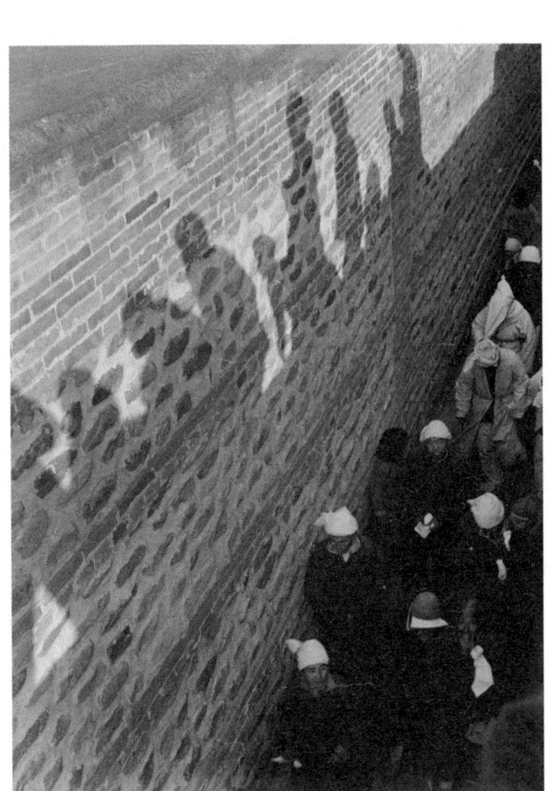

出殡的队伍和围观的村民挤满了村里狭窄的街道
柯鲁克摄

要丈量以确保公平分配。丈量工作用一种叫作“弓”的木质工具完成，它的样子就像一个可延伸至几英尺的大圆规。负责丈量的人大多是曾当过店铺伙计、会用算盘的村民，他们用“弓”沿着每块地的边缘边走边量。然后噼噼啪啪地在算盘上一通拨，就给出了地的面积。自从在乔汀汉上了“扔粉笔老师”的课，我的数学就不怎么好，但乘法我还是会的。于是随丈量员四处走动时我掏出了纸笔，做起了自己的算术。当地是正方形或长方形时，我刚好能跟得上村民们的速度；一遇到这里凸出一块、那里凸出一块的，或是中间有坟堆的地，我就抓瞎了。管丈量的村民们可没有抓瞎。他们总有办法调整角度和周长好让土地的所有者和旁观者都满意，即使对后两者而言最细微的错误也是大事件，他们死死盯着弓和丈量员，仿佛身家性命皆系于此。对这种应用几何我实在无法胜任，很快就把自己的小本，连同自己的骄傲，一起乖乖地收进了口袋里——我的高等教育不过如此。

农民们活泼的语言并非全是原创，有一些生动到令我吃惊的说法只不过是老话或谚语，还有一些无疑是从毛泽东那里借来的。但对我而言它们都新鲜动人，于是我强烈要求翻译不要从英语里找惯有的习语对应，而是照农民说的原话翻译出来。当四个农民共同拥有一头毛驴，他们每人有“一条驴腿”；而对那些做梦都别想能有这样财产的人而言，他们“连一根驴毛都没有”；地主和富农是“老钱袋”；头发呈波浪状的放荡女人有“飞机头”；在饥荒时为了钱和男人上床的人被称为“破鞋”——妓女的同义词；土改前一阶段从地主和富农家没收的财产是“斗争果实”；帮着藏匿财产以防被没收的那些亲戚是“防空洞”；肥沃的地和贫瘠的地分别是“肥地和瘦地”；把土地太多的人的地匀给地太少的人叫作“填窟窿和平土墩儿”；一个容易受到不良影响的人叫作“哪边有坡儿，他就往哪边儿溜”。

即使受到贫穷的限制，农民们依然大方好客。每当我们路过某家进去聊个天，村民总是礼貌地邀请我们坐在小凳或炕上，端来一碗热水——这可是从井里打上来、在炕炉子上烧开的，非常珍贵。我爸爸曾和我谈起“中国的所有茶叶”，而十里店的农民一滴茶也没喝过。[1]

我既无意否认农村生活的落后，也不想吹捧农村生活的壮美。毕竟，我从小是个地地道道的城里人，经常觉得我热爱乡村只不过是对从未流过汗的土地的叶公好龙。不过我们在十里店的八个月和

---

〔1〕 英语原文为 all the tea in China，意为“巨大的财富”。——译者注

在其他中国村庄的短暂停留使我必须否认“愚昧”的存在（我怀疑这个词不是马克思和恩格斯所用德语的正确翻译），以十里店为题材的三本书的写作更加深了我对扛锄头的男男女女的敬重。十里店的时光使我为之后在中国四十年间的种种考验做了准备，即使后来的日子大多是在城市里度过的。

现在，看着当年穿过田地、爬上山坡、漫步于村庄小巷时所拍摄的照片，我的思绪回到了几十年前。我仿佛望见了山坡上辛劳开垦出的梯田，看到了原始的犁、播种工具和木耙子，看到了驴和骡子拉着的石碾子，牵引着牲口的人身形矮小，坚忍不拔，世世代代以来使用着未曾变革的技术。我又回到了村庙的场院里，土改工作队在全村大会上宣布新土地法，男人们抽着针箍大小的烟袋锅，女人们纺着线或纳着鞋底。我看见了现已故去的村干部们一张张精明的脸，还有因劳作和生育而憔悴、四十岁就被称为“老人”的妇女的脸。我看到了曾经富裕的农民背后缝着的布片，上面羞辱性地写着“斗争对象”，也看到了村庙的场院里地主和富农的财产，堆在地上或挂在绳上，这些东西在“土改复查”结束时分到了贫农、寡妇和孤儿手中，被他们带回了家。我看到了组成土改工作队的《人民日报》的记者们，他们在1949年新中国成立后成了编辑、政府官员、市委书记。在那之前，他们（伊莎白和我在一定程度上也是）过着简单的生活，吃小米和红薯，穿土布衣服，住农民家，睡大炕。关于土地改革这场很快席卷全中国并改写了历史的运动，以下便是其中一些图景。有的照片没有收进我们的书里，但留在了我的脑海里。

一天，我们穿过田野绕过山岭去冶陶镇，这个小镇是薄一波的办公所在地，薄一波时任中国共产党中央委员会驻边区代表。在小镇的外围用芦苇席搭起了巨大的帐篷，足可以容纳数千名从各地来的干部。身穿棉布制服的人从各个方向汇聚过来，我加入了一场关

土改工作队和村民们一起在村庙里开“农会成立大会”　柯鲁克摄

大会上的村民　柯鲁克摄

会场上的妇女　柯鲁克摄

十里店土改工作队部分队员。从左至右：吴舫、何燕凌、冷冰、罗林
柯鲁克摄

正在讨论阶级划分问题的村民　柯鲁克摄

村民围观墙上贴出的阶级划分结果
柯鲁克摄

开会的村民（中间一人背后的布片上写着“十里店头等地主付文”）柯鲁克摄

村干部和土改工作队员在一起讨论工作（从左至右：村文书王福星、工作队员吴象、老村长王喜堂）柯鲁克摄

在村民家的院子里开小会
柯鲁克摄

当时《人民日报》社在离十里店不远的河西村，柯鲁克住在十里店期间曾前去参观。图为《人民日报》社部分工作人员

于工业化和机械化的好处的谈话里。“这完全取决于机器掌握在谁手里。”我自以为是地评论道。一走进帐篷，伊莎白和我就被邀请到主席台上就座。而后，薄一波走向讲台的前端，开始讲话——他讲了足足四小时。那是一场带标题和副标题的正式演讲，有着数学定理般的结构。他手里拿着一沓讲稿，然而一眼也不曾看过。在演讲的某个时刻，发言者转向伊莎白和我，礼貌地表示欢迎，带着令人啼笑皆非的微笑谈到中国共产党以往曾多次得到外国同志的建议。我们可没有这样的自负，幸好薄一波清楚地指出，外国同志的建议并非总被采纳。演讲过程中人群曾出现了一阵兴奋的骚动，人们纷纷站起身，伸长了脖子，热烈鼓掌。一个矮小敦实的身影大步流星地走下了过道。这是我对邓小平的第一瞥，时任解放军 129 师政委的他正一路凯歌地向南挺进。

几周后我们骑上了小心翼翼挑选出来的驯顺的马（尽管有护送者的警告，我还是想方设法策马小跑起来）。我们的目的地是西戍

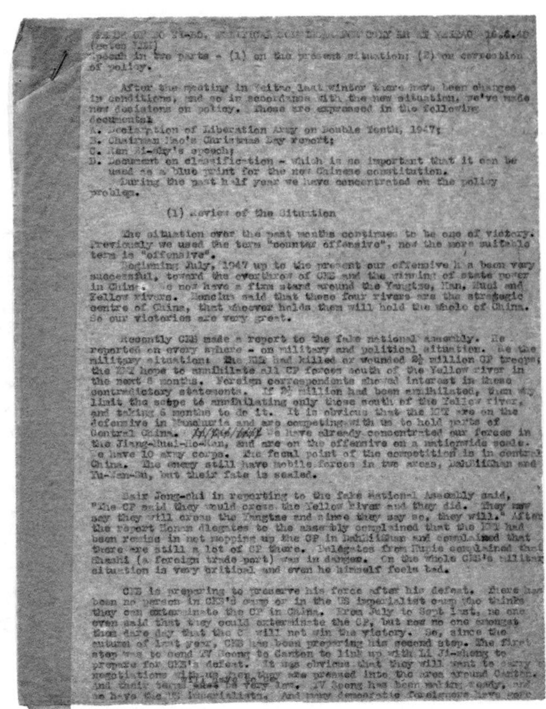

[illegible] (1947 [illegible]) 16.2.48

Speech in two parts - (1) on the present situation; (2) on correction of policy.

After the meeting in [illegible] last winter there have been changes in conditions, and so in accordance with the new situation, we've made new decisions on policy. These are expressed in the following documents:

A. Declaration of Liberation Army on Double Tenth, 1947;
B. Chairman Mao's Christmas Day Report;
C. [illegible]'s speech;
D. Document on classification - which is so important that it can be used as a blue print for the new Chinese constitution.

During the past half year we have concentrated on the policy problem.

(1) Review of the Situation

The situation over the past months continues to be one of victory. Previously we used the term "counter offensive", now the more suitable term is "offensive".

Beginning July, 1947 up to the present our offensive has been very successful, toward the overthrow of CKS and the winning of state power in China. We now have a firm stand around the Yangtse, Han, Huai and Yellow rivers. [illegible] said that these four rivers are the strategic centre of China, that whoever holds them will hold the whole of China. So our victories are very great.

Recently CKS made a report to the fake national assembly. He reported on every sphere - on military and political situation. On the military situation: The KMT had killed or wounded 2½ million CP troops; the KMT hope to annihilate all CP forces south of the Yellow river in the next 6 months. Foreign correspondents showed interest in these contradictory statements. If 2½ million had been annihilated, then why limit the scope to annihilating only those south of the Yellow river, and taking 6 months to do it. It is obvious that the KMT are on the defensive in Manchuria and are competing with us to hold parts of Central China. We have already concentrated our forces in the Jiang-Huai-Ho-Han, and are on the offensive on a nationwide scale. We have 10 army corps. The focal point of the competition is in central China. The enemy still have mobile forces in two areas, [illegible] and [illegible], but their fate is sealed.

Bair Jong-chi in reporting to the fake National Assembly said, "The CP said they would cross the Yellow River and they did. They now say they will cross the Yangtse and since they say so, they will." After the report Honan delegates to the assembly complained that the KMT had been remiss in not mopping up the CP in [illegible] and complained that there are still a lot of CP there. Delegates from Hupeh complained that Shashi (a foreign trade port) was in danger. On the whole CKS's military situation is very critical and even he himself feels bad.

CKS is preparing to preserve his force after his defeat. There has been no person in CKS's camp or in the US imperialist camp who thinks they can exterminate the CP in China. From July to Sept last, no one even said that they could exterminate the CP, but now no one amongst them dare say that the CP will not win the victory. So, since the autumn of last year, CKS has been preparing his second step. The first step was to send TV Soong to Canton to link up with Li Ji-shen to prepare for CKS's defeat. It was obvious that they will want to carry on negotiations with us [illegible] are pressed into the area around Canton. And their [illegible] is very low. TV Soong has been making ready, and he [illegible] the US imperialists. And many democratic foreigners have [illegible]

文中提到的薄一波“足足四小时”的演讲的记录（部分）

村，这个村子有着巨大的城门和设有射击孔的城墙，名副其实。在那里我们受到了新华社社长廖承志的接待。当年40岁的廖承志是中央委员会里的“孩子”，昵称“肥仔”。1948年时廖承志显然希望我能去新华社工作。得到邀请时我正深深沉浸于写书的计划，不愿意接受。最终这份工作由英国《工人日报》的资深记者阿兰·魏宁顿担任，而我在接下来的三四十年里成了一名教师。

不过和薄一波、廖承志这类名人的接触很少，大多数时候我们都混迹于农民和土改工作队里，直到1948年6月离开十里店。

我们以雨中步行五英里的方式结束了在村子里度过的意义重大的几个月，走向河谷下方的窄轨火车站。我坚持在自己肩上扛了一个沉重的芦苇席，这个卷成五英尺长的圆柱形属于十里店接待

伊莎白在十里店期间的日记

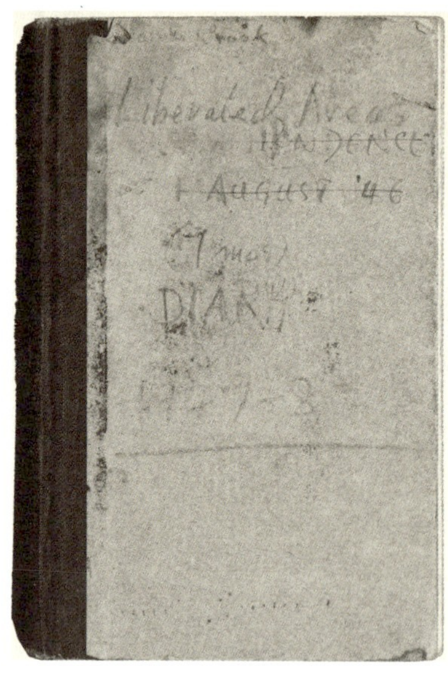

伊莎白在十里店期间的日记

Tillsonburg, R.R.1, May 17, 1948.

Dear Girls;

Once again Monday is rainy so instead of washing I shall take over the type writer, though I shall hope to leave space for a paragraph from father.

Thursday night Julia drove father and Aunt Maud back from Orchard Crest where they had had a very happy vacation, though neither came bavk as rested looking as we had hoped. However father felt equal to driving to Kinglake Sunday morning and taking both S. S. class service- then after a long after noon of resting he drove us to Cultus where one of our lads conducted the worship service, father spoke a few introductory words on Paul then the lad ran the lantern and I gave the accompanying talk. And father seems not too tired this morning. I preached at Fairground in the morning but have arranged for one of women to teach the Bible class during May. She did quite well. We expect this to be our Sun. program for the summer months; each taking a morning service, then at the evening service at the third place we show a set of pictures on St-Paul and explain them. We like the idea of this educational course at the evening services which rotate. There are fives films on Paul which well carry us well through the summer. The young men of our Y.P. are undertaking the responsibility of taking turns putting up the curtain, setting up and running the lantern and conducting as much of the evening service as father wishes which will usually be most of it. aFather will have it all prepared for it. The lad last night did well. As we were driving up to the church however we saw coming to meet us a car being driven by a Jehu. It drew up to the church before us. Our manager for the evening whose mother was so worried lest we get to church first and father start fussing about the curtain She certainly had him speeded up.

I am greatly missing young Warren. For ten days I have enjoyed his many activitie and his lovable personality. I wish he lived just a short distance so we could see him often like so many grandmothers are able to see their young grandchildren. I found the visits with Muriel and Alan and with Muriel alone afterwards, very satisfying. I think married daughter should visit home both with and without their husbands. We are very grateful for all the hard work Muriel did in our garden and for the way she took charge here during the absence of father and Aunt Maud. She certainly gave me a looked after feeling. And we had such a nice companionable time. Now the three of us have swung back into quiet days and I miss the gay little fellow with the very inquisitive little forefinger and the busy mind and body.

The last three time we have seen Julia she has left us with such a happy feeling she seems so much better, as if life were more satisfying in Galt than it had been in Toronto. Maybe owning a car has something to so with it too. Certainly that car is a blessing to the rest of us.

The countryside is wonderfully beautiful these days. We were so happy Muriel and Alan were able to enjoy it for a few days. A cherry tree and an apple tree in our yard are giving us beautiful bloom and sprays Muriel fixed on Thursday are still beautiful. We hoped for tulpis while she was here but though tulips are over for most people ours only began to open yesterday. To-day we have six beautiful yellow ones. Also as we got our lawn cut Saturday we look much tidier in front.

Saturday we had a delightful visit from Gretta and Margaret. It was months since we had seen Margaret and were amazed how she had developed. She has changed froma child to a most attractive young woman and much better looking than I had expected. We were delighted with her in every way. The two of them worked hard in the afternoon in the garden taking out a lot more of our twitch grass roots and planting several rows of seeds. It seemed so absurd to see father Aunt Maud and me sitting back comfortably on easy chairs watching our two guests wroking hard. Such is life. Muriel and Alan certainly worked hard on our old twitch grass.

No letter yet from Isabel and David and how we all long to know how it is with them For most of the time I think optimistacally of them -but by times--- ? mother

柯鲁克的岳母、伊莎白的母亲饶珍芳女士（Homer Brown）于1948年5月17日从加拿大写给三个女儿的信，信中最后一段表达了对久不闻音讯的女儿、女婿的深深担忧

站。农村生活教会了我节俭和尊重公物，这将伴随我今后几十年的生活。窄轨火车把我们带到了武安县。在县城短暂停留后我们把行李搬上骡车，开始向一百五十多英里外的石家庄进发，这座城当时有二十万人口，是长城以南已解放的最大的城市。我们的农村生活，我们心想，结束了。

柯鲁克与伊莎白在华北农村

柯鲁克在太行山上

第十章 从乡村学校到学术界（1949—1966）

1. 任教于南海山学校

对当时年富力强的我而言，自己走路要比在咯咯吱吱的平板车上颠簸更舒服，即使烈日当头，照在广袤而开阔的平原上。有一天，我穿着皇家空军的旧军靴走了 38 英里，感觉自己相当了不起。大多数路程沿着铁路主线——或者说沿着抗日战争期间游击队捣毁的铁路的残迹，途经的每一座桥都是一团钢铁麻花。但临近石家庄时有一小段完好的铁路，眼前的景象震惊了我：大型蒸汽机车，而不是图纳维尔（Toonerville）式的小火车，前进、后退着转轨、分流，喷着白烟，闪着火光。自打童年起我就把小火车当玩具，也见过不知多少辆真火车，然而过去的八个月把我变成了我们伦敦人口中的“乡巴佬”，此时兴奋不已地盯着眼前的机械看不够。进到城里后，面对光芒四射的电灯，我心里既愉悦又反感，用过十里店村昏暗的油灯后，这玩意儿看起来太浪费了。

到石家庄一两天后，在城里最好的饭店为我们设了一场豪华欢迎宴。饭店由几进相连的院落组成，我们的盛宴布置在最里面一进。饭毕，请客的主人中国解放区救济署付了账单。当时石家庄刚刚解放七个月（解放于 1947 年 11 月），因此请客人觉得有必要解释，共产党人不付小费。曾经的传统是客人离开时店员会大声唱出小费的数额，声音大小与小费的多少直接相关。而现在，期待着这些不给小费的顾客在新政权下带来生意，店家给面子地跟随我们从一进院子唱到下一进，不过只有那些表示感谢的话和请客人的名字能听清，关于“小费”的内容，声音极其洪亮但就是不让你听明白：私营者知道如何适应共产党的做事方式。

宴会不久后，王炳南来访，这位老共产党员新中国成立后担任过许多重要的外交职位。这时他来是请我们在石家庄附近开设的“外事培训班”任教。这可真是个意外。我们刚花了八个月为写书搜集材料，而现在被要求搁置自己的写作计划，成为老师，至少也要将时间、精力一分为二。然而我们感到义不容辞。离开英国前我们就被告诫，要将个人利益放在次要位置，若条件允许，可以进行关于土地改革的写作，但如果中国同志需要我们做其他的，也要接受。现在，冲突来了。王炳南明白我们的想法，建议我们老师、作家一齐当。说起来容易做起来难，不过我们还是接过了这双重的任务，尽管心有不甘。

不过土改运动的巧妙实施已经使我们受益匪浅，体会到了它对中国以及从长远来看对世界的重要意义。思索至此我想起了斯通，从天津到邯郸的路上我们吉普车上的乘客。作为一位美国“卫生工程师”，斯通是个实事求是的人，他带着一份给中国的情报一路跑到十里店，交给边区政府主席杨秀峰。“眼前你们只需做三件事，”他一再强调，“而且要马上做。深挖厕所，盖上盖子，以防苍蝇。水池养鱼，吃掉害虫。盖好水井，保持洁净。一旦完成，效果惊人。”杨主席借着助听器认真地听着（他曾在法国研究化学，后用自己的知识帮助共产党制造地雷，一次提前爆炸事故损害了他的听力），当斯通的指点发表完毕，杨主席对其建议的可行性表示赞许。“这些事一定会做，”他说，“不过不是现在。当下我们有别的事要做。”斯通炸了：“有什么比这些更重要的？”杨主席笑了：“土地改革。”与此同

柯鲁克与伊莎白　1948 年

时，杨主席安排斯通到北方大学去教授他的方法。于是我想，如果斯通能够为更重要的事业放下他的计划，那我们也可以。

在石家庄以西 10 英里的南海山村里，这所外事学校并没有多少“外事机构”的氛围。大概六七名老师和学生（从前国统区的共产党地下工作者）的吃饭、睡觉、上课、学习统统在富农和逃跑地主家的空闲屋子里。和新被解放的农民建立密切联系也是课程的一部分，因此为了帮农民收玉米，学校会停课。终于，我也在田里干过活儿了，而不仅仅是欣赏它的美丽！

刚开始在南海山任教时，伊莎白和我曾经试图边教课边把搜集到的土改材料写成一本书。但在中国农村生活里，私人空间从不存在，一天中的任何时候学生都有可能闯进来问英语问题。关于土改的思绪常被 who 还是 whom、句子结尾该用哪个介词这类问题打断，令我抓狂。于是我在房门上贴出告示：上午时间属于学校，欢迎来提问；下午时间留给写作，不欢迎来访。这下招来了批评——共产党领导下的解放区的老师应该把全身心奉献给学生。我们不情愿地摘下了告示，而第一本书则于十年后的 1959 年才出版。

于南海山外事学校任教期间的伊莎白

我对传统教学法——强行灌输、机械记忆——带有天生的反感。为了与其对抗，我组织了讨论和辩论。然而要让学生开口说话而不是被动听讲简直就像拔牙般费劲。绝望中我抛出了个挑衅性的辩题："资本主义优于社会主义。"向学生解释你不一定要认同辩论场上你所持的论点，辩论技巧才是评分依据。不过，辩论还没开始，这个出格的辩题就传到了总参谋长叶剑英耳朵里，他当时是附近华北军政大学的校长，对我们这所民政学校全权负责。他阻止了这次辩论。当然，组织者没有被点名，为了"给外国同志留面子"。

我们教师当中有个叫贝蒂的美国年轻人，曾经是自由新闻撰稿人。她来到解放区，自愿贡献自己的力量——以记者的身份。然而眼下对英语教师的需求更迫切，贝蒂以前从没教过书，同时感觉自己的专业能力被浪费了。但学校领导认为她首先考虑的是自己的功成名就，我被指派说服她要将集体利益置于个人利益之上的任务。我真不是完成这一任务的合适人选，因为我虽认同共产党员应该把共产主义事业放在首位，但就我自己而言写作比教书更快乐。同时我认为，即使工作安排是出于人民的需要，也该和接受工作的人商量，不能不由分说地由上级分配下来，这样或许会错误地估计了每个人的性格和能力。这种异端想法无疑来源于我的“资产阶级思想”，而党明察秋毫，应该无条件服从。虽然我对中国共产党的热爱始终如一，这种异端思想却丝毫没有随时间流逝而消失。

我的“资产阶级思想”还表现在对官僚拖沓的不耐烦。最初伊莎白和我被安排在一处可爱的小房子里，院子里开着红褐色的石榴花。这房子原本属于一个地主，但在南海山即使是地主家也没有抽水马桶之类的设备，只有不卫生地设在饭厅附近的茅坑。而且，茅坑上没有任何盖子，苍蝇自由自在地飞进飞出，从茅坑里到饭桌上。于是我申请为茅坑加个盖子，“一个简单的，用高粱秆编的就行”。申请被——原则上——批准了，实际行动上就没了下文。最终我大发脾气。“这帮人为什么在每件事上都磨蹭得要死？”我向美国医生乔治·海德姆（马海德）抱怨道。乔治微微一笑。然后，看似不相关的，他开始用自己的经历回顾中国革命的简史，从 1921 年中国共产党成立，到 1934 年至 1935 年的长征，再到抗日战争和蒋介石险些消灭了共产党的反革命行动。“所有这一切发生在 27 年内，”乔治说，“他们是慢——还是快？”我被说服了。而最终我们也有了茅坑的盖子，毫无疑问要归功于乔治的推动。

乔治对中国革命历程的极其简要的勾勒使我用长远眼光来看问题，收起了自己的傲慢与不耐烦。然而，在应有的耐心和对官僚主义拖沓的盲从之间画条界限，对我一直是个困扰。

乔治还治好了我的另一个毛病：阑尾炎。南海山村是新解放区，农会刚刚成立，但农会立刻就调集来了担架员抬着我在瓢泼大雨中穿过田野奔走 10 英里，到白求恩和平医院所在的另一个村子。我身上盖着厚厚的油布，从缝隙里可以看见谷子和高粱的根竖立在泥地里。“躺在地里的死尸肯定就是这种感觉。”我想。很快，当我躺在临时手术台上，我更觉得自己像一具尸体了。“手术室”是整个医院唯一经过特别建造的地方，其他的病房、药房、工作人员宿舍、办公室等全在农民家的屋子里。和其他地方一样，手术室也是抹灰篱笆墙，只不过刷了白，屋子边角呈圆弧形，以防干燥的中国北方平原上的灰尘沉积。在一盏嘶嘶作响的汽灯下，我接受了一位医术高超的外科医生的手术——他是个在东北战场上被“解放”的日本人。后来他告诉我，手术本该花 17 分钟，实际上花了 45 分钟，因为在寻找一个漂亮的小切口上他遇到了点麻烦。在土麻药的作用下，我不觉得疼，只是度过了不太舒服的三刻钟。这是多大的特权啊，我心想，在国民党对解放区进行封锁的年月里，多少八路军和解放军的受伤战士在丝毫没有麻醉的情况下经受了截肢或其他手术。在农民家的炕上休养了几天后，我可以蹒跚着去“厕所”了：猪圈一端的露天场所。当我蹲在这个用高粱秆搭起的简陋小屋里，猪就笨拙地凑过来，鼻子里发出贪婪的哼哼声。

回到南海山不久，空袭就来了。一些国民党军官俘虏被关押在附近的南新城，那里是叶剑英领导的华北军政大学所在地。这些俘虏获得假释后却破坏了假释规定，回到自己的地盘后泄露了军政大学的位置，军政大学很快就招来了空袭。即使并非军事目标，南海山也成了空袭对象。我们挖了防空渠，我还记得在里面度过了一个不愉快的下午，一阵猛烈的机枪扫射中，子弹落在我们的屋顶上，然后飞机转向了。因为我们没有防空力量，当空袭又来的时候，上面传下命令来让我们天亮前起床，分散在田野里，露天里能上什么课就上什么课，天黑后再返回。在“二战”中经历过伦敦空袭轰炸的伊莎白和我都觉得这样太懦弱了，我们应该像伦敦人那样，该干什么干什么——幸亏没有人听我们这般逞能的建议。

我在另一政治事件上也持不同意见——将铁托开除出共产党和工人党情报局。一天，校长把我和伊莎白单独叫到一边，告知此事，这个消息是总参谋长让他传达的。乍听之下，我难以置信。难道铁托没有和红军一起在1920年反抗帝国主义吗，我问，难道他不是领导着南斯拉夫游击队抗击纳粹吗？不论如何，他就是被开除了，校长坚持道，因为反对苏联路线，铁托被斯大林正式除名。我感到迷惑和不悦。六年前，我曾压下了对斯大林的疑虑，无条件地服从于一场以斯大林为世界领袖的事业使我感到满足。我没再多说什么。疑惑并没有消除，只不过我把它们强行搁置脑后十几年。

与此同时，一件更紧急的事使一切笼罩在阴影下，国民党将领傅作义计划袭击不远处的中共中央委员会。对于外语培训班这样的非战斗力量，总参谋长叶剑英认为没必要使其处于危险之中，因此下令我们转移到山里，夜间行军，白天藏在村子里休息，以免被敌机发现。

这回我可不像空袭时那样提出英雄主义的建议了，加之做完阑尾炎手术后还很虚弱，在黑暗中跌跌撞撞走了最开始的几英里后，我经不住一再劝说，吃力地爬上了运送老人、哺乳妇女和孩子的车。多丢脸！特别是伊莎白就在旁边精神抖擞地大踏步前进着。

不过几个月后，1948年年底时我已足够健康，能够胜任一次长得多的远足。在空袭无效、偷袭失败之后，由于国民党在上海和东北的一系列惨败，傅作义感到不妙，同意进行和谈。

当和谈艰难地推进时，我们的学校开始向北平进发，或者说能走多近就走多近，等着城市被接管。不过伊莎白被劝说留在石家庄一段时间。她在十里店期间流过一次产，现在终于又怀孕了。眼下怀孕六周的危险期就要来临，马海德建议她不要尝试接下来300英里的徒步路程。我留下陪她，直到消息传来，学校要在北平西南方向的良乡驻扎一段时间。也就是说，与傅作义和平交出北平的谈判陷入了僵局。因此学校决定开始语言课程，我就被送过去上课了。

我和几位老先生同行，由六名或八名解放军战士护送，在两辆运送行李和补给的车上有我们的座位。我发现，在 1 月份清冷而晴朗的天气中走路更舒服，而且我和那些活泼的年轻战士比和那些老绅士们相处得更好。大概是到了保定，也就是去北平路程的一半，一位战士邀请我和他们一起去当地的澡堂看看。我从没去过这类地方，它让我觉得是介于罗马浴场和土耳其浴场之间的一种所在。走进一间暖和的大厅，半裸的男人们斜倚在一排排躺椅上喝茶。脱下的衣服放进一个篮子，篮子一直升到屋顶，因此不用担心小偷。然后，用洗脸盆涂肥皂再冲洗干净后，就可以进浴池了。有三个像小型泳池一样的浴池，第一个是热水，第二个小一点，水更热，第三个更小的池子到了将人烫伤的地步，池子上搭着供人坐在上面发汗的木板——水温太高，不可能泡在池子里。经受了这一番热水的考验后，人们摇晃着走到躺椅那儿去歪着。身体如象牙般光滑的普通顾客这么做不会引起任何注意，在西方的男士更衣室里我这个长满胸毛的胸膛也不会有人多看一眼，但在保定，这引起了骚动。人们瞪大了眼睛，笑个不停，用胳膊肘互相轻推着，窃窃私语，活像见了一只猿猴进了澡堂。对于成为视觉焦点，我既不尴尬也不得意。这是生活在中国的外国人必须面对的，直到近年，西方电影和异域风情浓厚的广告片使中国人对比我的胸膛更离奇的景象也见怪不怪了。

去良乡的路走了几天。对于一俟接管北平就要开始经营这座城市的行政干部和成千上万的军队而言，良乡是个会合点。行军的队伍穿过在雪中闪闪发亮的广袤平原，汇集到这个小镇上，就像车轮的辐条会于轴心。我和学校的学生、老师们愉快重逢了。他们被安排住在当地房子里，夜里油灯的黄色光芒透过纸糊的窗户若隐若现。

镇子里正在针对新中国成立前贪污腐败、压迫人民的官员开展“斗争大会”。其中几位官员身穿长袍、头戴传统的瓜皮帽，站在一座寺庙入口处的平台上，寺庙院子里挤满了愤怒的人群。发言的一个接一个从蹲着的人群里站起来，手指那些被谴责的对象，控诉他们杀戮、虐打、强奸、勒索。我毫无疑问地站在发出谴责的一方，对于被谴责者毫不同情。一切看起来简单明了。我清楚地知道自己是哪一边的，也不为司法程序和人性尊严之类的问题困扰，我主要的关注点在拍照上。

有一次我的拍照行为差点儿惹了麻烦。当时一群解放军战士围坐在一片空地上，他们都是农民出身的小伙子，玩着孩子气的游戏：从身后一个接一个地传递一袋豆子，让圆圈中间的伙伴猜袋子在谁手里。中国人童年时玩耍的机会很少，因此甚至到了二十多岁时还玩着让西方人觉得幼稚的游戏。他们看起来政治上早熟，情感上却不成熟。我看着这群年轻士兵，开始拍照。一位年轻军官生气地走过来，问我是谁，怎么敢随便拍照。我当时对文化差异以及中国人强烈的民族自尊心——和近百年来压迫中国的西方人打交道时格外明显——仍然不敏感，立刻被激怒了。“如果想知道我是谁，”我傲慢地回答，“问叶剑英总参谋长去。”然后扬长而去，我从未质疑我自称是共产主义者、民主主义者、国际主义者和反帝国主义者。

和谈陷入困境期间，我们在住宿地开设非正式的英语课。这些课结业不久，伊莎白就到了。她乘坐一辆顺路前往北平的军用卡车，一到北平，她就遇到了住在同一家旅店的乔治（马海德）。“快来，”他说，“你正好赶上了胜利阅兵。”然后急急忙忙把她拉上一辆吉普，开到了紫禁城所在的前门。乔治陪伊莎白登上了城楼，在那里她和包括林彪、聂荣臻在内的军队高级领导站在一起，正是他们指挥着这些部队解放了北平。从天坛到天安门的南北向的大道上，奔涌而来的是人民解放军的胜利之师，装备着美国的枪炮、坦克以及其他从国民党手中缴获的武器。在他们后面小跑通过蒙古马骑兵部队的分色阵营：黑色的、棕色的、斑点的、白色的。市民们鼓掌欢呼，长长的学生队伍蜿蜒，跳起像康加舞一样的秧歌。以上情景我没有亲见，伊莎白向我详述了一切。我很高兴，在这个父权的社会里，至少有一次是她而不是我见证了某个特别的时刻。最终，早春时节，我们的学校乘坐一辆快散架的火车进入了北平，在我们眼里那就是最先进的运输工具了。

2. 走出“农村生活的愚昧状态”

十五个月的农村生活后，我们回到了城市。我曾在伦敦、巴黎、纽约、上海生活，认为自己是个精明老练的“城市油子”，但在北平的公园里散步时眼前一对年轻的西方伴侣手拉着手走路的情景，却令我震惊。我已如此习惯于农村的行事之道，认为眼前的景象有伤风化。

对我清教徒式的无产阶级思想的另一冲击来自学生们，几天之内招生人数一跃从 35 人到了 75 人。学校设在日本军队的旧营房里，透过窗户我看见一些新入学的学生拿着自己的暖壶走向伙房。半打这样的暖壶在十里店曾被列为“斗争果实”——从地主手里没收的阶级斗争的战利品。除地主外，村里谁也没有这样的奢侈品。而眼前这些按说应该是很革命的学生……！我暗自思忖，就像古罗马文人李维哀叹帝国腐化衰落竟然到了这个地步。然而我的想法并没有什么道理，这些学生都在舒适的家庭环境中长大，眼下却住在共产党进北平前已被洗劫一空的屋子里，晚上打地铺，蹲坐在板凳上上课——显然我把自己当成了“老革命”。

在外人眼里我还真像个这样的角色，我们穿着发给所有老师的制服，和解放军军服很像，只不过没有军队标记。当地的外国人见了我们的样子惊恐万分。当我身着校服去兑付支票时，汇丰银行北京分行的英国经理慌张至极。据说我30年代在圣约翰大学教过的一位学生曾对别人说："柯鲁克先生到底经历了什么！在上海时他那身白色斜纹西服多帅，曾经穿得多讲究的一个人啊。"有一天，几个月没喝过咖啡的我们馋极了，跑进了一家白俄人开的咖啡馆。一位丰满的金发女服务员端来了盛在精致杯盏里的咖啡，银制小勺放在茶托上。咖啡一端上来，她就急匆匆地退进了后厨。帷幕后一阵兴奋的低语。然后，她又回来了，风一般地卷走了银勺子，换成了锡勺子。白俄地主们显然已被苏联红军剥夺了财产，他们可不想在"中国土匪"这儿冒一丁点儿险。

不过，也不是所有西方人都对我们避之不及。一天，在老使馆区里散步时——我们的营房在这里——我们遇到了霍华德，1940至1941年间在成都结识的一位美国朋友。我心里一直对他有些好感，因为是他把我和伊莎白牵到了一起。当年，刚到成都不久，我就问过他星期天都干些什么。"嗯，上星期天我和伊莎白一起骑车来着。"我径直出去买了一辆二手自行车，从此以后和伊莎白一起骑车至今。那是1940年的事，眼下已是1949年，时过境迁。不再担任传教士救援人员的霍华德在美国使馆任语言官，使馆虽然还没撤走，但不为新政权所承认。和其他资本主义国家的代表一样，美国人也受到了作为人民政府前身的军事委员会的排挤和冷落。霍华德像老朋友一样热情地与我们相处，想着也许通过我们能搭上官方的线。他说他手里有一批救济粮，问我们能不能帮忙移交？当时，毛泽东正写文章抨击美国对中国的封锁是无效的，赞扬那些拒绝被收买的中国著名人物，在这种情况下我们无法帮助霍华德，于是将他介绍给了负责救济与福利的宋庆龄。不过，出于旧时情谊，我们接受了霍华德的邀请，去了他位于使馆的家吃晚饭。

与此同时，另一个机会使我站在了与英帝国主义者对立的立场上。

1949 年 4 月底一艘名为“紫石英号”的英国护卫舰卷入了解放军横渡长江、攻占南京的事件中。据说这造成了 252 名中国人伤亡，毛泽东于 4 月 30 日发表了言辞激烈的声明，谴责英帝国主义侵犯中国内陆水域并干涉中国内战。

之后不久有人敲门，进来的是赫塔·燕卜荪，当时正在北平一所大学教英语的、出生于南非的雕塑家（她本人就像尊轮廓优美的雕塑）。和英国诗人与文学评论家威廉·燕卜荪结婚的赫塔成了不列颠子民，她正和留在当地的另一两位政治倾向偏左的英国人（包括其丈夫在内）传递一份请愿书。请愿书通过英国使馆，抗议艾德礼政府干涉中国内战。这位高贵优雅的人物和她的男伴一进门就征服了我们，更何况我们还把自己想象成英国的反帝国主义者在中国的仅有代表。我们痛快地在请愿书上签了字，很快就成了燕卜荪家的访客。在他们家里，我们讨论文学，吞下在家里四处传递的中国白酒。

6 月底时我接到了在先农坛举办的大会的邀请，那里曾经是帝王每年春天开犁之地。这回的事由有所不同，不过我得知事关重大，能被邀请是殊荣（伊莎白怀孕已八个月，无法前往）。后来发现，这是我有生以来第一次见到毛泽东并听他讲话的机会。自从读了斯诺的《红星照耀中国》，毛泽东一直以来就是我心目中的英雄。当军乐队在巨大广场的另一头开始奏响《东方红》，我深受感动。当唱到“中国出了个毛泽东”时，他伴随着歌曲出现在了远处的主席台上。接着，操着湖南口音，他发表了《论人民民主专政》的演讲，用生动而自信的语言谈到中国革命的历程和苏联的友谊、国际贸易和援助、为人民的民主、对国内敌人的专政，以及其他重要问题，整个演讲对中国历史和文学的典故信手拈来。我觉得整个演讲鼓舞人心、令人信服，除了类似这样的一两句话：“党的二十八年是一个长时期，我们仅仅做了一件事，这就是取得了革命战争的基本胜利……

过去的工作只不过是像万里长征走完了第一步。”我笑了，心想：“他是个诗人。这只不过是个比喻，带点中国式的谦虚和轻描淡写。其实，夺取了政权就万事大吉了。”我这样的想法持续了很多年，直到时间证明，毛泽东当时说的是不折不扣的事实。

8月初时，我们的大儿子卡尔出生于离我们营房校园不远的一家小妇产医院，医院坐落在一个迷人的旧式北平院子里。听到他出生的消息，我疯了一般地骑着车赶过去，发现伊莎白没有遵照中国人“坐月子”的要求，正安静地读着书。其实她对这个小青蛙式的生物的兴奋不亚于我，而当时的新生儿现在已是有三个孩子的长着胡子的爸爸。八周后，新中国第一个国庆日（10月1日）那天，在日本使馆卫兵曾经操练的广场上，全校举行了盛大的宴会。我用筷子在一杯高粱酒里蘸了蘸，放进卡尔嘴里。他没有反抗。成年后，他以一种微醺而不醉的典型中式态度享受饮酒的乐趣，而我将此归功于那次启蒙。我也记得在静寂长夜里突然惊醒，屏息凝神地听着，以确认他是不是还在呼吸。当然，他在。人类，起码在婴儿阶段，是一种能自行生长的生物。

毫无疑问，在我内心，希望卡尔成为英国人。因此，当他几周大的时候，我去领事馆报出生。不过，在解放区的朝夕相处使我和我的中国同志心意相连，他们的反帝国主义宣传比任何时候都能引起我的共鸣。穿过街道走进那巨大而老旧的使馆建筑——为这次探险我脱下了中国制服，换上花呢套装——就像进入狮穴。我的中国同事说，英帝国主义是纸老虎，在死气沉沉的等待室里浏览了一堆过时的《伦敦杂烩》杂志后，我倾向于同意他们的看法了。[1]实际上，一回家我就和伊莎白说，那地方有股殡仪馆的气息。不管怎么

---

〔1〕 *Punch*，或者叫《伦敦杂烩》（*The London Charivari*），是一本创刊于1841年的英国幽默讽刺杂志，其鼎盛时期是1840年代至1850年代。

Fairground, Tillsonburg -R. 1, July 2,1949

Dear Isabel;

Your good letter of April 30 filled us with delight and how we looked forward to the days of regular letters.We hope the first letters following reached you.For some weeks now the P.O. has received no mail for China either ordinary or air and no parcels-It is all very disappointing. Djang Shuei Ngai has bee in Toronto working on a book with Dr- R.O.Jolliffe. He leaves shortly for Peiping and has promised Muriel to take a letter to you and a little parcel with three shirts. We are so sorry not to send more But I understand he is being most than loaded down by everybody—so all are limited, I think. We hope the mails open soon. Not only for your sake and ours but as proof of a greatly improved situation.

The Milnes went to Galt by bus late Thursday p-m- and Julia drove them up for the week end- a shortened week end as they leave early to-morrow, Sunday morning. The roads are crowded most of the day and they wish to avoid this. As we leave for chu church before ten and would see little more of them if they waited till afternoon we agree it is wise. The children are great little fellows. Robin is very strong and we well developed in every way and is so good he causes little extra work except the time it takes to feed and bath him. So good one loves to pick him up and be affectionat Warren who has had an infection for some time seems again in good form.He is a friendly polite little fellow with a nice voice. Father was trying to feed him some food to-night he did not want. Each time father brought the spoon to his mouth he would shake h his head and say so nicely,"Grandfather eat"and point to the spoon. He is unusually well socialized- Though Alan has been surprised lately when walking with him to see him unexpectedly poke a passing boy or pluck at the dress of some little girl. He has wonderful times when they take him swimming which they did twice to-day at the sand hills.

Father had another funeral to-day three within ten days. We also had three June weddings But it is not of such things I want to write.

I wish I could mail you Rights of Infants, I am a bit afraid in your enthusiasm for your work you may rob your little one of the love it needs from you. from you and from David. It is too late to warn you not to rob your child as I robbed Julia the last months before she came The air letter I wrote on this subject was returne But see the little one feels loved.I hope you have no feeding problems and it does us g good to think of your hospital being so attractive. We are hoping hard the Nationalists are not going to continue this senseless bombing and blockading.

It did us good to know you were feeling so fit and we hope you continue so. Also I hope you will get the thrill Muriel does out of the birth of a little one. She lives in a super world for a few days after the arrival of a babe. She seems fine and even Alan has come through these hot days not badly. They tried to get their house for their own use(Mrs, Milne made her house over to Alan hoping it would then be possible to get the tenants out. The case came up Wed. Uncle Jack had given them no hop but tried and failed to get it. Their tenant pays $ 35- per month, and sublets rooms to the extent of $ 65- per, so is well rooted in and determined to stay. It is disappointing.

Julia decided against getting an apartment- She couldn't face getting her own meals after a hard days work.She has had a fine boarding place.Her hosts leave Galt th this month so when she returns after vacation she will need to find a new solution. She has come through the year well. Molly Dick is applying for a place on their Kitchener staff.Julia is hoping hard —and expecting. Molly has developed well. Her parents have little Peter. Harold Robertson has a cancer and his time is limited. Julia stays in Toronto a day or so then comes back to be with us till the 17th when she goes north with Moira. Father hasn't our plans made yet. I expect they will be all made in good time as last year and turn out fully as well. We are planning to run a Vacation Bible school for 35-40 children of the three churches the third week i in July.We have excellent material but not all our staff yet.

Very warmest love to each.You do not need to be assured our thoughts and our prayers and our love is enfolding you these days.

Affectionately,

伊莎白4月份写给父母的信7月份终于到达了加拿大，她的父母欣喜地回信，祝愿伊莎白生产顺利（1949年7月2日）

说，我还是受到了一位年轻人的礼貌接待，他将卡尔的名字登记入册，之后寄来了证明我们儿子是英国子民的出生证明。

对我和伊莎白而言，卡尔的出生是大事件，对全人类而言就不算什么了，不过另一个新生儿的诞生却不同。卡尔八周大时，一封电报传来：“祝贺新生儿的诞生。”电报是被美国国务院禁止进入中国的埃德加·斯诺发给毛泽东的，这个新生儿就是中华人民共和国。与卡尔出生时不同，这个婴儿诞生时我在场。和伊莎白一起，我望

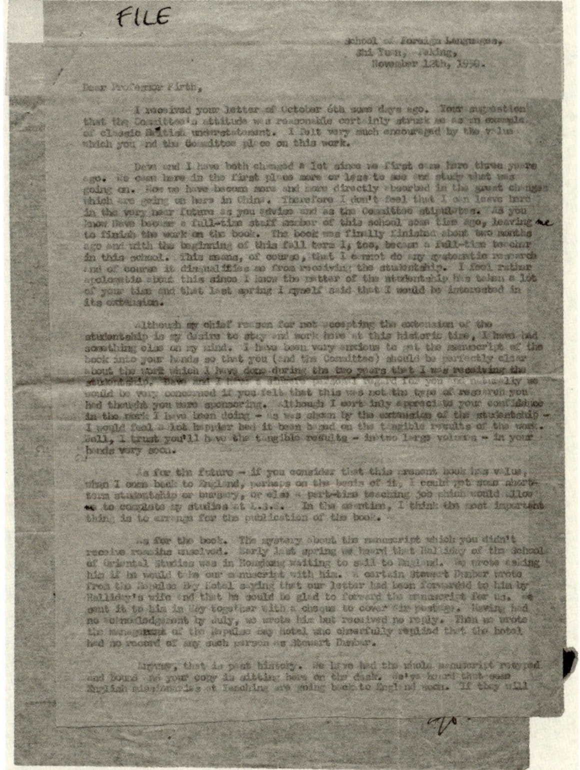

FILE

School of Foreign Languages,
Shi Tuan, Peking,
November 12th, 1950.

Dear Professor Firth,

I received your letter of October 6th some days ago. Your suggestion that the Committee's attitude was reasonable certainly struck me as an example of classic British understatement. I felt very much encouraged by the value which you and the Committee place on this work.

Dave and I have both changed a lot since we first came here three years ago. We came here in the first place more or less to see and study what was going on. Now we have become more and more directly absorbed in the great changes which are going on here in China. Therefore I don't feel that I can leave here in the very near future as you advise and as the Committee stipulates. As you know Dave became a full-time staff member of this school some time ago, leaving me to finish the work on the book. The book was finally finished about two months ago and with the beginning of this fall term I, too, became a full-time teacher in this school. This means, of course, that I cannot do any systematic research and of course it disqualifies me from receiving the studentship. I feel rather apologetic about this since I know the matter of the studentship has taken a lot of your time and that last spring I myself said that I would be interested in its extension.

Although my chief reason for not accepting the extension of the studentship is my desire to stay and work here at this historic time, I have had something else on my mind. I have been very anxious to get the manuscript of the book into your hands so that you (and the Committee) should be perfectly clear about the work which I have done during the two years that I was receiving the studentship. Dave and I have a [illegible] personal regard for you and naturally we would be very concerned if you felt that this was not the type of research you had thought you were sponsoring. Although I certainly appreciate your confidence in the work I have been doing - as was shown by the extension of the studentship - I would feel a lot happier had it been based on the tangible results of the work. Well, I trust you'll have the tangible results - in two large volumes - in your hands very soon.

As for the future - if you consider that this present book has value, when I come back to England, perhaps on the basis of it, I could get some short-term studentship or bursary, or else a part-time teaching job which would allow me to complete my studies at L.S.E. In the meantime, I think the most important thing is to arrange for the publication of the book.

As for the book. The mystery about the manuscript which you didn't receive remains unsolved. Early last spring we heard that Halliday of the School of Oriental Studies was in Hongkong waiting to sail to England. We wrote asking him if he would take our manuscript with him. A certain Stewart Dunbar wrote from the Repulse Bay Hotel saying that our letter had been forwarded to him by Halliday's wife and that he would be glad to forward the manuscript for us. We sent it to him in May together with a cheque to cover the postage. Having had no acknowledgement by July, we wrote him but received no reply. Then we wrote the management of the Repulse Bay Hotel who cheerfully replied that the hotel had no record of any such person as Stewart Dunbar.

Anyway, that is past history. We have had the whole manuscript retyped and bound and your copy is sitting here on the desk. We've heard that some English missionaries at Yenching are going back to England soon. If they will

伊莎白1950年11月12日写给自己的博士导师、伦敦政治经济学院的雷蒙德·弗思教授的信（部分），信中谈到自己留在中国、不回英国继续博士学习的决定

见毛泽东在天安门城楼上，听见他的宣言：“中国人民站起来了。”在我心里，我和他们一起站起来了，欢欣鼓舞地大踏步向前，深化着我对新建立的人民政权和其舵手毛泽东的信仰。

但我的快乐出乎意料地蒙上了阴影。伊莎白和我的位子被安排在巨大的城门脚下的临时看台的西端，几英尺外，看台的东端就是苏联作家代表团，其中包括以英勇的斯大林格勒保卫战为题材的小说《日日夜夜》的作者西蒙诺夫，和以青年共产党员在第二次世

界大战中在纳粹占领区秘密工作为题材的小说《青年近卫军》的作者法捷耶夫。我曾如饥似渴地读过这两本书，而现在，仅仅几英尺外，它们的作者就在眼前！我热切地凑上去，用尽我一知半解的所有语言，试图与他们攀谈。反应很冷漠。即使在这个来宾已经严格筛选的观礼台上，他们的安全意识依然压倒了洋溢在他们书中的俄式热情。我感觉像个遭到拒绝的恋人。即便如此，新中国成立之初的那些日子还是进一步驱散了我十年前曾对斯大林政权产生的怀疑。

有一天，我们参加了学校党支部的一次会议。尽管既非中共党员，现在也不是英共党员，出于“无产阶级国际主义”精神，我们还是被邀请了。会议议题是讨论一位学生的入党申请。他的两位介绍人为他做了推荐，然后申请人对自己为何希望入党进行阐释：共产党既已政权在握，此问题愈发关键。曾经，加入共产党意味着冒生命的危险；而眼下，申请入党或许意在获得优待与权力。因此大家当着申请人的面对他的思想进行了讨论。他出身地主家庭，有人提到他曾经抱怨：“要不是毛主席，我家的地就还是我家的呢。”这话在屋里引起了一阵骚动。讨论激烈起来，支部最终投票决定暂且否决他的入党申请，主张一年后再次申请。在我看来，那只是无心的一句话，对此采取如此严重的处理让我震惊。然而，我想得越多，再加上和伊莎白的讨论，就越觉得此事确实不简单。伊莎白曾在多伦多大学学过心理学，在解放区时她曾询问这门课在这里是怎么教的。答案是没有教。心理学被认为是对中国有害的“资产阶级的假科学”。不过它的理论虽然被否定，在实际中却被应用了。

这个时期的另一发现是“群众路线”。我们从美国记者同事贝蒂那里学到了这一说法。与她讨论我们关于土改运动的写作时，我们形容土改工作队的工作方法。“那个，”贝蒂说，“是群众路线啊。没听说过？1945 年刘少奇在中共‘七大’上做的政治报告里就对此做了阐释。我翻译给你。”读完后，我们意识到群众路线就是我们在关于土改运动的写作中所形容的。

在北平的头几个月，学校不断招募新生和新老师。老师中的一部分是“民主人士”——不是共产党员、但是支持共产党反对国民党的著名人士。其中有一位杰出学者，学术上足以胜任系主任一职。党委书记私下里试探地问我能不能当副系主任。“初老能干、忠诚、正直，”他说，“只不过……”“只不过什么？”我问。“这个嘛，你看，他不是共产党员，而你是。我们相信，拥护党的路线就靠你了。”我认为摆在眼前的提拔是种荣耀，几乎不假思索地答应了。我没能预见到这个新职务将带来的问题。几年后的一次会议上，初老说：“柯鲁克同志不了解中国社会。”我心想，我是共产党员而他只是个“民主人士”，他肯定是错的，因为一个以马克思主义为信仰的外国人能比一个非马克思主义者的中国人更好地理解中国社会。实际上我自信地认为，作为一个共产主义者，我能比非共产主义者更好地理解任何社会或政治问题。这种自满源于对马克思主义的一知半解，我感到自己不用向外行们学习任何东西了。与此对应的是谦虚和思想懒惰的混合体，即便党的领导人做了、说了什么看起来并不正确的，我自忖道：“我算什么，怎敢去怀疑他们？他们一定正确。我错！”正是这种思想阻碍了我的政治分析能力的发展。

我的过度自信导致的冲动行为之一便是给图书馆买书。著名的“法国书店”离我们学校不远，主营英文书籍，坐落在老使馆区里。我们的新教师之一老周是一所享有盛名的美国大学的归国研究生，留学期间做现代英美文学研究。和仅有哥伦比亚大学本科学位的我相比，他要学术得多。不过，我认为自己作为一个受过教育的英语母语者，比任何中国教员都更了解这门语言以及如何教授它。更何况，我还是副系主任呢。当老周告诉我他在法国书店看到一套七卷本的《叶斯伯森英语语法》，我对购买它的想法嗤之以鼻。“中国老师和学生太在语法上小题大做了，”我说，“我已经三十年没学过语法了……”我没明说，意思是不学也没什么大不了。事实真相是，我根本没听说过世界闻名的丹麦学者叶斯伯森的大名。“而且，价格也贵得离谱，咱们根本买不起。”这下我处于相对安全的地带了，即使在学术上立不住脚，起码在道德层面立住了脚。在解放区，学生们削铅笔时，即使一截八分之一英寸长的铅芯掉出来，也会被插回去继续用。我欣赏这样的节约。新中国成立后的一两年里，我的津贴和零花钱都以每天几磅小米的形式下发，我对这样的日子甘之如饴。因此，购买七大卷的叶斯伯森在我看来实在太浪费了。不过，这样和老周的正面冲突有悖于中国文化传统，而建设新中国需要学者们的才华，避免与学者的矛盾是和他们保持良好关系的要点。最终我同意了买那部七卷本的叶斯伯森语法。

3. 运动：地理上和意识形态上

在北京城中心待了一年后，1950 年年初我们搬到了西北郊的西苑。临近颐和园的位置可谓理想，不过以军阀的旧兵营为宿舍可不太妙。我们只有最基本的家具，但随着学生和教师数量的不断增长，四下已到了人挤人、人挨人的境地。我原本应该热情拥抱这一切，但其实我感到，缺少私人空间令人难以忍受。伴随着繁荣富裕和个人主义发展，私人空间才有可能。在刚刚脱离封建主义、向着社会主义摸索前进的饱受贫穷折磨的中国，个人主义简直是个骂人的词。一个人独自去旁边的田野里散散步就会被怀疑有“个人主义倾向”，要受批评。在这种社会风气里，学生们和当年在村子里时一样，不管白天黑夜，随时上门，询问关于他们学习上的问题。现在我们不再觉得这样干扰写作了——对此我们达成了和解，决定把写书计划搁置一段再说——只不过让备课和批改作业变得困难起来。

不过，我们没有权利去奢求隐私。我们依然靠“津贴体系”生活，每个月领到一点零花钱，从毛巾、牙刷这样的生活用品到食物、衣服、寝具，都是直接发东西。伊莎白和我都感到很自豪，因为我们被包含在这个体系内，与此同时，那些新招进来的中国老师——牛津、剑桥、哈佛、芝加哥大学的毕业生——都以现金的方式领取薪水。因此，在悄悄怀抱对个人空间的一点点渴望的同时，我感到高人一等，自以为是。然而，学校搬到郊区后不久，我们这些解放区来的老字辈也和新教员一样开始以钱而不是物领薪水了。这其实是合理的变化。在乡村的日子里，几乎没什么可买的，我们也很少用到钱。而眼下，商店、小摊、饭馆一应俱全，更何况旧政权时期那骇人听闻的通货膨胀已得到了控制，人们不需要像国民党时期那样带上一整箱钞票去买日用品了。取消“钱”和“物”两种不同的支付方式，减少了新旧两批人之间的区别，有利于团结。不过有些老资格觉得新工资体系带着一股资本主义的铜臭味儿，一位党员同志被要求——既然现在手头有钱了——好歹也注意下形象，布鞋里要穿袜子，他不情愿地答应了。只是改变他的着装远比改变他的思想容易。当被邀请在六对新人的集体婚礼上讲话时，他严厉告诫新婚夫妇不要掉进腐朽资本主义的计划生育的陷阱里去。在这一点上，他的思想与毛泽东和其他党的高层领导人保持一致，跟随苏联领导，谴责计划生育为“新马尔萨斯主义”。对此我心存疑虑，认为人少一点，生活质量会高一些。不过我怎敢公开与毛泽东和斯大林持不同意见！

与变化了的工资相伴而来的还有改善了的住房条件。伊莎白和我分到了专为高级职员——校长、系主任之类——所建的排屋中的几间小房。新宿舍并不奢华。排屋利用环绕旧兵营的练兵场的一道

工作中的柯鲁克　20 世纪五六十年代

已有的围墙而建，再修一堵与它平行、相距 10 英尺的墙，然后在两堵墙之上安个房顶就成了。长长的走廊被分割成许多格子间，我们住在两间相邻的低矮屋子里（我跳起来就能摸到房顶），直到 1953 年第三个儿子 Paul 出生。居室虽小，却有家的温暖，而且比和学生们一起挤在饱受鼠患侵扰的营房里多了些私人空间。一位乘坐豪华苏联轿车的澳大利亚的工会会员来看我们，被我们的居住条件震惊了。但我怀疑这是我们一生中最快乐的时光了。

我的工作内容随着学校规模一起，不断扩展。我被任命为副系主任，为我们的“民主人士”系主任提供一些共产主义的支持。事实很快证明，我自己也需要增强党性，于是派给我两名年轻的中国同事，我们三人都把他们当作我的“政治委员”（他们中的一人四分之一个世纪后成了外交部副部长，另一人在 1958 年被错划了成“右

佩戴着“外国语学校”校徽的柯鲁克

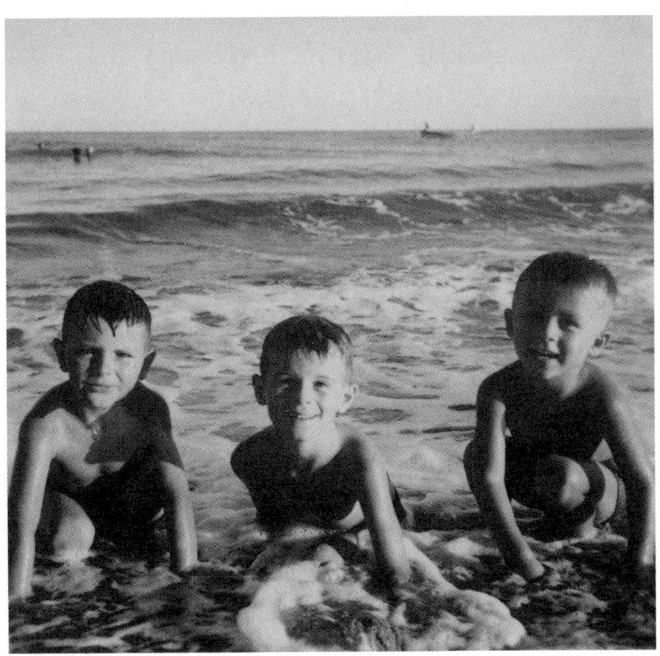

柯鲁克的三个儿子　1950 年代摄于北戴河

派”)。这样的委员很有必要，初老对我的评价“柯鲁克同志不了解中国社会”，一点没错。比如，我丝毫没有意识到我们在十里店土改期间目睹的一些工作方法在中国共产党的实践里很常见，也完全可能被应用到学校中来。一次，我们准备在英语系领导和教师间开个会，会前一两天我的政治委员们就会议的议题——将一本苏联教科书用于英语教学——来问我的意见。“我忙得很，”我说，“反正我们不是要在会上讨论吗？到时候我怎么想就怎么说好了。现在费什么工夫啊？”但他们希望我们能交换意见，以便在会前就能明确并统一认识。这就是土改工作队和村子里的党员所说的“酝酿”，而我现在却觉得这是重复劳动。还有一次，我向老师们做了个报告。做完后我问：“有什么需要讨论、评论和建议的吗？”一片安静。“好。那么，下一项……”这让我感到很有效率，不浪费一分钟时间。但后来我的政治委员们批评了我，因为没有给大家说话的机会。“会后一些老教师有所抱怨。”他们说。我反驳道，我给了他们机会，他们都不说啊。“那样不够，”政治委员回答，“太简单，太机械。你应该在会前和他们聊天，试探他们的口气，鼓励他们在会上发言。然后你可以直接点一两个人的名字让他们发言。你没有引导好。而且别忘了，会议是用英语进行的。”“可这毕竟是英语系啊。”“是倒是，不过他们中有的人害怕说错英语丢面子。”显然，我那粗鲁的西方的高效概念需要修饰，以适应中国社会的微妙状况。

至于英语系的会要以英语进行，这对我而言当然很方便，我为其辩护说这是教师们很好的锻炼机会。但不是所有人都能用英语充分地表达自己，而且所有人，除了英语最好的外，都顾虑面子问题。我对他们的困难想得太少，而对自己的方便想得太多。

当然我对类似问题的看法也不都是错的。我曾抗议道，我们运营的是学校而不是政府部门，用作办公室的建筑所占比例太高了，它们应该被削减，更多的空间应该分给教室和学生宿舍。整个行政系统将多兵少，我说，而且它支配了教学而并非服务于教学。这个问题拖延了几十年也没有解决。

用我那磕磕巴巴的中文，靠着长期以来苦不堪言的秘书和翻译的帮助，我在不断发展壮大的英语系副系主任的位子上挣扎了三年。尽管苦不堪言，那些秘书和翻译至今都是我的朋友。终于我们的相互折磨有了了结，不单单因为一个中文文盲试图应付文山文海的努力的确不现实，还因为眼下已不再需要或者说不再合适让一个外国人担任管理职位了。怀着轻松和怨恨的复杂情绪，我卸任了副系主任一职。轻松是因为终于卸下了自己不能承担的重任，怨恨是由于我的卸任就那么悄无声息地完成了，我为了做好工作而付出的努力并没得到大家的肯定（我经常在办公室工作到晚上 11 点）。当时希望干部“能上能下”——为了工作需要能接受升职或降职。我没有那么高的觉悟，希望得到一点点大家的表扬。

在 1952 年的反贪污、反浪费、反官僚主义的“三反”运动中，我的工作倒是得到了一种明贬实褒的肯定。

在“三反”运动中，像我这样的教师兼管理者，关注的重点不在浪费上，更不在腐败上，那是管钱的、经营食堂的、监理建设的人的问题。被查出来犯了严重贪污错误的人被称为“老虎”，对于我这样的人而言，焦点在官僚主义工作作风上。

运动的流程是“领导先下水洗澡”，这句话中隐含着一个洁净思想的过程。像英语系主任这样的民主人士是不被要求参加的，但被视为共产党员是我的荣誉，于是，我就尝试了。我做了三次自我批评才被通过，被认为已经意识到了自己的缺点，以及如何克服。第一阶段的自我批评在我的两位“政治委员”和其他党员同事间进行，我已不记得都有谁，但显然我对他们毫无抱怨。第二阶段除了第一阶段的那些人以外，扩大到了非党员同事和学生代表。第三阶段面向我所教的学生。

35年后，我已回忆不起多少当年批评和自我批评的细节了。一名学生指责我，说我让照顾我家孩子的保姆帮我擦皮鞋，看起来我把她当成了皇家空军里的勤务兵！不过党支部书记私下里告诉我，这类“个人生活方式”不是主要问题。我认为，不论当时还是现在，更重要的问题是我的旧身份萦绕不去。

作为副系主任，我有责任加强教师之间的团结，并与他们保持融洽关系，至少我不能有任何不利于团结的举动。不过，就像我在自我批评里承认的那样，我对他们中的一些人心怀不满，而这有可能影响工作。我怀疑有些在西方著名大学里深造过的老师看不起我哥伦比亚大学的本科学历；更糟糕的是，因为英语是我的母语，我觉得自己是这门语言的权威。事实上，对于他们精通的语言学理论我一无所知，而我对此相当自豪：他们还不照样在日常英语的运用上犯错误。此外，我认为他们中的一些人在国外时受到了“歧视犹太人”思想的荼毒。总而言之，他们看不起我，我对他们也没抱什么同志般的感情。交代了以上以及其他问题后，我说，作为副系主任——更不用说自认为是共产党员了——我应该心胸开阔，超越那样的不满情绪。在自我批评之后的讨论里，一位中国老师的话格外触动了我：“你应该对自己的犹太传统感到自豪，展示出自信。”这句话对于之前试图隐藏犹太身份的我而言有着深远影响。从此以后，我不再隐瞒或炫耀我的犹太血统，有需要我就提，不需要就不提。

这只不过是我意识形态考验中的小事件。毫无疑问，我坚信毛泽东的“通过在群众面前自我批评以实现改造”，认为这将对我有所裨益。于是我带着希望和痛苦经历了“三反”运动，自我揭发了自己的“邪恶资产阶级思想”，甚至包括并没有被要求坦白的性幻想。最终，因为并没有什么真正邪恶的行为需要坦白和批判，大家认定我的主要问题是无知和缺乏经验。于是，我被认为已经尽力了，在第三次自我批评后被定性为一个“辛辛苦苦的官僚主义者”后过了关。我接受这一切，整个过程从容应对，不像我的有些中国或外国同事那样崩溃哭泣。斯大林的训诫帮了我的忙：“在批评与自我批评中，即使有百分之九十五对你的批评是错误的也不要在意，只把精力放在那正确的百分之五上。”如果斯大林遵循了自己的建议，社会主义和世界共产主义运动的历史将会愉快得多。批评确实是一把利刃。毛泽东强调批评的目的是“治病救人”，事实上，这把利刃操控不当就会杀人。五六年后的另一场运动中，一位极有才华的老师极力劝我谴责共产党，因为党让我在“三反”中受了那么大的精神上的折磨——更不可原谅的是，他说，我还是个“外国同志”。我坚称那些批评合理，对我有益，而我真是这样认为的，不论当时抑或现在。

我错过了一些 50 年代初的其他运动，对此我并不感到可惜：它们一个接一个，我得了“运动厌倦症”，希望能从没完没了的自我改造中得到喘息。其中一次喘息的机会在 1952 年到来，北京成为了亚太地区和平大会的举办地。太平洋地区包括了拉丁美洲的全部，但在中国能说西班牙语的只有天主教神父和几个巴斯克回力球手，而他们被认为不适合当翻译。[1] 于是通过党的渠道，国际纵队英国营的老成员被邀请过来了。虽然我的西班牙语在 1938 年时算得上流利，十四年后已退化，我还是被增选进了翻译组。

在等待英国队员和会议开幕时，我通过潜心细读共产党和工人党情报局的出版物《争取持久和平！争取人民民主！》的西班牙语版来试图恢复自己的语言能力，这个出版物里的语言和塞万提斯的语言可谓千差万别。终于，我的同胞们到了。和他们共处，听他们那从伦敦东区到兰开夏的活泼泼的语言在我耳边回响令人愉悦。同

〔1〕　巴斯克人，西南欧民族，文字用拉丁字母拼写。通用西班牙语或法语。

样令人愉悦的还有离开斯巴达式的学校宿舍，搬进他们位于一座优雅四合院里的豪华住处，那四合院肯定曾属于某个军阀或国民党高官。经历了“三反”运动中的思想改造和其他政治运动，我发现这种新生活方式腐化而宜人。重新回到“自己同胞”中，并为他们解释他们觉得怪异的中国的实践活动，这种感觉相当好。不过我太倾向于站在中国的立场上看问题了，以至于一个人对我说：“大卫，你已经忘了你是谁了。”丢掉一个人原本的身份并不总是件坏事，因为这样能让他客观地看待他的国家和人民，但找到一个新身份却很难——这是我过去四十年的经历所告诉我的。

一旦我的耳朵重新适应了西班牙语，翻译工作对我而言并不困难，因为我们会事先翻译准备好的发言稿。为了这份工作我挥汗如雨。我被安排的是将西班牙语翻成英语，我最多也就能胜任于此了。任务就是坐在翻译员的小房间里，将准备好的英语稿子配合发言者快速的西班牙语同步念出。这是为伟大的事业而进行的有意义的工作，我全身心投入其中，至少有一次连续 48 小时没睡过觉。对我和许多其他参会者而言，发言的亮点在一位女士身上，她后来成了伊莎白和我的亲密朋友。她就是寒春，一位年轻的美国人。作为一名学物理的成绩出色的大学生，她得到了位于新墨西哥州的洛斯阿拉莫斯的一份工作。当她发现自己是在为制造原子弹而工作时，便放弃了作为物理学家的事业，来到中国和她的未婚夫相守，而她的未婚夫是来自纽约州北部的一位奶农，当时在延安照料一群荷斯坦奶牛。夫妇俩从此以后致力于中国的乳品牧场，设计农业机械。不过在 1952 年，正在孕晚期的寒春怀着她的第一个孩子（后来这个孩子的中文名叫“和平”）做了一次充满了力量和自我批判精神的演讲，谴责自己曾经参与的原子弹工作。演讲一出，语惊四座，并在美国右翼新闻界引起了对她的猛烈攻击。

会议一结束，所有代表和工作人员，包括我在内，都被送上了旅途。我在新中国已度过了五年时光，但除了十里店的村庄和南海山，几乎没见过北京之外的景象。因此这趟和同胞、和许多国家的代表相伴的欢快旅行令人兴奋——更何况我们像皇室成员般乘坐的是豪华专列。重回上海我激动万分，上海这个十几年前我犯下过错的舞台，这次不参与任何伤害性活动、问心无愧地来到此地令人愉快。然后我们游览了附近的无锡，这座人口超过五十万的城市貌似所有人都挤到了火车站外的广场上，以便一睹多年来头一次出现的外国人。我们不得不在人群中杀出一条路爬上大巴，人群就像高峰时段的伦敦或纽约地铁里一样密集。我曾困惑，外国面孔在中国为何会成为如此奇特的景象。多年后，在伦敦的牛津街上，我明白了，在这儿，当地人也就是英国人才是少数，因此没人去盯着外国人看；但在当年的中国，围观外国人就好像伦敦人会围观挖土机作业一样。

从无锡出发，我们乘坐火车和汽车穿过当年游击队员战斗过的荒地和山岭，目的地是新建的佛子岭水库大坝。成千上万的农民用他们的镐和锹完成了这项工程，靠扁担上摇摇晃晃的筐搬运了成千上万吨土。我们听旧时代的劳工讲述他们的生活故事：解放前如何被从自己的土地上赶走，在饥荒年代如何卖掉自己的孩子，地主如何诱拐他们的女儿、强奸他们的妻子。两位年轻女士为我们翻译着这些吓人的故事。其中一位掌握了完美的发音和语法——她毕业于我曾任教的圣约翰大学——用平静而稳定的语调说着出色的英语。另一位稍微年轻些的女士的语法和发音都糟糕透顶，但当她讲述老农民的故事时声泪俱下：她是我们英国组最爱的翻译。回到北京后，我和我的学生们说，在当时情形下应该努力使准确与感情相结合，永远不要认为语言仅仅关乎“词汇，词汇，还是词汇”。而关于佛子岭水库，我则向学生们描述了建在山间的新水库的美景，和当地人民的贫困：连厕纸都是他们负担不起的奢侈品，而以竹片代替。

不过我们和代表们行迹所至，皆有好饭好酒，这样的奢侈是新中国难以负担的。我们当中的一位穆斯林代表全程都有特殊餐饮提供。他单开一桌，不被我们的猪肉和酒污染。然而我们这边的就餐时光如此欢快，他便申请加入，声明自己不需要严格遵守饮食戒律，因为“我只有那么一点穆斯林”。不过在人民民主专政的原则下，他还是被礼貌地规劝遵守《古兰经》，继续孤独而洁净的饮食。一回到北京，按照惯例，为来访者举行了送行宴会——就像俗话说的，“你必须一路吃出中国”。除此之外，还为翻译们准备了奢侈的礼物，每位女士一件皮毛外套。当今旅游者不时抱怨中国人爱“敲外国人竹杠”，或许这是对早年过度大方的迟来的纠正吧。

随着代表们和大会工作人员离开，我准备回校了，却被告知还需要留下，因为有一些“后续工作”要做。我住进了位于北京饭店和天安门之间的一处舒适的宾馆，独享一个现代化设备一应俱全的房间。工作没有立刻到来，而当我要求工作时，拿到了一摞北京风光的明信片，让我把上面的英语说明翻译成西班牙语。我并不觉得这件事重要到足以让我离开学校里的教学，于是我就直说了。但我却被搪塞道，更重要的任务还在后面。我怀疑这只是他们抢人的策略，因为西班牙语人才紧缺，估计有人想让我从学校调到和平委员会去。我不愿意，打电话给学校，把我解救了出来。

回到学校，回到宿舍里和伊莎白与孩子们在一起（卡尔当时三岁了，马凯一岁），我为自己抵制住了奢华的城市生活、重回讲坛而感到快乐。我不在的这段时间里，又有一场改造运动，对于错过了它我也感到快乐。原则上讲，我赞成政治运动，但我实在厌倦了精神和情感上的压迫，即使我承认这对我有益。“该给我的资产阶级思想放个假了。”我对自己说。

放假的借口很快就来了。首先是我们于 1953 年出生的第三个儿子 Paul。即使以加拿大的标准而言，他在当时的年纪也算个子高的，而中国的剃头师傅认为他这么大个子还不能正常对话可谓相当之笨，可他才十一个月。然后，在1955年，我的岳父母来访，一是看看孙辈，二是再来见见他们曾经呕心沥血传播福音三十年的这片土地。

他们是在一个周五到的，周六晚上岳父看似不经心地问，明天早上他想去教堂行不行（而岳母1940年在攀爬中国西部的一座山时摔伤了后背，后半生不得不在轮椅上度过，因此宁可待在家）。岳父可不想上政府的当，被他们用一个事先计划好的礼拜仪式蒙混过关。于是伊莎白和我大晚上的四处奔走，弄到了当时北京开放的26座教堂里其中一些的地址。1940年我在成都时，为了坐在伊莎白身边而去过教堂，此后再没进过教堂的门。而今十五年过去了，我和她的父亲又一起踏上了去教堂的路，对于《中华人民共和国宪法》里对宗教自由的保护信心满满，毫不怀疑。我们首先去的是一处天主教教堂，位于市中心。这并非我们的目的地，因为自小作为坚定的卫理公会派，岳父认为罗马教会是反基督教的。不过，当我们路过时，他觉得不妨进去一看。大门紧锁。这对于我那展示中国宗教自由的自告奋勇的任务而言，可不是一个好的开头。我四下找寻，找到了看门人。“教堂没有关闭。早祷已经完了。下一场11点开始。”（当时大约10点。）我暗自长舒一口气，来到街角对面的另一座新教教堂，岳父在那里受到了热情欢迎，他对于教堂的服务和耳边响起的熟悉的赞美诗大为满意。

而这一切对我和我妻子而言意义何在呢，部分意义在于我确实爱我的岳父母；不过我亦另有所图：这些基督教亲戚——即使我对他们所知甚少，但也充当了我犹太血统的伪装；即使在中国这个远离反犹太主义的国度，我对于自己的犹太血统仍感到不安。就此而言，我利用了岳父母，同样也利用了我的妻子。这就是我在种族问题上的真实精神状态。

伊莎白的父亲饶和美（后排右一）、母亲饶珍芳（后排左一）、柯鲁克（后排中）、柯鲁（前排右一）、柯马凯（前排左一） 1955 年在颐和园

4. 新学校，新方法

1953 年，我们第三个儿子 Paul 出生后不久，学校搬家了，新校址还在西郊，不过离市中心近了些。直到今日我们的学校还在此地，景观却已沧海桑田：众多建筑雨后春笋般地在校园内外拔地而起，小块的耕地让位于大片田地，所种作物也从粮食变成了蔬菜以迎合城市的需求；学校对于改善住宿条件的持久战算是获得了一些胜利，但战斗远未结束，电影和戏剧不再于露天或食堂里上演，而是搬进了拥有 1200 个座位的设备现代的剧院；图书馆装上了电脑，当年曾以几台钢丝录音机为傲的语言实验室现在可以自己制作视频了。以

上种种便是北京外国语学院所处的变动不居的背景，学校现在更名为“北京外国语大学”了，并正致力于使自己名副其实。

学校搬家后的十几年时光结束于“文化大革命”的开始。直到那时我的生活都被教学、课外活动和（最初几年的）管理工作填满。我在英语系副系主任的职位上干了几年，同时担任英语教研室主任，英语教研室这一名称是从俄语 Kathedra 翻译过来的，工作职责包括编辑、检查教学材料、科研，以及类似内容。因为我对于“群众路线”的执行不力，或许我算不上一个优秀的教研室主任，但我至少为此殚精竭虑过。周末总是很短暂：以周六下午五点半政治会议的结束为开端，以周日晚上七点工作再次开始为结束。我的英国背景开始反抗，于是我指出，在战时英国，较短的工作周往往比较长的工作周效率更高。抗议徒劳无益。

即使从未受过师范训练，我把旁听其他老师的课并与其谈话当成了自己义不容辞的责任，向他们指出我认为教学方法上与语言运用上的得与失。我不知道这是否会惹人烦，但我尽量做得巧妙得体、富有建设性，把批评糅在表扬里，为此还在学校党委书记的年度报告里获得了公开表扬。我热情拥护苏联专家来访时的提议，加强课程计划、学期计划，组织“公开课”以便让老师们旁听同事们的课，并提出改进建议。某一次，这类实践失控了，用礼堂的舞台作讲堂举行的公开课上，旁听者的人数超过了学生人数，对旁听者而言那一定是痛苦的经历。

不过，尽量客观地回望过去，我认为当年的付出并非完全无效，即使“三反”运动把我定性为一个“努力工作的官僚主义者”。

当时的中国教育界有两种主流声音。传统中式教育法是老师讲学生听，重理论轻实践，重语法轻口语，教授关于某种语言的规则而非教授语言本身。这一切用著名的北京烤鸭打比方，称“填鸭”式教育，我亲眼见过鸭子是如何被“填”的——用自行车打气筒把食物强行灌进它们的喉咙。从这个令人反感的名称可见填鸭式教育在新中国成立后并不被官方认可，然而在实际中却被广泛运用。新中国成立前另一种非传统的教育方法曾盛行于外国人开办的传教士学校，学校里尽可能多的课程都以传教士们的语言（通常是英语）教授。这种“文化侵略”的中国的受害者们确实掌握了外语，但付出了对本国语言和文化所知甚少的代价。作为“新中国的革命性学校”的老师，我们被上级教育机构要求从优良传统中取其精华，运用从解放区教育实践中得出的有益经验，并向苏联学习。我天生倾向传教士学校里的教育方式，毫无疑问这受了在上海圣约翰大学和成都南京大学教书经历的影响，也与我对语法和语言学理论的无知有关。尽管存在种种个人局限，我对于开口说话和听懂别人说话的重要性的强调仍然不无裨益，这些是当年在伦敦亚非学院时著名语言学者 J. R. 弗思传授于我的。通过对反填鸭式教育所做的努力，我们英语系使英语真正成了一门活的语言，我们的学生获得了不但会读写，还能开口交流的声誉。有些老师认为我过于强调平实的日常英语，忽视了文学和“优雅的语言”，我编写的以外国来访者和中国东道主间的对话为主题的教科书被打上了“自然主义”的标签，而我将这样的批评看作夸奖。对于文学作品的教授，我怀有复杂的情感。一方面我爱莎士比亚和简·奥斯汀——但那是对我自己而言，我不认为他们是我们的学生所需要的，更不用提贝奥武甫和乔叟了。

1963 年，当许多西方国家准备庆祝第二年的莎士比亚诞辰 400 周年时，学校里的一些资深中国教授和一些英国教员一起，热情高涨地排演《奥赛罗》。在我的中国同事眼里，我对整件事积极性可不高。不过我也并不反对，最终该剧上演了——精彩绝伦。其他年份里，我们还演过奥斯卡·王尔德的《不可儿戏》、康格里夫的《如此世道》的节选、《傲慢与偏见》的改编本。演出都很棒，观看是享受，但我觉得这些都无关紧要。按我的想法，真正该做的是培养毕业后能陪伴外国访客、旅游者、商人、政界人士的翻译，而饱读诗书的书呆子在我眼里“不切实际”都是对其最温和的批评，更别提那副学究的架子了。

把语言从教科书里解救出来，使其成为一件有生命的事物，我为此进行的另一项努力是安排“背景讲座”，讲座由访问北京或常驻北京的英语人士进行。50年代末，《非洲百科全书》的编者、著名美国黑人学者W. E. 杜博斯来北京度过90岁生日，同行的还有他的夫人、知名作家雪莉·格雷厄姆。我负责组织起几百名师生，杜博斯本应在聚会上发表演讲，但最后一刻他的夫人突然通知我，讲话对他而言负担太过沉重，因此她的丈夫会对她做介绍，由她来发表演讲。我需要做的只是介绍他！不管怎么说我还是完成了这个意料之外的任务，雪莉宣读了一篇关于美国黑人文学的论文。在提问时间里，有人问她对斯蒂芬·福斯特那些关于美国南方的歌曲的看法。雪莉答道：“对我们黑人来说，‘把我带回弗吉尼亚故乡’的意思是，把我强行‘带回去’是你唯一能让我回去的方法。”她不是我们的西方朋友里唯一一个谴责《老黑奴》的，认为那是对奴隶时代带有屈尊纡就色彩的乡愁式挽歌，但不管我们怎么努力地试图清除它的影响，这首歌还是在中国扎了根。

另一位值得纪念的演讲者是苏格兰共产主义者M. P. 威廉·加拉赫，他因反对议会而被列宁批评为“左派幼稚病”，也因其“伟大的无产阶级精神”而受到列宁赞扬。威廉将列宁牢记心底，在威斯敏斯特坚持斗争15年。[1]当他来为我们的师生演讲时，听到全体师生用英语唱起了罗伯特·彭斯的《流过甜蜜的艾菲顿》[2]，泪光

〔1〕 威斯敏斯特是伦敦市的一个行政区，是英国议会所在地。——译者注

〔2〕 一首苏格兰民歌。——译者注

闪烁在他的双眼（也在我的眼睛里）。接下来，尽管已年近八十，他为我们做了一次激动人心的演讲，当引用雪莱的诗句“像狮子从沉睡中苏醒”时声音颤抖，用手重击着讲台，直到麦克风都快掉下来了。

多年来我一直组织安排这类“背景讲座”，而演讲者确实起到了将英语和英语世界在我们师生面前激活的作用。

起到相同作用的还有我最喜欢的活动，到工厂、农村、风景名胜、历史古迹、博物馆做实地考察。为此我会叫上一些在北京工作的外国朋友充当访问者的角色，让学生做他们的翻译。在目的地游览的过程中，我对于学生的语言运用、背景知识，以及他们的紧张神态和行为举止一一记录，回到学校后对整个活动本着批评和自我批评的精神进行总结——老师和学生都是如此。在西方教育者看来，这一切显然不是什么新鲜玩意儿，但对中国的语言教育者而言并非如此，特别是对我来说这可是打破死板理论，将语言学习和社会、政治、经济、历史知识相结合的方法。我记得我们曾访问过京郊的一个合作社农场，那里办了个豆腐工厂。我们四处参观，管理者解释说明眼前的一切，学生们一个接一个地试着将其翻译成英语。一些学生足以胜任翻译，另一些则不行。差别何在？后来我告诉学生们，差别就在于有的人只是试图找到合适的词汇，而另一些人则抓住了主要的意思、理解了过程。去颐和园游览时，一些学生翻译们事先临时抱佛脚记下了各处景点那些夸张的名字，而对于其义涵一无所知，什么仁寿殿、德和园之类的，但不了解或者没有讲出和这座公园相关的充满人情味儿的故事：慈禧太后将试图推行改革的光绪帝监禁了十年的庭院，或是那艘她挪用海军经费建造的石舫。

一些学术气质浓厚的同事将实地考察贬斥为对语言教学的粗俗化，更愿意强调经典文学和语言理论，而我竭尽全力使一切接地气。

对于这种分歧，我多多少少感到困惑和不满。与此同时，我安慰自己：我的方法比他们的实际得多，有效得多。多年以来，我暗自将自己视为共产主义教学路线的捍卫者，与夫子式的传统遗毒和日益高涨的资产阶级学术的势利与迂腐抗争到底。

第十一章　西游记·东游记（1957—1958）

1. 西行之旅

中国十载，我们终于出国了。之前即使是父亲的葬礼，我都没有像任何一个孝顺的中国人或犹太人那样赶回英国参加。父亲去世的 1952 年正值“三反”运动与和平大会，在那个节骨眼儿离开会让我觉得有逃避义务之嫌。此时已经 1957 年，我们的儿子分别是四岁、六岁、八岁。他们在英国领事馆报了出生，都是英国公民，但英语知识仅限于“鳄鱼”“河马”这类睡前故事里我们不知道用中文怎么说的词。伊莎白必须为他们语言教育上的欠缺负一定责任。伊莎白还是个婴儿时，就跟着她的成都保姆，咿咿呀呀说起了中文。但传教士开办的加拿大小学为了学生能够适应他们将在加拿大接受的中学和大学教育，并不开设中文课。因此当伊莎白拿着硕士学位从加拿大回到中国时，不得不在 22 岁的年纪把中文重新学起来。她发誓不让孩子们重蹈自己忽视中文的覆辙，结果就是对英文的搁置。现在是孩子们开始英语学习的时候了——也该见见他们的西方亲戚和爸妈的祖国了。伊莎白和我都准备好了经历一趟感伤之旅。

感伤伴随着暴风骤雨。这是我们这辈子第一次一口气儿自己带三个孩子超过一天；之前他们要么在幼儿园，要么上小学，要么由一个很好的满族保姆照看。因此和三个被我们一直以来鼓励“要勇敢”而不“要听话”的生龙活虎的小男孩一起，先坐三天的火车去香港，再坐33个小时的飞机横跨太平洋，可真不是出去兜兜风的感觉。我们大概凌晨3点到达温哥华，刚一落地就被移民官找上了麻烦。朝鲜战争刚结束三年，战争中加拿大军队与中国志愿军交战，因此在加拿大某些圈子里此时反华情绪依然高涨。伊莎白是回自己的祖国，名正言顺，但这家里的四个男性是英国人。看了我的护照后，移民官凶巴巴地问：“北京？那不是红色中国吗？你在那儿都干什么了？”“教书，”我回答。即使还没法证明我已然背叛了英语世界，这个回答明显让他觉得高度可疑。“你来加拿大干什么？”“见我的岳父岳母，我孩子的姥爷姥姥。”继续讯问了一阵后，他断然喝道：“你，在这儿等着！”我们听到他打了个电话。再回来时，他已变得像枫糖糖浆一样甜，祝我们旅途愉快，还说我们的孩子可以领到免费牛奶，因为他们有个加拿大母亲。显然更高层的人告诉他朝鲜战争已是过去时，而太平洋对岸有个6亿顾客的市场。不过，当我们到了伊莎白家所在的有着“4201名安居乐业的居民”的圣玛丽后，还是有移民局官员找上门来确认我们是否真在这里。

事实上，我真是过着规矩而得体的家庭生活，这包括为了岳父岳母的名声而每周日上教堂。两年前当他们从中国回来、为中国说好话时，旧相识们变得在街上对他们视而不见。他们忽略了这样的冷落，依然热情地打着招呼。就像埃德温·马卡姆诗里所写：

他画了个圈，把我拒之在外
异端，叛逆，丑八怪。
但爱心与我更灵快：
我们画了个圈，把他拽进来！[1]

---

〔1〕　此诗为本书译校之一柯鸿冈（Paul Crook）先生所译。——译者注

岳父母同样成功地把我和伊莎白融进了一个更大的圈子里。乡下亲戚们理所当然地视我们为自己人，不管什么红不红色的中国；即使我那无神论的种种，上了年纪的莫德姑妈依然把我标榜为“一位基督教的绅士”！不过，儿子们倒经历了一点社交上的小烦恼。某次去“布朗角”（伊莎白是布朗家族的一员）小村拜访伊莎白在那里的农场亲戚时，主人为男孩们端上了美味的自制巧克力蛋糕。依照中国礼节，他们说“谢谢，不用了”。蛋糕没再拿出来，主人显然认为中式食物才合他们胃口。回家后他们大吐苦水：难道不应该被劝三次才接受吗！这就是他们跨文化学习的第一课吧。

我也有问题要面对。从一开始我就打算通过给报纸写信和做演讲的方式，将这次旅程视作宣传中国之旅。伊莎白的父母从中国回来时曾做过同样的事，现在则鼎力支持我。伊莎白因为某种原因没法在圣玛丽妇女协会演讲，岳母做我的担保人，使我得到了这次演讲机会。一个星期天在教堂时，岳父把我介绍给了时任当地扶轮社主席的一位法官，暗示他我是午餐会发言的合适人选。法官很客气，但发言邀请最终也没有到来。显然，圣玛丽的女性比男性胸襟更开阔。不过，我在成都时认识的传教士朋友们、基督教社会主义者，帮我安排了一次前往多伦多和蒙特利尔的演讲旅行。

带着政治上的考虑和短暂逃离小城家庭生活的双重目的，我愉快地踏上了旅程，照看三个蹦蹦跳跳的男孩对我来说实在不算休闲。旅途并非一帆风顺，1957 年是苏联干预匈牙利的第二年，这件事致使左派和进步人士圈子一片混乱，对于苏联的一些批评也影响到了当时苏联的同盟者中国。不管是在多伦多教堂还是在蒙特利尔豪华饭店里，我的演讲都遇到了充满敌意的提问，这类提问特别来自那些生活优渥的听众，有时大部分或者全部是犹太人。他们或他们的父母在俄国 1905 年革命前后移民加拿大，随他们而来的一些激进思想在加拿大的血汗工厂里也依然留存着。半个世纪过去了，他们当中的很多人处境已经大大提高。据我们作为基督教社会主义者的朋友说，到了 1957 年，这些刚来时曾经激进的移民或多或少还保有一些社会和政治良知，但更寻求社会的接受和尊重。

在我关于中国的演讲后，他们抛过来气势汹汹的问题，从中我品出了这样的味道：1956 年的匈牙利事件给了他们背弃过去的借口，当然我的演讲不无理想化。但有一次我受到了热情欢迎。那是在蒙特利尔贫民区一个昏暗、破败的大厅里，一群像我外婆一样说起英语来依然带意第绪语口音[1]的服装业和皮毛业工人向我敞开了心扉：出于对中国和对社会主义的友好，出于他们为我这样一个当了教授的“自己人”而自豪。

在多伦多时，经伊莎白赞同，我去找了瑾，我在西班牙时的恋人。之前与她最后一次相见是 15 年前我为了与伊莎白结婚并加入皇家空军，从中国经加拿大回英国的途中。这回的相聚很尴尬。我笨拙地亲了瑾，多年幸福的婚姻生活让我感到不大自在。我们聊到了政治。瑾已与共产主义渐行渐远，这使我们更加疏离。多年的留恋被打破了。我们局促不安，黯然分别。

在加拿大待了六个月后我们前往英国，完成这次旅途。在加拿大的时光的确更像是段情感之旅而非社会调查，因为我们主要往来的都是生活舒适的中产阶级。虽然意识到我的一举一动都在加拿大皇家骑警那戒备的目光下——童年时阅读低俗的连载故事时我曾经崇拜过他们——离开这个国家时我依然为它的美丽、它的人民而赞叹，特别是这里人们自己动手、丰衣足食的精神。在圣玛丽的一天，我拿着家里的电炉去修理，店主说“需要换个新线圈”并递给了我一个。本以为线圈会装好再还回来的我大吃一惊。店主读出了我的心思。“到门店后面去，”他说，“那儿有的是工具，把炉子留在这儿

〔1〕　意第绪语口音是中欧犹太移民的典型口音。——译者注

又费时间又费钱。”我按照他说的做了，自己搞定，心想在孔夫子的国度我们这群知识分子真是被宠坏了，即使我们把“与劳动人民打成一片”时时挂在嘴上、写在文章里。

到达英国后不久，当我和伊莎白拿着迈克尔·夏庇若[1]写的介绍信前往伦敦港口住宅区寻找一位名叫泰德·柯比的码头工人时，“与劳动人民打成一片”的想法或许就在我脑子里盘旋。伊莎白和我都急于“融入工人阶级”。我们的确和他的家庭聊得很高兴，茶和腌鱼也美味。在他的引导下，我们在周围转了转，了解了一些工人阶级的生活情况。不过这只是浮光掠影，和在加拿大时一样，英国之旅主要还是在中产阶级内打转。

最开始我们一家五口挤在我弟弟莫里斯位于肯辛顿公寓的一间屋子里。楼上某间公寓里住着一位“纳西姆老大”，是我们将近四十年前在格伦缪尔寄宿学校的校友，家里是中东犹太巨富。穿着貌似军服的制服、上面缝着金扣子的公寓门卫曾向莫里斯吐露：“纳西姆先生可是个非常聪明的人。上午 10 点起床前打了一通电话，一千英镑就挣到手了。”我想，要不是托马克思的福，我也会过着这样的生活吧。至于莫里斯自己，正如他的地址所显示的，在电影界干得不算差。[2]尽管我们选择了完全不同的道路，他对我的左翼思想和生活方式一直悄悄地心怀羡慕，在我们借宿公寓之前，他就已经订阅了《工人日报》。他心地善良，为人大方，带我和伊莎白去充满异域风情的马来饭馆和印度饭馆，招待我们和我那正统的姑姑、姨妈们去犹太馆子吃大餐。

最终，当年在中国的朋友班以安夫妇帮我们找到了间公寓，自从霍克斯夫妇在北京那场各路人士汇集的婚礼派对后我们就没再见

---

〔1〕　英国共产党员，1949 年新中国成立后曾到北京工作。——译者注

〔2〕　肯辛顿是伦敦著名的富人区。——译者注

过他们。作为班以安夫妇的邻居，我们很快就熟悉了住在芬奇利的中产阶级的生活方式，更重要的是，可以和他们以及双方共同的朋友一直谈论中国。孩子们现在五岁、七岁、九岁了，顺着家附近的一条路走下去上学，这所学校有位毕业生后来去了中国，将其形容为全伦敦最差的学校。当时我们对此一无所知，不过即使知道了，我怀疑我们也未必会改变主意，孩子们就应该上当地的普通学校，和工人阶级的孩子相处（即使我们住在这片区域中的一块中产阶级飞地上）。孩子们在学校里快活得很，只是英语进步甚微，于是我们去见了老师。老师确实注意到儿子们缺乏回应，但对于英语不是他们的母语竟一无所知。事实上，他们在加拿大的六个月里才开始接触英语环境，在那个有许多“新加拿大人”的移民国家里，他们受到了有虔诚宗教信仰的老师的特别辅导。这些情况我们当初就向伦敦这所学校里那位性格耿直、貌似运动员的女校长做了说明，但她忘记将这些信息传达给孩子们班上的老师了。这一疏忽最终得到了纠正，孩子们在那里继续为他们今后的双语能力打着基础。

和在加拿大时一样，我们拜访亲戚和旧时朋友，并时时发表关于中国的演讲。共产党领导下的英中友好协会在剑桥大学组织了一场会议，会上我发表了演讲。像往常一样充满激情地描绘了中国当时的形势后，提问来了，有些对我那热烈的演讲温和地表示怀疑，有些则是针锋相对的批评，甚至充满敌意。我沉着应对，把争吵当消遣，有人认为毛泽东之前的所作所为只是为了“将知识分子引蛇出洞”，我对此嗤之以鼻，当年的我真是拥有可以开金石的精诚啊。

在英国的旅行也不都是为了演讲。我们去诺丁汉看望了我的姐姐薇拉，在跟随丈夫回到他的家乡约克郡之前，薇拉在诺丁汉住了四十年。薇拉和亚历克像莫里斯一样善良友好，虽然她的思想和我的、莫里斯的都如此不同。在她家位于郊区的可爱住宅的草地上，我们一起品茶看鸟，鉴赏下沉式花园里的玫瑰。我们回忆童年，谈论亲戚，偶尔涉及曾在附近的克利夫顿·格罗夫追求爱人的D. H. 劳伦斯。我不由得一再感慨，薇拉、莫里斯和我三人在同一个家庭里长大，竟走上了彼此天差地远的道路。

英国之行唤起了我愉快的童年回忆，在受邀去萨塞克斯的英国皇家空军基地演讲，或是在重返曾经求学的格洛斯特郡（乔汀汉学院所在地）的路上，我也领略了英国迷人的风景。在格洛斯特欣赏大教堂的哥特式建筑时，我的思绪却突然从中世纪被拽回到了朝鲜战争——一根高耸的灰色石柱上挂着一个木质十字架上的耶稣，这是朝鲜战争时格洛斯特团团长于被俘期间雕刻的。想着我们那些在战俘营中当翻译的中国学生，思想的火车瞬间将我带回了中国，那个我们即将向着它启程的地方。于是我开始意识到，尽管如此深爱英国，如今回中国方是归家。

2. 东行之旅

回中国的旅途经过苏联。自我1938年经莫斯科到达中国的愿望因为当时的审判和世界大战的迫近而破灭，已过去了二十年。我的苏联信仰在上海和成都的三年里有过短暂的动摇，不过英勇的斯大林格勒保卫战和沉浸在中国与苏联“伟大而牢不可破的友谊”里长达十年，已恢复了我的信仰。因此我对于圆那个旧时的梦充满期待，也盼着见到之前和我们共事的苏联专家维拉以及她的同事玛莎。

在50年代初，就有两位苏联专家来到北外，但他们一个教俄语，一个教西班牙语，和我们并无太多交集。1955年，更多的专家到来，由在列宁格勒的大学里担任高级职位的维拉带队。尽管之前从没见过母语是英语的人，她的英文相当流利，她曾向我们吐露刚开始面对我们时很紧张，害怕自己的英语不达标。其实大可不必，她的英语棒极了。维拉来自一个让她十分想念的大家庭，因此她很喜欢到我们家来和孩子们玩儿，用苏联巧克力填满孩子们的嘴，和我与伊莎白聊天。跟我们在一起时她才能放松，从中国同志认为对待高级苏联专家应有的严肃和恭敬中解放出来。我们成了朋友——友好到可以平和地求同存异。维拉大胆地告诉我们，她不赞成那些干扰教学计划的政治运动，对她而言，课程是神圣的——对此我们持不同观点。我们不能认同的还有她的以下说法："眼下你们的中国学生热情高涨，就像革命刚刚完成时我们的学生一样。这是蜜月阶段。激情总会褪去的。"我们争辩道，通过意识形态改造和她所反对的那些政治运动，我们的学生将永葆革命热情。维拉早在1924年，也就是列宁去世的那一年，就参加了苏联共产主义青年团，她比我现实得多。

1956年，当她在中国的第一年即将结束要回家过暑假时，我和两位西方同事（美国人史克和英国人陈梅洁）凑份子买了英文书籍，请她带回她所在大学的英语系当作礼物。我们从玛莎那儿收到了一封感谢信，于是开始了之后的连续通信，直到中苏关系于1960年破裂，我们便不再写信，以免给玛莎带来麻烦。

现在，我们即将再次见到维拉，并第一次见到玛莎。更重要的是，我们可以亲眼目睹我多年来向往的苏联社会。从30年代早期开始，我对苏联的感情经历了两个高峰和一个低谷。最初，我认为就像悉尼·韦伯和比阿特丽丝·韦伯所写的那样（他们的大部头著作我曾艰难地啃完），苏联社会主义的确创造了一种全新的文明。我喜欢引用林肯·斯蒂芬斯1919年从苏联归来时的著名言论："我亲见了未来，它行之有效。"而且一遇到我认定的对新文明的诽谤便驳斥之。至于苏联也存在罪恶的可能性我连想都没想过，直到30年代末在上海受了托派人物弗兰克·格拉斯的影响。但在那之后，我一步步找到了重新回归斯大林主义怀抱的道路，并感激中国教会了我更加热爱斯大林。当我们学习他的《论马克思主义和语言学问题》时，我对其不假思索地接受，心想自己应该更快地领会而不是质疑——尽管斯大林对持不同意见的苏联学者的粗鲁攻击让我震惊——我从中国人那里学到的是，无礼和讥讽永远不应该针对同志。除了这些小小的保留，我对斯大林的信仰再次达到了几乎无边无际的程度。几乎，但并不彻底。1958 年，从英国回中国的路上在苏联度过的三个星期在我心里留下了迷惑不安的问号。

我们从伦敦乘坐一艘苏联轮船前往列宁格勒，旅途愉快，经停哥本哈根、斯德哥尔摩和赫尔辛基。我们的房间舒适，食物上佳，不管哪个等级的舱位都一样，围坐着二十人左右的餐桌被鱼子酱堆得高高的大菜装点得熠熠生辉。一位大块头美国人边给自己盛第三或第四团鱼子酱边说："不多吃点可就亏大发了。"

抵达列宁格勒时，维拉和玛莎前来接我们，把我们带到玛莎那一居室公寓附近的一家小旅店，玛莎和她姐姐在那间屋里已一起挤了二十多年。从车上下来我就往旅店走，去办入住，将我们那大大小小的箱子堆在门外的人行道上。两位苏联女士吓得几乎尖叫起来："不能把你的行李就这么放着啊。没准就找不到了"——这是"会被偷"的委婉说法。我愣住了。革命已经四十年，还有这种事？我心想，在北京这是不可能的。后来，当我们在旅店的餐厅里吃饭，会有妇女走上来想买走伊莎白身上的衣服；还有一次，一个女人不请自来地坐到我们桌旁，试图把她的饭钱加到我们账单里。乘火车沿黑海海岸旅行时，玛莎的一位朋友以俄罗斯人典型的方式为我们送行，坐在车上一送送了好几站。她并没有买票，只不过贿赂了售票员。（在我看来）这样的事在中国简直不可想象。这些负面的小事对我那天真的政治体系不啻沉重的打击，但我觉得回到中国后和国内朋友不应该提及这些。

玛莎是一位带有浪漫气息的中年女性，对英语和英语文学满怀热爱（她的来信里充满了关于现代英语运用的提问，我记得其中一个问题来自塞林格的《麦田里的守望者》。她问，在什么情况下，可以像书中主人公那样说“You give me a royal pain in the ass”？[1]）。她对英语的感情毫无疑问爱屋及乌到了我和伊莎白身上，我们是她第一次见到的英语母语者。根据年轻时所读的俄国经典文学，我觉得玛莎是个“典型的俄国人”：性急、热心、易激动、主观、精力充沛，对错误宽宏大量。为了使我们在她的国家的旅行更顺利一点，她会对苏联国际旅行社的办事人员摆出轻蔑的态度，有时候把事情弄得更糟糕。不过不管怎么说，在我们从列宁格勒到莫斯科、到黑海、到高加索地区的旅程中，她像一个不知疲倦的聪明导游，陪了我们一路。她是列宁格勒和平委员会的活跃成员（这是她能如此自由地和我们在一起的原因），向我们讲述了“二战”期间敌军围城的惨痛故事，当年还是年轻女性的她在列宁格勒保卫战中曾尽过自己的一份力。街上残疾人之多、男性和女性数量差距之大，让我们相信她所说都是真的。进一步的证明来自我们去维拉家的拜访，那幢大木头房子坐落在芬兰湾附近。家里人数众多，但一个成年男性都没有。有一次维拉曾简单提到了自己的丈夫，却仅仅说“有些事发生在了他身上”。什么事？我从不敢问。不管怎样，维拉本人必定声誉良好，否则绝不会被允许去中国工作。

当伊莎白和我、还有随同我们一直到莫斯科的伊莎白的教友派信徒妹妹朱丽亚一起乘坐列宁格勒或其他地方拥挤的公交车旅行时，我们会和同车的旅客聊天，玛莎为我们当翻译。她把我们统统介绍为“英国共产党员”，无论走到哪里，得到的回应都是对和平友好的期盼。

最难忘的公车旅行发生在去高加索地区一处沙皇时期的狩猎

---

〔1〕 A pain in the ass 是英语俚语，意为令人讨厌、抓狂的人或事。原文中的句子可以理解为“你实在令我抓狂”。——译者注

行宫的路上。公共汽车发车晚点：司机跑下去刮胡子了，为了欢迎“英国共产党代表”的到来。车里已经满满当当，于是搬来了木头椅子给我们当座位。之后就是从黑海向着山上的令人胆战心惊的攀行，180度的急转弯环抱着陡峭悬崖。那位格鲁吉亚司机主动担任起了导游，将身子完全转过来面对我们，只留一只手握着方向盘，另一只手指点着外面的历史遗迹。我们一再请求他不要转过来了，眼睛看着路。“我闭着眼睛都能开这条路”，他以格鲁吉亚式的勇敢回答道。或许他是对的。

1958年的格鲁吉亚还是斯大林的忠实阵营，当时对此并不敏感的我参观斯大林出生地哥里的博物馆时在留言簿上写下了不恰当的话。在中国，我们曾学习中国共产党的“两论”：《关于无产阶级专政的历史经验》《再论无产阶级专政的历史经验》，私下我们曾称其为“论与白痴”[1]，尽管实际上对其完全信服。1956年的匈牙利事件使英国和其他许多国家的共产党陷入纷争与混乱，两论对于重拾共产党信心大有裨益。为中国人在文章中全面而平衡的阐述所折服，我写道：“看到对斯大林同志以及他的布尔什维克同伴丰功伟绩的如此生动的展示，令人振奋。”将我的话翻译之后，玛莎告诉我它们并不讨喜。看起来，在1958年的正派格鲁吉亚头脑里，俄国革命全由斯大林一人领导完成，任何对提及领导集体和群众支持的论调都是异端思想。

3. 回到中国，参加“大跃进”

回中国后我将疑虑藏在了心里，仍认为苏联专家为我们的教学

〔1〕《再论无产阶级专政的历史经验》的英文译名为“More on Some Historical Experiences of the Dictatorship of the Proletarian”，More on 连读的发音类似英语单词 moron（白痴），故有此玩笑。——译者注

做出了贡献，虽然在某些方面他们并不接地气。1954年，为庆祝新中国成立后的第一个五年，苏联修建了一个巨大的展览馆陈列了自己国家的工农业产品。农产品里包括一些用引进的英国夏尔马繁殖的高头大马。因为体型巨大，这些马毫无疑问看上去孔武有力，但精明的中国农民将它们上下打量一番，怀疑地问："它们吃什么？"当时的中国还在为解决人的温饱而发愁。

1958年的"大跃进"是为解决此问题而进行的巨大努力。今天，这次尝试已饱受诟病，但在当时那种试图跨越不可能的边界、打破长久以来被认可的自然规律、让一切变为可能的英雄主义气概着实打动了我。直到现在，几十年过去后，我仍不愿将"大跃进"仅当作一次错误而一笔勾销，仍认为这场由中国千千万万农民修筑水利、勘探或报告已知铁矿而构成的群众运动是一场史诗般的壮举。不过我倒是认为有一个自然规律不可违抗：人类对睡眠的需求。1958年当我们回到北外时，发现教科书已由分成不同小组的教师重新编写过，付出的代价是日复一日工作到下半夜。我坚持道，这是不可能持久的，除非牺牲工作质量和老师们的健康。为了在学校后院的炼钢炉里搅炼低级的"钢铁"，我曾象征性地值过一次夜班，被投身这项工作的老师和学生们的高昂情绪所深深感染，更不用说肌肉发达的学校厨师的强壮有力。消失在炼钢炉里的也有我最心爱的钢锤，我们七岁的儿子迈克尔（柯马凯）把它贡献进了"熔化原料"的炉子里。我们原谅了他，因为他还是个孩子，但这类愿望良好却不切实际的行为正在全中国上演，质地精良的钢制品被当作低级铁矿丢进炼钢炉里"回炉重修"。

就我自己而言，当时也并没有多少保留意见。事实上自1958年从英国回来，直到1959年"三年困难时期"开始，中间的这段时光在我记忆中像是段田园牧歌般的插曲——特别是我们在北京西山安家庄种树的那几个星期。虽然生在伦敦长在伦敦，并且在纽约、北京这样的大城市度过了生命中大部分时间，我对乡村的爱由来已久。但我总感到自己的爱相当空洞，因为从没在土地上真正劳作过。而在那三个星期里，我和同来的老师和学生们一道，黎明即起，扛着镐和铲爬山，挖下“鱼鳞坑”，种上果树，再精疲力尽地回到农民家里，倒在炕上睡觉。对我而言，这就像一种补救，只不过快乐远大于内疚。有一天，我和一名学生在回村路上看到两位老人扛着大捆柴火，一路说笑着轻松走过来。我们四人坐在一起休息了一阵，聊了聊天。该继续赶路时，受“为人民服务”的精神鼓舞，我和学生说：“你们肯定累了吧！我们帮你们把东西扛回村去。”两位老人——他们都已七十多岁——连说不用，但最终同意了。当时我 48 岁，比他们年轻了四分之一个世纪，但坐在地上背上那些柴火后，我简直站都站不稳了。最后我好歹立住了脚，蹒跚了一路，边走边把自己和两位老人相比：他们像生来就会，早已毫不费力地晃荡着下山了。

和他们一生的劳作相比，我种树的三个星期简直是趟野餐郊游。尽管如此，我自认为自己不同寻常的卖力相当英勇，值得表扬，要是能把虽然管够但着实简单的饭菜——熬白菜、腌萝卜、红薯和干粮——偶尔改善一下就更好了。当 11 月 7 日俄国十月革命的纪念日到来时，我心想这回肯定会有顿带肉的饭了，至少为我和伊莎白开个小灶：毕竟我们是外国人！果然那天中午我从山顶被召回村子，一路大步流星，口水直流。但到了村里才发现，这是场政治的而非蛋白质的盛宴，伊莎白和我曾经想让人为我们介绍一下新成立的安家庄人民公社，现在我们被叫来听报告了。

离开安家庄前不久举办了一次庆祝会，不过仍然不是大吃大喝的聚餐，而是一场音乐会。我们的学生和老师每天晚上都花一些时间教村里的妇女识字，教孩子们唱歌，这使孩子们的父母深受感动——他们自己在解放前没有机会接受教育。于是村民们办了一场晚会，会上孩子们唱歌跳舞，展示着他们的新技能。他们稚拙的表演感动了我们，也让他们的父母们热泪盈眶。出于礼貌，大家让我们也来一首！中国老师们当然唱得都很好，伊莎白和我们的英国同事陈梅洁唱得也不错。我试图蒙混过关，但发现行不通。于是，我非常不明智地决定来一曲《穿戴绿装》，这首歌的爱国、反殖民义涵和诗歌般的语言一直为我所爱。[1]不幸的是，这首歌所要求的音域比我的宽广得多，我虽喜爱唱歌，却并没有从父母那儿继承任何天赋。于是我粗声粗气地唱完了那些激动人心的歌词，中间变了好几次调。我车祸现场般的表演还是赢得了村民们礼貌的掌声，对他们而言任何西方歌曲听起来都很奇怪。这件事成了我和伊莎白之间长久的笑料。最终，我们离开的日子到了。村民们像二十年前西班牙另一个村庄的村民们一样流泪，那次我们的部队将要开赴前线。这回的眼泪不是因为我们即将上战场，而是因为我们给村子带来了新鲜事物。在离开的当天，我们终于吃上了一顿有山羊肉的饭。但我还没来得及品尝那妙不可言的第一口，大喇叭就喊了起来："停止吃饭！跑步，拿上铺盖和行李！"我不禁诅咒起来：这得是多愚蠢的官僚作风，竟然剥夺我们三个礼拜以来吃第一顿像样饭的权利！村民们付出了巨大代价，把所有的驴从田间或运煤的途中召了回来，好让它们把我们的行李沿着山谷送到三英里外的火车站去。给牲口装好行李，我们又捧起了碗，里面装着已经凉了的羊肉，依然美味。

很快，不仅对我个人而言，全国上下都在食物紧缺问题上面临新中国成立以来的最大挑战。我们从安家庄回到学校的第二年是1959年，也是"三年困难时期"的第一年，许多人死于饥饿，绝大多数人吃不饱。造成粮食减产的原因不一而足，自然的和人为的都有：有的地方大旱，有的地方洪涝；"大跃进"刚开始时的丰收带来的过度乐观，以及由此造成的铺张浪费。1960年，当中国正在困境

---

〔1〕　歌曲原名 *The Wearing of the Green*，爱尔兰民歌。——译者注

里挣扎，苏联突然撤走了专家，撕毁了基础工业合同，无异于雪上加霜。我们“外国同志”享受着特殊待遇，免去了中国人民遭受的物质短缺之苦。甚至在“十一”国庆节时，我们像往年一样被邀请至人民大会堂参加宴会。当迈进那个能轻松容纳500桌、5000人的宴会厅时，眼前的景象震惊了我：大厅中央只摆了能坐二三百人的二三十桌，就像汪洋大海里渺小的岛屿。宴会的菜肴依旧奢侈，虽然我们都吃不下去。平日里我和伊莎白像往常一样在教师餐厅吃午饭，饭菜贫乏而单调，主要是熬白菜（油很紧缺）和粗粮。每十天左右会有一碗甜米酒作为补充。我从来都是还没来得及想就喝光了，其实我本应该把它留给需要的人，因为我们可以从友谊宾馆的特供商店买食物来填肚子，更何况我们在家吃得饱早饭和晚饭。还有每周日，当孩子们从平日寄宿的幼儿园回来，我们都会去为北外校长和他的苏联妻子以及其他学校高级领导所单设的“小餐厅”来上一顿美美的西式晚餐。尽管以上种种，我还是患上了肝炎，在一家隔离医院里住了六周。在医院里我被安排的饮食含有超高的蛋白质和糖，以至于我悄悄地把食物从厕所里冲走，害怕发胖。与此同时，学校的学生和老师们却采摘榆树叶子蒸在馒头里，以补充维生素。对此我曾在一封寄往国外的信里提及，不过就像在特殊情况下经常做的那样，主动把信交给英语系的党支部书记审批。他删改了信中提到吃树叶的部分，说这样会滋长关于中国饥荒的“流言”。基于此我便自作主张地断言，虽然生活困难，没有人因饥饿而死亡。我在心里希望这是真的。一次我从二十年前在上海认识的某个外国朋友那儿收到了一个包裹，内装两磅米。我在一封居高临下的公开信里对此表示了感谢，信发表在加拿大一家时事通讯上，信中感谢这位女士的好意，但将她视为国外流传的骇人听闻的故事的天真受害者。当年我对自己信中所写的深信不疑，而今却意识到：人们确实因饥饿和营养不良造成的疾病而死，虽然中国和社会主义的敌人无疑夸大了死亡人数。我对中国的忠诚不允许任何批评或承认失败，起码面对外界时是如此，面对自己的内心时亦不情愿。我记得一位在别的大学当老师的美国朋友曾向我们抱怨官员和极左分子的不公正对待。刚开始我不相信她所说的，后来我劝她要理解，与此同时将对她的不公正待遇报告给我们的党委书记，希望能得到纠正，不过这一切都没让她知道。“解放思想”是一个长期而艰巨的任务，三年困难时期里我比以往任何时候都感到有必要忠心耿耿，不加质疑。

就在那艰难的几年里，伊莎白和我回到十里店，为一本关于十里店人民公社的书去收集资料。1959 年我曾在那儿待了一周，伊莎白因为一些原因没有去，一位年轻的同事和我结伴而行，为我当翻译。当地同志在邯郸火车站接了我们，1947 年我们正是从邯郸出发，向着十里店，跟在装满我们行李的骡车旁走了整整一天。而今 1959 年，我乘坐吉普车行驶在一条新修的土路上。几个小时后我看到前方有一群人，拿着红色横幅。“这是干什么？”我问到火车站接我们的县委书记，“婚礼吗？”县委书记笑了。这是欢迎委员会，当我们靠近时便点燃了鞭炮，以欢迎“从首都来的外国专家”。在中国，首都总带着一丝神秘色彩，眼下它的光辉亦惠及我的身上。我被安排住进了一户农民家里，墙壁刚刚粉刷过，还特意为我们的到来配置了家具。接风宴永远必不可少，用当地的烈酒送服，饭后我早早上床睡觉了：火车加吉普车的路程长达十二小时。第二天天刚亮，村长和村委书记就来了，带我去村子里转转。参观的第一个景点是新水池，他们显然引以为荣，我竭尽全力表现得大为惊叹，但心里想：嗨，一个池子。即使池子很深，铺着石料，看起来也实在没什么值得兴奋的，整个池子不过几码宽。它对于这个位于干旱的华北、坐落在饱受周期性旱灾困扰的太行山里的缺水村子意味着什么，即使来到中国已十三年，城里人的无知还是使我无法理解。对村民而言这是生死攸关的大事，而我花了很长时间才明白。

那一天的晚些时候，我被带到了村里的学校，学校所在的旧庙是 1948 年我们参加土改大会的地方。关于人民公社的书里有两张照片是在学校照的。其中一张里一个十几岁的男孩正在操场上用头着地拿大顶，周围是笑嘻嘻的玩伴。二十五年后再回十里店时我们把照片展示给一群村民看，他们爆发出一阵大笑，把当年的杂技演员推到了前面。此时他尚不到 40 岁，但或许因为饮食不足，已头发灰白。不过他依然精神健旺，行动敏捷，是位村民企业家先锋，曾骑车翻越太行山去精心挑选小猪仔，放在背篓里带回来，养肥，出售。另一张照片里一位年轻的老师站在黑板前，黑板上他写下了“科学技术并不神秘”，这句话摘自 1959 年《人民日报》一篇题名为《争取今年科学技术更大的跃进》的社论。这位老师对黑板上的话进行了如下阐释：“有些人面对科学有种自卑情绪。什么是自卑？就是低估了自己。其实科学没什么可怕的，任何一个努力工作的人都能掌握它……”这就是“大跃进”的精神，尽管有着过度与不切实际的种种缺陷，依然大大解放了人的思想和生产力。

还有一段关于 1959 年十里店学校的回忆无法用照片呈现，但或许已被记录下来。在寺庙用作学校操场的庭院里，我被邀请为全校师生讲话。站在寺庙台阶上——这里曾经是土改工作队发言者的舞台——我开始用中文讲话，但我那作为翻译的同事叫停了我。“请说英语，让我来翻译吧！”我不确定他为何要提这个建议，我的中文这么难懂吗？还是他想让自己发挥作用？不管为何，我乖乖听话，开始说英语。哄堂大笑回荡在院子里，小学生们从没听过正从我嘴里冒出来的这种奇怪的声音。科学技术并不神秘，但外语显然神秘。学生们肯定知道“外语”这种现象的存在，但对于外语听起来是什么样一无所知。二十五年后当我和伊莎白再次回到十里店时，这所学校已经拥有自己的英语老师了，所有的高年级学生都在学英语。

我在十里店的一周很快就过去了，它鼓舞我写下了一篇关于新

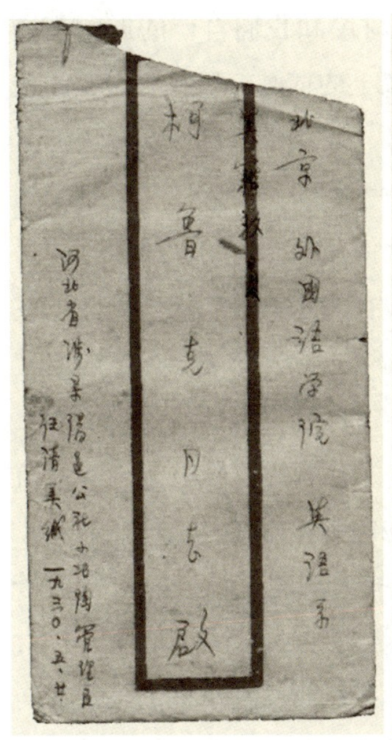

北京 外国语学院 英语系

柯鲁克同志 启

河北省涉县阳邑公社小北陶管理区 任清奎缄 一九六〇、五、廿

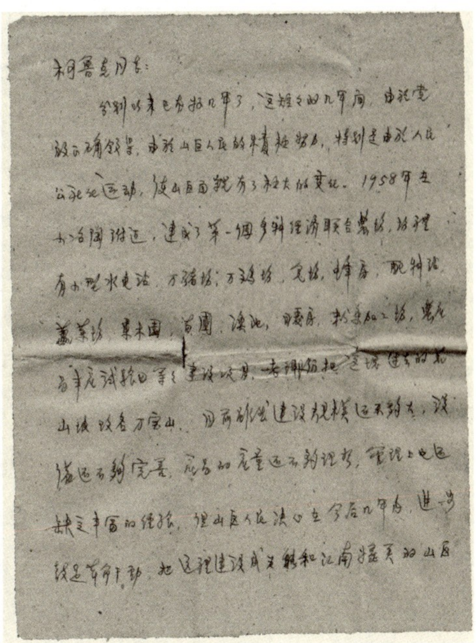

柯鲁克同志：

分别以来已有好几年了，这短短的几年间，由于党的正确领导，由于我山区人民的积极努力，特别是由于人民公社化运动，使山区面貌有了很大的变化。1958年在小北陶附近，建成了第一個多种经济联合农场，场里有小型水电站、养猪场、养鸡场、兔场、蜂房、肥料站、蔬菜场、果木园、苗圃、渔池、暖房、粮食加工场、农作物丰产试验田等等建设项目。

河北省阳邑公社的社员写给柯鲁克夫妇的信　1960 年 5 月 20 日

生的人民公社的热情洋溢的文章，发表在英国的《劳工月刊》上。更重要的是，这一周的经历促使我和伊莎白第二年又回来，为一本以人民公社为主题的书《阳邑公社的头几年》收集材料。

1966 年（第二次十里店考察后的六年）这本书出版了，我们为人民公社所唱的赞歌是那个时代和当年个人思想的记录，而不管是个人还是社会的历史，都不应该为迎合时下口味而剪裁或篡改。写作那本书时，我们对人民公社的热情被概括进了这本书开篇的几句话："世界上五分之一的人口生活于人民公社中，对这样一种社会组织视而不见等于否认 20 世纪生活的重要事实。不管你喜欢与否，人民公社已经生根发芽，发展壮大。"最后一句话，历史已证明它是错误的，而我们曾经努力证明它是正确的。

我在考察期间拍摄的照片使得书、村民和我们自己的形象都变得生动起来。有一些照片关于画在村子墙上的壁画，反映着当年的精神：肌肉强壮的农民跨坐在两座山的山顶，手中挥舞的巨大锤子劈开了身下的山峰，以便修路修水利；一男一女两位年轻农民，分别紧握锤子和镰刀，正昂首阔步从空中走来，就像插了翅膀的墨丘利。[1]另一张照片里是高山上石料铺底的水渠。以往雨水沿着斜坡四处流散成无数股小溪并汇成一条宽而浅的河流，如今这个不足6英尺宽的渠道将水置于自己的掌控中，这就是“大跃进”时农民们所说的“引水上山”。还有一张照片照的是一辆拖拉机，微笑着的驾驶员——一个梳着辫子的姑娘——站在轮子旁。一组当地的烟花制作者出现在另一张照片里，手持七英尺长的火箭，据称这些火箭能上天发射报警信号弹。此外，一群英俊的年轻村民也被摄入一张照片，女孩们身穿朴素的印花棉布，他们是县戏剧团的演员。而另一张照片里他们虽坐在同一个地方，却穿上了当地传统戏曲里花哨的盛装，花脸面具，长长的胡子或辫子，头戴皇冠，肩后伸出象征着统兵无数的靠旗。这些青年农民身上所展现的戏剧性的矫饰似乎透露出那个年代的造作。还有一些关于公社幼儿园和公社食堂的照片。最后，我还照了一组招贴画，上面描绘着未来十年事物的模样：公社形态下已经工业化、“化学化”、机械化、电气化了的农业，多方位的储水和灌溉系统。一个革命的浪漫之梦？就某些方面而言，或许是的，但没有梦想何以进步？

4. 学习与学习小组

当然单有梦想是不够的，还需要实践——和理论。恩格斯曾说，

[1] 墨丘利在罗马神话中担任诸神的使者和传译，形象一般是头戴一顶插有双翅的帽子，脚穿飞行鞋，行走如飞。——译者注

英国人的组织很强大但理论很薄弱。就后一方面而言，尽管存在着复杂的身份问题，我倒确实是个英国人。或许这就是我为何在 30 年代初立志于共产主义事业、并接受了斯大林作为国际共产主义运动一贯正确的领袖之后，还会一度被托洛茨基所吸引——之前我连他的作品都没读过。虽然经历了思想上的曲折，我却没有被引诱回到宗教的道路上。我的马克思主义信仰从未动摇，不过有了新重心。当年在肯塔基州的哈兰体会到国家机器的作用后，我以列宁的《国家与革命》为开端，继而读了马克思列宁主义的经典著作，从马克思的《资本论》到列宁的《帝国主义是资本主义的最高阶段》。到中国后，50 年代我开始研习毛泽东思想，将其视为适用于我所处的这个新解放的半殖民国家的马克思列宁主义。读得多了，我的信服变成了信仰。我绝不是个怀疑真谛的失信的信徒，只在一件事上例外：人口控制。在中国，数千年来多福都与多子联系在一起，或者更确切地说，与多生儿子联系在一起。儿子是父母年老后的依靠，他们的社会保险；而女儿是债，辛辛苦苦拉扯大后就嫁到丈夫家去了。因此杀害女婴的行为被纵容，而男孩则是越多越好。即使全国解放也没有撼动这样的思想，事实上，“向苏联学习”反而使其进一步强化。在苏联，千千万万的生命消逝于“二战”，人口增长的任务迫在眉睫，计划生育被贬斥为“新马尔萨斯主义”。因为战争和饥荒，中国比苏联失去了更多的人口，但她的经济远远落后，计划生育才是当务之急。然而毛泽东终究落入了苏联“反新马尔萨斯主义”的阵营，声称那些反对无节制增长人口的人“只看到了人的嘴，没有看到人的手”。在这件事上我至少正确了一回，而且是当时明智而非马后炮。1961 年我在某本毛泽东著作的空白处写下了一条笔记，质疑他的正确性：如果人口更少的话，难道人民的生活水平不会提高得更快吗？但总体而言，如果毛泽东说了或做了什么令我觉得值得商榷的事，我都理所当然地认为要么是他掌握了全部情况而我没有，要么是他的分析正确而我的错误。我学习的任务是吸收他的思想，而非质疑。这也是我长久以来对斯大林持有的态度，它使我当年能够兴致勃勃地先在西班牙、后在上海执行那些令今天的我感到后悔的任务。我算老几，可以去质疑革命伟大领袖的话语和行动？——看来这样的谦虚未必总是美德。

在中国，个人和集体学习使我保有了几十年的信仰。

当我们还在解放区时，规定学生、老师、政府工作人员每天早饭前要进行两小时的政治学习——只要战事条件允许，学习期间唯一的点心是热水。我渐渐认为这理所应当，甚至到了 1950 年（当时我们已到达北京）我还曾向校党委书记告状：住在我们隔壁的校长没有进行早饭前的政治学习。校长不是中共党员而是位民主人士，因对革命做出的贡献还得到过周恩来褒奖。但我将政治学习视为铁一般的纪律，加之英国学生关于打小报告的禁忌早已对我失去了约束力，于是对党的忠诚胜过了对同事的忠诚。虽然因为不是中国人而无法加入中国共产党，但我一直热情拥抱它的制度。

进入解放的北京之后头几年，我和伊莎白继续着清晨的政治学习，还和中国同事一起参加小组学习会。我有限的中文使我在讨论中倍感沮丧，但我十分享受会上的同志情谊，这种情谊已深到不时对我进行批评的程度，这让我觉得自己被真正接受了。一次会上党委书记说："我们必须要对我们的外国同志进行帮助。"我说："我不需要帮助，我需要批评。""我就是这个意思。"

1949 年年底，随着更多英国人的到来，成立一个说英语的学习小组成为了可能。我立刻抓住机会加入，而伊莎白却没有。这并不仅仅因为她能比我更好地理解中文（虽然我宁愿相信我的口语比她好）。出生于中国，而且是在一个与这个国家有着长久渊源和紧密联系的家庭里，伊莎白对中国社会的融入感从来比我强烈，有时还认为我们应该变为中国国籍。我也很乐意融入，但不那么一心一意，我的感情和文化归属由中国、英国和就某种意义而言我长大成人的美国构成。而且我从不愿意放弃英国国籍，部分因为文化背景和自己的中文半文盲状态，部分缘于我那不可救药的旅行癖。我总希望能自由旅行，而这在我看来拿英国护照应该比拿中国护照容易。

第一波来到新解放的北京定居的英国人是四位共产党员：史平浩、他的妻子史珍妮、迈克尔·夏庇若和阿兰·魏宁顿。伊莎白和我热情地欢迎了他们，但发现北京竟然已经有了说英语的共产党员多多少少让他们吃了一惊。魏宁顿对我们充满了怀疑，但因斯普灵赫尔在西班牙时就已经与我相识，最终我们被偶尔邀请参加新到四人组关于英国时事、中国时事、国际共产主义运动的讨论里。在中式体制的影响下，这种非正式的讨论逐渐发展为定期活动的学习小组，贯穿了整个50年代，其间不断有英国人来到北京，大多数在外文出版社工作或是当老师。我们之前都是英国共产党员，但彼此存在差异。直到温和而成熟的斯普灵意（斯普灵赫尔的昵称）去世前，不同的观点、性格和生活方式尚不影响团结。但当他1953年因癌症去世后，学习小组开始分裂为两个阵营。分歧的根源在于：毛泽东思想在多大程度上适用于英国，我们应该做到什么程度，比如说在批评与自我批评、意识形态改造上（阿兰·魏宁顿说这个意识形态改造与其说让他联想到马克思主义不如说让他想起了道德重整运动〔1〕）我们应该在多深的程度上融入中国社会，而在多大程度上保持自己的英国身份。“真正的英国人”的主要代表是魏宁顿；百分之百力挺中国派的发言人是迈克尔·夏庇若。伊莎白和我觉得魏宁顿聪

〔1〕“道德重整运动”是第二次世界大战前夕一个美国基督教牧师在英国牛津发起的跨信仰宗教复兴运动，旨在唤醒人的良知与行为的自制，改良世界，避免战争。——译者注

明、风趣，作为一名记者职业水平高超，在政治和思想上我们支持夏庇若。不过两人倒是同样傲慢。

史平浩前往莫斯科接受治疗并在那里去世后，珍妮将他的骨灰带回北京安葬。她还带回了对苏联的一些批评：种族主义、腐败、官僚。那时我还不能接受这些看法，觉得她简直有点像是革命事业的叛徒。尽管十五年前被托洛茨基动摇过，我还是无法相信这类事情可能发生在我早年的理想国。（事实上，仅仅几年后亲眼所见这一切，我仍旧觉得难以置信。）我对苏联的忠诚在 1956 年匈牙利事件时再次展现出来。消息传来的那天晚上，我们正好有一次学习小组活动。当我到达时气氛很紧张，组里有些成员向我转述发生了什么时的形态在我看来有些神魂颠倒。我对此反应平静。“难道苏联红军不应该镇压这场社会主义国家里发生的、美国背后支持的法西斯动乱吗？”直到中苏关系出现裂痕，我的苏联信仰才开始动摇；即便如此，我对中苏交恶的承认也相当迟缓。1960 年曾召开了一次国际性共产党会议，赫鲁晓夫在会上说：“某个社会主义国家里正在发生的种种将让列宁在坟墓里寝食难安。”“瞧瞧吧，”我们的英国朋友陈梅洁说，“赫鲁晓夫在攻击毛泽东呢。”“什么？赫鲁晓夫攻击毛泽东！绝不可能！”我答道。事实上，自 1949 年中苏建交以来我就怀有天真的疑问，这样的两个国家为何还要彼此有安全防范？至于兄弟政党间的纷争和双方领导人的互掐，简直不可想象。不过这一切很快就被比我政治敏感性更强的学习小组的其他成员察觉到了，特别是夏庇若。他指着某个苏联出版物上一篇总结“劳动组合”（20 世纪 20 年代早期苏联农民建立起的合作社性质的组织）失败教训的文章：“你觉得他们为什么在这个时候把这些东西挖出来？”迈克尔问，“其实是含沙射影地攻击中国的合作社。”我曾觉得他的想法太牵强了。孩童时代我的情感和智识满足于对神的信仰——唯一的神，长大后它被马克思主义信仰所替代——唯一且不可分割的马克思主义，没有二元论的空间，更别提不洁净的“三足鼎立”了。托洛茨基就像政治上的撒旦，但我从他的魔掌里逃脱了。中国和苏联的共产党何以变得剑拔弩张，我当时仍然无法理解。

尾　声

对于这片我度过了大半生的土地，我已无法轻易动摇自己对它的忠诚。我谴责盘桓不去、阻碍其进步的封建主义，而同时钦佩她对人类进步做出的贡献，试图将这两者调和。这样的双重态度很难把控。随着思想从理想化的幻象中解放出来，我必须在变为持不同政见者的边缘临崖勒马。是什么阻止了我翻下悬崖去？是中国人民，特别是我们曾经的学生，后来成为同事，或去了中国其他地方甚至远在海外，但不论级别、地位仍是朋友的那些人。

在 80 年代末，伊莎白、我和一些同事去了北京西山偏远的一个村庄。三十多年前的“大跃进”时期，我们曾在那里种植桃树、杏树、胡桃树、栗子树，当年的同伴还是年轻的学生，现在已是教授。从 50 年代开始我们就一直惦念着、谈论着，什么时候要回去看看那些人、那些树。现在，一个偶然的机会，我们终于得以成行。当年我们乘坐一趟开往内蒙古的火车到达那个村庄，而今我们开着一辆小面包车，沿着新修的公路，蜿蜒曲折地进入大山深处，寻找旧时的地标。终于，我们找到了那片衔在山腰、俯瞰着山谷的灰瓦屋顶，山谷的谷底流淌着河水，铺着铁路。一位八十岁的老者站在横跨溪谷的新修的大桥上，这里曾是我们黎明时分站着吃早饭的地方，吃完饭便背着锄头上山去。老者还记得我们三十年前在这里的日子，指着一排我们种下的树给我们看。我们手脚并用地爬下桥边的台阶，来到鹅卵石铺成的蜿蜒而狭窄的村庄街道上。孩子们停止了玩耍，围了上来，然后是当年的老朋友。一位中年妇女记起来我们的老师曾教她读书写字，另一位记起来自己曾跟我们的老师学唱歌。一位老者将我带到街道转角处一棵多结而弯曲的空心树旁，指给我看我曾经住过的地方，那里已经难以辨认。他向我解释道，场院附近的老房子被推倒重建了。身边的人越来越多，直到把我们完全围了起来。不少人的名字逐渐浮出了回忆，我们被请去喝茶（在过去则是喝热水）。老人们使我们想起了当年他们是如何把煤放在背篓里，从矿上背到火车站；我回忆起离开的那一天，村民们把地里的驴全部牵了回来，好把我们的铺盖卷驮到谷底的火车站去（当时还没有正式的车站）。当我们走过村子的街道，村民们沿途站在路边，分别时他们中的许多人和我们中的一些人都哭了。村里的几周时间在双方的生命里成了不可磨灭的记忆；眼下不期重逢时，没有任何拘束，感觉不到大学教师和农民之间的隔阂。中国农民自有其尊严，泰然自若。

回家路上，我提醒自己，在这片十亿多人口的土地上，腐败的人物和官僚毕竟是少数，像这样村庄里的淳朴大众才是大多数。他们和我们四十年来教过的、现在散落中国各地乃至世界各个角落的学生们，是我对中国貌似矛盾的忠贞不渝信念的来源。我从盲目的忠诚、天真的理想、不切实际的期待中解放出来，并没有走向不同政见，而是走向了现实。我回想起罗伯逊曾高唱的那首《献给美国人之歌》里的歌词："尤有这里的人民，才是我的美利坚。"[1]尤有这里的人民，才是我的中国。

---

〔1〕 这句歌词其实出自罗伯逊的另一首歌《我所居住的家》（*The House I Live in*）。——译者注

柯鲁克年表

1910　出生于英国伦敦东区

1917　随家迁至伦敦汉普斯特德，上小学

1923　乔汀汉学院

1925　在伦敦继续求学，并去德国莱比锡（半年）和法国巴黎（半年）

1929　移民美国，在皮毛行业工作

1931　就学于纽约的哥伦比亚大学，从犹太复国主义转向共产主义

1936　返回英国加入共产党，报名参加西班牙国际纵队

1937　前往西班牙，在马德里保卫战中负伤，出院后去巴塞罗那从事共产国际地下工作

1938　被共产国际派往上海监视托派活动，同时在上海圣约翰大学任教

1940　与共产国际脱离关系后前往四川，在迁往成都的金陵大学任教。结识伊莎白

1941　返回英国参军，途经美国时在纽约参加支持中国抗日的国际组织工作。抵达英国后与伊莎白结婚，参加皇家空军并接受情报训练

1942　以军官身份前往印度，前后驻扎锡兰（今斯里兰卡）、缅甸、新加坡，并与当地共产党建立联系

1946	退伍后在伦敦学习中文，之后与伊莎白经香港返回中国内地，前往华北解放区，在今河北武安县十里店村调查土地改革
1948 起	应中国共产党邀请，帮助组建外事学校（北京外国语大学前身），并在该校任教至退休
1949	任教期间参与并宣传当时的建设和政治运动，著书介绍十里店土改和华北农村发展
1957	离职一年，与伊莎白结伴带孩子回加拿大和英国探亲一年，同时宣传中国的建设理念和成果
1960	再访河北十里店村考察收集资料，开始编写《阳邑公社的头几年》。
1967	“文革”期间被控为外国间谍，囚禁在秦城监狱
1973	从监狱释放，周恩来总理亲自给予平反并道歉，返回教学工作
1973	参与编辑《汉英大词典》，开办“世界历史”等课程，力推北京外国语学院向综合性外国语大学发展。数次去中国内地大学讲授暑期课程，并去欧美、澳新等地旅游，走访亲友，考察文化时政，宣传中国建设成就
1990	退休后继续著书、旅游、写作
2000	在北京去世

译后记

王　烁

2018年冬春之际，每天早晨将孩子们送至小学和幼儿园，我便钻进多伦多大学的东亚图书馆，开始本书的翻译。与以往的委托翻译不同，此番自我鞭策的过程中，尚不知未来的出版社在何方。初遇本书原稿，读了几章我便和作者家属说，让我把它翻成中文吧！于是得以拥有一段无目的的勤奋时光，沉浸其中已是全部意义。偌大的东亚图书馆寂静而宽广，最深处那张书桌总被我的资料占据，埋首其中，反复体味作者在跌宕起伏的一生中保有的热忱与坚定，再抬头时，常见暮色四合，不由分说席卷了整个世界。

翻译本书的缘起可追溯至2011年。我和先生高初偶然与伊莎白女士一家结识，从那年秋天开始了与时年96岁的伊莎白每周两次的聊天访谈。当时首先吸引我们的是伊莎白的丈夫柯鲁克先生曾在华北农村拍摄的照片。1947年至1948年，柯鲁克在十里店村考察土地改革期间留下了近千张照片，与以往"土改"主题的摄影不同，他的镜头细腻地记录了这一重大历史事件对传统华北村庄方方面面的改变，以及村民们在变动中的生活日常。六十三年后，在北京外国语大学校园内一间朴素的客厅里，伊莎白凭借超强的记忆力，浏览照片以唤回当时情境，讲述中夹杂的半个多世纪来对中国革命未曾停止的记录与重新认识，勾连出一个跨度长达七十年的原始资料体系。当这批资料逐渐浮现，其庞大的体量不禁令人惊叹：柯鲁克对一个村庄土改的全景式记录，只是两个与中国渊源甚深的家族的档案之冰山一角。

1915 年出生于成都一个传教士家庭的伊莎白，中文名叫饶淑梅。她的父母在中国西南地区度过了三十多年的时光，父亲饶和美是创办华西协和大学的重要成员，母亲饶珍芳创办了中国第一家蒙台梭利幼儿园，并任成都弟维学校、成都盲聋哑学校、加拿大学校校董，饶珍芳同为传教士的姐姐也在这一时期来到了中国。1938 年作为国际纵队成员被派往中国执行特工任务的柯鲁克，在成都与伊莎白相遇，并将基督教家庭中这个业已动摇的大女儿，成功转变为自己的同道。夫妇两人于第二次世界大战后再次回到中国，考察土地改革的同时观察着那个掌管解放区的新政权，原计划八个月的考察结束后，他们接受了中国共产党的邀请，参与创办南海山外事学校（今北京外国语大学的前身），至此正式投身中国的革命与建设，并在这里度过了自己的后半生。从 20 世纪初开始，柯鲁克和伊莎白两个家族的各自成员以书信、日记、手稿、照片、工作记录、会议记录、采访记录、随感、新闻报道写作等形式，持续留下了大量与当时社会状况相关的珍贵文献，借此不但可以尝试理解国际共产主义者眼中的中国革命，也可窥见世界范围内共产主义运动的发展历程，以及中国一个世纪以来的剧变在不同人群生命中留下的痕迹。

在这批卷帙浩繁的材料当中，静静躺着一部柯鲁克先生的自传。自 20 世纪 90 年代改定完稿，此书隐蔽于作者生前身后的无数荣誉之下，未曾为众人所知。初读之时，便很难不被作者生于英国、长于美国、毕其一生事业于中国的传奇经历所吸引，当读到他因“外国间谍罪”被关押五年、经历了与政权的摩擦之后，仍饱含深情写下对中国人民的情感——“我从盲目的忠诚、天真的理想、不切实际的期待中解放出来，并没有走向不同政见，而是走向了现实。……

尤有这里的人民，才是我的中国”，任何一个中国人，想必都为之动容。“文革”期间的五年牢狱生涯，从某种意义上保护了作者心目中革命的乌托邦，那间“七乘十五英尺的牢房”和“除毛泽东著作外一无可读的漫漫长日”，推迟了柯鲁克面对新世界的时刻。当他终究直面乍看之下格格不入的新时代，复读其自传，方觉他在动荡世界中对信仰的坚守，富于理性的反思能力，较单纯而未经痛苦打磨的天真信念，更加动人。但在其一生的行迹与心迹中，最令人感佩的不是他所持有的信仰本身，而是改造世界的热忱。20 世纪 70 年代末，获得平反的柯鲁克被任命为北京外国语学院（今北京外国语大学）的顾问，当他得知“顾问”的职责是“顾”（提建议）和“问”（提问题）时，便说，那我已经做了几十年“顾问”了。他曾将自己比喻成一只到处叮咬的“牛虻”，永远无法停歇对一个更好世界可能性的探索，无法停歇对创建更好世界的真诚努力。

本书原稿完成近三十年后，我能够获得与作者跨时空“朝夕晤谈”的机会，首先要向作者的夫人伊莎白女士致以深切的敬意。自 2011 年起，我目睹了岁月在这位人类学家、新中国英语教育的重要开拓者身上留下的印记，也见证了她终生投身社会实践的积极与坚强。为了能继续参加各种讨论与社会活动，105 岁的伊莎白每天散步数次以保持身体与头脑机能，她紧抓楼梯扶手，不无艰难地数着“一、二、三……”向上攀爬的样子永远印在我心中。2019 年庆祝建国七十周年之际，伊莎白获得中国国家对外最高荣誉“友谊勋章”，她在人民大会堂入口处从轮椅上站起、自己走进颁奖现场的那一刻，令人欢呼赞叹！本书作者的哲嗣柯鲁先生、柯马凯先生、柯鸿冈先生均生于中国、长于中国，虽然是深目高鼻的洋面孔，他们对中国社会的参与程度，丝毫不输绝大多数中国人。对于我作为译者冲动的热情与毫不客气的任务摊派，他们给予包容和一如既往的信任，而且分担了全书的译校工作。在作者亲属之外，要感谢中国美术学院的高世名老师，他是尚不完备的初译稿的最早读者之一，除了鼓励本书的翻译，高老师及中国美术学院多年来对柯鲁克、伊莎白及其家族研究给予巨大支持。本书得以从个人化的翻译体验转化为公众出版物，首先要感谢中国社科院近代史研究所的李志毓兄。两年前一次闲聊，志毓兄偶然得知本书情况，便以青年学者推动研究事业的敏锐与热情，将本书介绍给三联书店。出版过程中各方均颇费思量，在此特向三联书店致谢，感谢你们在现实情境之中，为使高蹈的理想落地生根而付出的不懈努力。

作为译者，无论在从事这一劳作时是多么盲目，终究怀有将打动自己的故事讲给别人的隐约期望。除此之外，翻译亦是汲取人生力量的重要源泉。每当生命中阶段性的迷茫复现，我习惯于向翻译求助，深入书中人物的命运与情感，深入历史的复杂与浩瀚，借此获得何以度此生的些许思考。2018 年的冬季格外漫长，当春天终于降临在多伦多大学图书馆外的草地上，我也按照计划，于五一劳动节当天完成了全书的初译。为了庆贺，也为了遥寄对未曾谋面但相伴多年的柯鲁克先生的敬意，我特意从最深处的书桌换到临大窗的那一张，用整整一小时，看窗外春天的乌云裹挟着春雷和闪电从头顶掠过，又从远方不断涌来。

2020 年 11 月 6 日，杭州